JN227203

日本史

JAPANESE HISTORY IN SIMPLE ENGLISH

対訳 シンプルな英語で話す

MP3音声 CD-ROM 付き

Written by James M. Vardaman
Translated by Takahiro Kokawa

ジェームス・M・バーダマン 著
小川貴宏 訳

the japan times

Preface

When I first came to Japan, I had virtually no knowledge of the country or its past. Everything was different and I wanted to try it. For the first time, I drank green tea, ate instant ramen, made pottery, visited castles, traveled all over the country and began reading Japanese history. When friends mentioned Oda Nobunaga or the Meiji Restoration, I needed a short explanation. I am grateful to them for taking time to educate me one step at a time. Learning continues to be fun.

Japan has a fascinating history and people from other countries want to learn about it. If you are able to explain what you know, it will give you something valuable to share with English-speakers that you meet here in Japan or abroad.

Each of the 100 important topics selected here are shown in a context. There is not much point in learning just people, places, and dates and not learning a little about why they are important in understanding Japan's past. The selection is not a full history of Japan but more like the peaks of a mountain range.

In this book, we have avoided unnecessary and difficult words as much as possible. We have tried to keep the English level as simple as possible in both vocabulary and grammar. We want you to enjoy explaining in simple words.

History is like an eel, or *unagi*. It is hard to get a grip on history because there are many different ways to interpret it and even dates are different from historian to historian. We have made every effort to make this book as accurate as possible. We have attempted to take a neutral stance in interpreting context. The book is intended to help you learn English through history, not to provide a definitive account of history.

We sincerely hope that you will both enjoy each section and that it will help you prepare to share Japan's unique past. We also hope you will add words and phrases to your English vocabulary along the way.

James M. Vardaman
Waseda University

はじめに

　初めて日本に来たとき、私は日本について、そして日本の過去についてほとんど知りませんでした。すべてが故国とは異なっていて、それをすべて試してみたいと思いました。生まれて初めて、私は緑茶を飲み、インスタントラーメンを食べ、陶芸に挑戦し、城を訪れ、日本中を旅し、そして日本史を読み始めました。友人が織田信長や明治維新について話をすると、私は簡単に説明をしてもらわなければなりませんでした。私はそうした友人が時間をかけて1つずつ教えてくれたことに感謝しています。今でも、何かを学ぶことは楽しみだと感じています。

　日本はすばらしい歴史を持っていて、外国の人々は日本史を学びたいと思っています。もしあなたが自分の知っていることを説明できれば、それは皆さんがここ日本や外国で出会う、英語を話す人々と分かち合える貴重な何かを与えてくれるでしょう。

　本書で選ばれた100の重要なトピックのひとつひとつはすべて歴史的背景の中で記述してあります。人物や地名や年号をただ単に覚えるだけで、なぜそれが日本の過去を理解するために重要なのかを少しでも学ぶことがないのでは、あまり意味がありません。本書で取り上げた項目は、日本史のすべてではなく、いわば山脈の中のそれぞれの山の頂きを集めたものだと思ってください。

　本書では、できる限り不必要な言葉や難しい用語は使わないようにしました。語彙と文法の両面において、できるだけ英語のレベルを簡単なものに保つよう心掛けたつもりです。私たちは、皆さんにシンプルなことばを使って日本史を説明することを楽しんでほしいのです。

　歴史はウナギのようなものです。さまざまな解釈の仕方が存在し、年号でさえ歴史学者によって違ってくるため、歴史はつかみどころがないからです。私たちはこの本を作る際に、極力正確な記述をするように心掛けてきました。また史実を解釈するにあたって、中立的な立場をとるように努めてきたつもりです。ただこの本は皆さんが歴史を通して英語を学ぶお手伝いをする目的で書いたもので、決定的な歴史記述を提供するためのものではありません。

　私たちは皆さんがこの本の各章を楽しんでくださること、また皆さんが他に類を見ない日本の歴史を誰かに話す準備をするのに本書がお役に立てることを、心から願っています。また、その過程で皆さんがご自分の英語のボキャブラリーの中の単語や表現をさらに増やしてくださることも願ってやみません。

ジェームス・M・バーダマン
早稲田大学教授

訳者はしがき

　昨今、英語以外の科目や内容を英語で学び、学んだことを英語で発信することが、これまでになく重要視されるようになってきました。本書は皆さんが一度は学校で学んだことがある日本の歴史から100のトピックを選び、わかりやすい英語で著し、訳注をつけたものです。日本史の様々なことがらや作品名が英語ではこういう風に表現されるんだ、といろいろな発見があると思います。できるだけ各章内で解決できるように、大切な語句や構文は出てくるたびに何度でも注をつけました。まず日本史を英語で読んでじっくり味わってみてください。好きなテーマから読んでいただいて構いません。

　実は、history（歴史）とstory（物語）は語源を同じくする言葉です。日本史は、それぞれにheroやheroineのいるひとつひとつのエピソード（物語）が時の流れの中で連綿とつながった、「日本」という「hero（主役）」の成長や喜怒哀楽・浮き沈みを描いた1つの大河小説のようなものと言うこともできるのではないでしょうか。さらに、歴史は目線によってさまざまな解釈やストーリーが存在し、それが歴史の面白いところでもあります。源氏を応援する目線、平家を応援する目線ではそれぞれ異なるストーリーが展開されます。本書を参考にして、ぜひ皆さん独自の目線（ひいき目）や語り口で戦国武将や幕末の志士たち、はたまた平安時代の雅な貴族の生活、明治や昭和の華々しい日本のstoryを英語で誰かに熱く語ってあげてください。皆さんがこの本を受信・発信の両面で活用していただければ、この本を作った我々にとって無上の喜びです。

小川貴宏

カバーデザイン: 寺井恵司
本文デザイン: 大森裕二
校正・DTP組版: 鷗来堂
カバー写真: Universal History Archive/UIG/イメージナビ
オビ写真: Yoshiaki Miura (The Japan Times)
p.181写真: 読売新聞／アフロ

CD-ROM収録時間：約190分
CDナレーション: Rachel Walzer (1-27,97), Edith Kayumi (28-53),
　　　　　　　　Chris Koprowski (54-96,98-100),
　　　　　　　　Kimberly Tierney (7,14)
録音・編集: ELEC録音スタジオ
◎CD-ROMには英語のメインテキスト100ユニットが収録されています。

Contents
目次

はじめに ……………………………………………… 2
本書の構成 …………………………………………… 10

[Chapter 1] Ancient Period (Jomon, Yayoi, Kofun)
古代―縄文・弥生・古墳時代

1. 縄文文化　Jomon Culture ……………………………… 14
2. 弥生文化　Yayoi Culture ……………………………… 16
3. 初期の国家の形成　Formation of the first kingdoms ……… 18
4. 仏教の伝来　Introduction of Buddhism ………………… 20
5. 大化の改新　Taika Reform …………………………… 22

[Chapter 2] Nara and Heian
奈良・平安時代

6. 奈良に都を築く　Building a Capital at Nara …………… 26
7. 『古事記』、『日本書紀』と『万葉集』
　　　　　Kojiki, Nihon Shoki and Man'yoshu ……………… 28
8. 平安京への遷都　Moving the capital to Heian-kyo ……… 30
9. 藤原氏の摂関政治　Fujiwara politics …………………… 32
10. 『古今集』、『枕草子』と『源氏物語』　Kokinshu, Makura no soshi, and Genji Monogatari ……………………………………………… 34
11. 荘園の発達　Land ownership (shoen) ………………… 36
12. 武士の台頭　Rise of the military class ………………… 38
13. 源平の戦い　The Gempei War ………………………… 40

[Chapter 3] Middle Ages / Medieval Period (Kamakura, Muromachi)
中世（鎌倉・室町時代）

14. 源氏の復権　Return of the Minamoto …………………… 44
15. 鎌倉幕府　Kamakura Shogunate ……………………… 46
16. 武家の台頭　Rise of the samurai class ………………… 48
17. 北条氏の執権政治と承久の乱
　　　　　The Hojo Regents and the Jokyu Disturbance …… 50
18. 蒙古襲来（元寇）　The Mongol Invasions ……………… 52
19. 鎌倉時代の仏教　Kamakura Buddhism ………………… 54

20. 人生に対する省察（鎌倉時代の文学）	Meditations on Life	56
21. 建武の中興と南北朝時代	The Kenmu Restoration and the Northern and Southern Courts	58
22. 日明貿易	Ming Trade	60
23. 能という芸術	The Art of Noh Theater	62
24. 戦国時代	Sengoku: The Period of Warring States	64
25. ヨーロッパ人の到来	Arrival of the Europeans	66
26. 戦国大名	Sengoku daimyo	68
27. 城下町、港町、門前町	Castle town, port town, temple town	70

Chapter 4　Azuchi-Momoyama　安土桃山時代

28. 天下統一への動き	Steps toward unifying the country	74
29. 最初に天下統一を果たした織田信長	Oda Nobunaga, first of the unifiers	76
30. 本能寺の変	Honnoji Incident	78
31. 次に天下統一を成し遂げた豊臣秀吉	Toyotomi Hideyoshi, the second unifier	80
32. 刀狩	The Sword Hunt	82
33. 対外関係―文禄の役	International relations—Bunroku no Eki	84
34. 安土桃山文化	Azuchi-Momoyama Culture	86

Chapter 5　Pre-Modern Period (Edo)　近世（江戸時代）

35. 関ヶ原の戦い	The Battle of Sekigahara	90
36. 江戸幕府の成立	Establishment of the Shogunate at Edo	92
37. 大阪城の破壊	Destruction of Osaka Castle	94
38. 封建的な身分制度	The Feudal Class System	96
39. 参勤交代	*Sankin kotai*	98
40. 島原の乱	Shimabara Rebellion	100
41. 認可制の海外貿易から「鎖国」へ	From Licensed Foreign Trade to "National Seclusion"	102
42. 出島のオランダ人居住区	The Dutch Settlement at Dejima	104
43. 新しい城下町	New castle towns	106
44. 交通のネットワーク：街道	Transportation Networks: The *Kaido*	108

#	項目	English	Page
45.	元禄文化	Genroku Culture	110
46.	国学の発達	National Learning	112
47.	蘭学の発達	Rangaku: Dutch Studies	114
48.	江戸時代を通じて発生した農民一揆	Persistent problems	116
49.	大塩平八郎の乱	Oshio Heihachiro's Rebellion	118
50.	外国船の出現	Appearance of Foreign Ships	120
51.	ペリー提督と黒船来航	Commodore Perry and the Black Ships	122
52.	開港への抵抗	Resistance to opening ports	124
53.	幕末の緊張	Bakumatsu tensions	126

Chapter 6　Modern History (Meiji, Taisho, early Showa)
近代史（明治・大正・昭和初期の時代）

#	項目	English	Page
54.	戊辰戦争	The Boshin War	130
55.	明治維新	The Meiji Restoration	132
56.	西南戦争	The Satsuma Rebellion	134
57.	仏教弾圧	The campaign against Buddhism	136
58.	新しい時代に向けたスローガン	Slogans for a New Era	138
59.	岩倉使節団	The Iwakura Mission	140
60.	伊藤博文が開いた新しい日本の針路	Ito Hirobumi charts a new course	142
61.	自由民権運動	The People's Rights Movement	144
62.	大日本帝国憲法（明治憲法）	Constitution 1889	146
63.	日清戦争	The Sino-Japanese War	148
64.	日露戦争	The Russo-Japanese War	150
65.	ポーツマス条約	The Portsmouth Treaty	152
66.	日韓併合	Annexation of Korea	154
67.	大逆事件	The High Treason Incident	156
68.	戦争への道	The Road to War	158
69.	第一次世界大戦の影響	Impact of the War	160
70.	第一次世界大戦後の情勢	Following the end of World War I	162
71.	大正デモクラシー	Taisho Democracy	164
72.	関東大震災	The Great Kanto Earthquake	166
73.	軍部の台頭	Rise of the Military	168
74.	二・二六事件	February 26 Incident	170
75.	日中戦争	War with China	172

76. 真珠湾攻撃と太平洋戦争　Pearl Harbor and the Pacific War ･････････････ 174
77. 戦時下の日常生活　Daily life under wartime conditions ･････････････････ 176
78. ポツダム宣言と終戦　The Potsdam Declaration and End of the War ･･････････ 178

Chapter 7　Contemporary Period (Late Showa and Heisei)
現代の日本（昭和後期と平成時代）

79. 焦土と化した日本　"Scorched fields" ･････････････････････････････ 182
80. 海外からの引き揚げによる経済的困窮
　　　　　　　　　Economic struggles with repatriation ･････････････････ 184
81. 復興への道のりと新しい憲法　First steps and a constitution ･･････････････ 186
82. GHQによる経済改革　Economic reforms ･･･････････････････････････ 188
83. 朝鮮戦争と「逆コース」　Korean War and "The Reverse Course" ･･････････ 190
84. ドッジ・ライン政策　The "Dodge line" program ･････････････････････ 192
85. 朝鮮戦争　Conflict in Korea ･････････････････････････････････････ 194
86. 平和条約の締結　The Peace Treaty is Established ･･････････････････････ 196
87. 高度経済成長　High-speed growth ････････････････････････････････ 198
88. 政治の混乱（安保闘争と全共闘）　Political unrest ･･････････････････････ 200
89. 日中国交の回復　Reestablishing relations with China ･･･････････････････ 202
90. 第二次ニクソンショック　The Second "Nixon Shock" ･･････････････････ 204
91. 沖縄返還　Return of Okinawa ･･･････････････････････････････････ 206
92. 第一次石油ショック　The Oil Shock of 1973 ･････････････････････････ 208
93. 日米貿易摩擦　Trade friction ････････････････････････････････････ 210
94. バブル経済　The Bubble Economy ･･･････････････････････････････ 212
95. バブル経済の崩壊　Economic Bubble Bursts ･････････････････････････ 214
96. 1995年の阪神・淡路大震災　Great Hanshin-Awaji Earthquake 1995 ･･･････ 216
97. 地下鉄サリン事件　Subway Sarin Attack ･･･････････････････････････ 218
98. 領土問題　Territorial disputes ･･･････････････････････････････････ 220
99. 東日本大震災　The Great Tohoku Disaster ･･････････････････････････ 222
100. 大震災の余波　Aftermath of the Disaster ･･･････････････････････････ 226

　　　　　　　　日本史年表 ･･･････････････････････････････ 230
　　　　　　　　索引 ･･･････････････････････････････････ 250

本書の構成

1 英語の本文テキスト …… 英語で歴史について話すための、英語話者に通りのいいシンプルな英語です。100のユニットで日本の歴史の要点をご紹介しています。

＊太字…………… 右ページの日本語対訳内で、対応する語が太字になっています。文中での語句の意味合いや、語句の使い方を確認しましょう。

＊色下線 …………… 右ページ下の語注で解説している語句です。英語や、歴史的な背景知識の補足など、とくに詳しく説明する必要のあったものです。

2 日本語訳 …………… 対訳です。比較的難易度の高い語句が太字になっています。

3 語注 …………… より難易度の高い語句、歴史的な事柄に対し補足説明をつけています。

4 CD-ROMのTrack番号 ……CD-ROMには、英語のテキストのみが収録されています。MP3音声のため、PCその他対応機器でご使用ください。フォルダ内のRead Meというテキストも、ご参照ください。そして、ご自宅や移動中のマイカーの中などで、ぜひネイティブの発音のあとについて即座に復唱する、「シャドーイング」という勉強法を実践してみてください。

5 本文テキストのワード数 ……速読の練習の際に目安にしてください。参考までにwpm(word per minutes)という、1分間に何ワードを読めるかで計測する基準では、センター試験では120wpm、TOEICでは150wpm、ネイティブは250〜300wpm程度です。

[年表]……………………………英語で再確認する日本史の年表です。本編で紹介できなかった歴史上の出来事も、数多く取り上げています。

[索引]……………………………英語の語句から調べる索引です。本編と年表の中に出てきた重要語句を、ページ数とともにリストにしています。

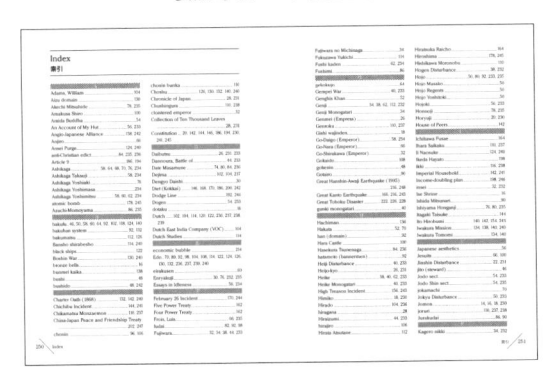

本書の構成　11

Chapter 1

古代
縄文・弥生・古墳時代

Ancient Period
Jomon, Yayoi, Kofun

土偶

1 Jomon Culture

The first Japanese probably crossed land bridges that connected Korea with Kyushu. When **sea levels rose**, those land bridges disappeared. The people who stayed in the Japanese islands lived by hunting and gathering things to eat. They hunted deer and boars. They gathered **seeds**, plants, fish and shellfish. We know what they ate, because they left behind shell middens (*kaizuka*). **Archaeologists** learn about these people by examining these middens.

These people also made perhaps the earliest **pottery** in the world. The name "Jomon" refers to the "rope-**pattern**" on the surface of their **ceramics**. They began making this pottery around 12,000 **B.C.** in various parts of Japan. Some of these ceramic works are highly **decorative** and surprisingly modern. Because the pottery is so **distinctive**, we call the period from ca. 10,000 B.C. to 300 B.C. the Jomon period.

One of the best places to learn about Jomon culture is the **Sannai-Maruyama site** in Aomori **Prefecture**. Researchers found pit-dwellings, long houses and large pillar-supported **structures**. They also found **stone tools**, clay figures, and woven bags. Jomon people probably lived there until about 4,000 years ago. The outdoor **museum** there shows what Jomon life was probably like. (194)

縄文文化

　日本人の祖先は、おそらく当時は陸続きだった朝鮮から九州に渡来してきたと思われる。**海面**が**上昇する**と、こうした陸地の橋は消滅した。島々となった日本に定住した人々は、狩猟や採集によって食料を手に入れて暮らしていた。狩りの獲物はシカやイノシシ。採集していたものは、植物やその**種**、魚や貝、甲殻類などだった。当時の人々が何を食べていたかがわかるのは、貝塚が残っているからだ。**考古学者たち**は、こうした貝塚を調べることによって当時の人々について知るのだ。

　当時の人々はまた、おそらく世界最古の**土器**も作っていた。「縄文」という名前は、彼らが作った**土器**の表面の「**縄の模様**」を指している。彼らは**紀元前1万2,000年ごろ**、日本各地でこうした土器を作り始めた。これらの土器の作品のいくつかは非常に**装飾に富んでおり**、驚くほど現代的である。こうした土器が非常に**特徴的**なため、紀元前1万年から紀元前300年ごろまでは縄文時代と呼ばれている。

　縄文文化について学ぶことができる一番よい場所の1つが、青森県にある**三内丸山遺跡**である。研究者たちによって、竪穴式住居跡や長い造りの家の跡、そして柱で支えられた大型の**建物**などの跡が発掘されている。また**石器**や土偶、そして編んで作ったかごも見つかっている。縄文人はおそらくそこに4,000年前ごろまで住んでいたと思われる。三内丸山の屋外の**見学施設**を見れば、縄文時代の生活がどのようなものであったかが推測できる。

---

1 the first Japanese 日本に最初に住んだ（やってきた）人々　land bridge 陸の橋→陸続きの地面　deer シカ（鹿）。後に出てくるfishおよびshellfish同様、単数形と複数形が同じ形　boar イノシシ、野生の豚　shellfish 殻のある食用の海生物。貝類やエビ・カニなどの甲殻類　leave behind ... …を残す　(shell) midden 貝塚　**2** refer to ... …を指す　call A B AをBと呼ぶ　**3** pit-dwelling 竪穴式住居。pitは「掘り下げた穴」　pillar-supported 柱で支えられた　clay （粘）土でできた　figure 人形　woven weave（編む）の過去分詞　what ... is like …はどのようなものか

2 Yayoi Culture

In about 400 B.C. several major influences came from the Yangtze basin of China through **the Korean Peninsula**. The first influence was the **introduction** of rice cultivation. Archaeological sites in western Japan have stone tools and **grains** of rice. This suggests that techniques for growing rice in paddies came through Korea. Rice **agriculture** rapidly spread **eastward**. In most areas, rice farming did not immediately **replace** hunting and gathering as a way of living. The new culture **coexisted** with Jomon culture.

The work of growing rice required more cooperation. People **settled** in one place and developed communities. Small farming communities grew into small kingdoms. These small kingdoms then joined into groups for **self-protection**. As time passed, the earlier culture of hunting and gathering declined.

The second influence was the introduction of techniques for making **iron** and bronze. Through trade and immigration, the people of the Yayoi period gained iron tools for farming, including **sickles**, **spades** and **hoes**. **In addition**, bronze bells (*dotaku*), mirrors and **swords** have been found in many parts of Japan. These bronze items were probably used in ceremonies as symbols of power. As an example, a bronze mirror is the **sacred** object of **worship** at Ise Shrine.

We call the period from 300 B.C. to 300 A.D. the Yayoi Period. The name Yayoi is a **place name** in Tokyo. The first **pottery** made with new techniques was found there. The techniques for making this pottery probably came from Kyushu along with rice agriculture. (245)

弥生文化

　紀元前400年ごろ、中国の揚子江流域から**朝鮮半島**を経て渡来したものの中で、日本に大きな影響を与えたものがいくつかある。1つ目の影響が米作の**伝来**だった。西日本の遺跡には様々な石の道具と米粒が残っている。このことは、水田で米を作る技術が朝鮮を通って伝わってきたことを示している。米作**農業**は急速に**東に向かって**広まっていった。多くの地域では、食料を確保する方法として米作がただちに狩猟や採集に**置き換わったわけではなかった**。新しい文化が縄文文化と**共存していた**のである。

　米作りの作業は、それ以前よりも共同作業を必要とした。人々は1つの土地に**定住し**、集落を形成していった。小さな農業集落は小さな豪族の国へと発達していった。そしてこれらの豪族の小国が、**自衛**のために次第にいくつかのグループにまとまっていく。時が経つにつれ、縄文時代から続いた狩猟・採集の文化は衰退していった。

　2つ目の影響は、**鉄**や青銅を製造する技術の伝来である。貿易と人々の海外からの流入を通じ、弥生時代の人々は**鎌**や**鋤**、**鍬**といった農耕のための鉄器を手に入れた。**加えて**、青銅製の鐘（**銅鐸**）や鏡、**剣**が日本の多くの地域で見つかっている。こうした青銅製品は、権力の象徴として儀式で用いられたものだと推定される。一例を挙げると、青銅製の鏡は伊勢神宮において**聖なる崇拝**の対象であった。

　紀元前300年から紀元後300年までの時代は弥生時代と呼ばれる。「弥生」というのは東京にある**地名**である。新しい技術で作られた最初の**土器**がそこで発見されたことからきている。こうした土器を作る技術は、おそらくは米作とともに九州から渡ってきたものであろう。

---

1 the Yangtze basin　Yang-tzeはYangziとも書かれ、「揚子(江)」、basinは「盆地」ではなく「流域」　cultivation　栽培　archaeological site　考古学的な現場→遺跡　paddy (水)田　spread [–spread–spread]　本文は過去形。広がる　a way of living　生きていく手段→食料確保の手段　**2** cooperation　協力関係、共同作業　community　地域社会→集落、村　grow into ...　発達して…になる　kingdom　本来は「王国」であるが、ここは「豪族の国」といった意味　join into ...　まとまって…になる、…にまとまる　decline　衰える、消えていく　**3** bronze　青銅。オリンピックのメダルはgold, silver, bronzeなので、実は「銅(copper)」ではなく「青銅」である　immigration　移民、海外からの人の流入。流出はemigration. Ise Shrine　伊勢神宮。正式名は「神宮」、すなわち神社の中の神社である　**4** call A B　AをBと呼ぶ　along with ...　= (together) with ...　…とともに

古代 — 縄文・弥生・古墳時代

3 Formation of the first kingdoms

Beginning in the Yayoi period, Jomon hunters and gatherers began to decline. More people **settled** in permanent communities and took up **agriculture**. The communities grew into small kingdoms called *kuni*. One of the most **important** of these was a kingdom known as Yamatai.

The information we have about Yamatai is detailed but confusing. One of the best sources is the third-century *History of the Wei Dynasty*. In the passage *Gishi wajinden,* it describes the land of Wa, which is now Japan. It mentions a large kingdom of 70,000 **households**. The kingdom, with a capital called Yamatai, **was governed** by a queen named Himiko. Yamatai had diplomatic relations with the Wei kingdom in China.

Ironically, the exact **location** of Yamatai is not completely clear. It may have been in Kyushu, or it may have been in the Kinai region, also called Yamato. New research may determine the location in the future. But it is clear that there were other large and small kingdoms in the Yayoi period. Many of them had a **hereditary** leader.

The early Yamato kings wanted to prove they **inherited** authority. They created oral myths to show this authority. They also began to build giant burial mounds or tumuli, called *kofun*, to **honor** earlier kings. The earlier kings were usually a father or a brother. These mounds **strengthened** the new king's position. There are some 10,000 of these in Japan. The years from 300 A.D. to 710 A.D. are called the Kofun Period or Tomb Era. (249)

初期の国家の形成

弥生時代に入ると、縄文時代のような狩猟・採集生活をする人々は少なくなっていった。永続的な集落に**定住**し、**農業**を営む人々が増えていったのだ。集落は「国」と呼ばれる小さな国家に発展していった。これらの中で最も**有力な**ものが、邪馬台国と呼ばれる国家であった。

邪馬台国に関しては細かな情報が得られているが、定説はない。最も信頼のおける情報の１つが、３世紀に書かれた『魏書』(ぎしょ)（中国の魏朝の歴史書）である。『魏志倭人伝』の一節に、現在の日本にあたる倭の国の記述がある。同書は７万の**世帯**を擁する大きな国家だと記している。邪馬台と呼ばれる都を持つその国は、卑弥呼という名の女王によって**治められて**いたとしている。邪馬台国は中国の魏の国と国交があった。

皮肉なことに、邪馬台国の正確な**位置**ははっきりとはわかっていない。それは九州にあったかもしれないし、別名「大和」とも呼ばれた畿内地方にあったかもしれない。将来新たな研究によって、その場所が確定されるかもしれない。ただ、弥生時代には邪馬台国以外にも大小様々な国家が存在していたことは間違いない。それらの多くには、**世襲**の首長がいた。

初期のヤマトの国々の国王は、自らが先代から権威を**世襲した**ことを証明したがった。彼らはこの権威を示すために、口承の伝説を創り出した。彼らはまた、先代の王を**たたえる**ために「古墳」と呼ばれる巨大な丘状の墓、すなわち墳墓を築くようになった。王たちは通常、父から子へ、あるいは兄から弟へその地位を引き継いでいった。こうした古墳が新しい代の国王の地位を**さらに強固なものにした**のである。日本には、およそ１万もの古墳が残されている。紀元後300年から710年の時代が「古墳時代」と呼ばれている。

---

1 take up （新しい習慣や生活様式などを）始める　grow into ... = develop into ...
2 confusing 人を混乱させるような→複数の情報が相矛盾する、一本筋の通った情報がない　Wei Dynasty 魏朝。三国志に登場する魏・呉・蜀の一国。dynastyは「王朝」でここではkingdomとほぼ同じ意味　diplomatic relations 外交関係→国交
3 not completely clear 完全にははっきりしていない。いわゆる部分否定　may have been ... …だったかもしれない　**4** oral （記録ではなく）口づたえに伝承される　myth 神話、根拠のない作り話　burial 埋葬（のための）、お墓の　mound 土を盛った場所　tumulus 墳墓。複数形がtumuli　The earlier kings were usually a father or a brother. 「先代の王は通常父や男兄弟だった」→英文の言わんとしていることは、「この時代は男系で王位が世襲されていくのが慣習だった」ということ

古代 ― 縄文・弥生・古墳時代

4 Introduction of Buddhism

The Sui dynasty began unifying China in 589 followed by the Tang dynasty in 618. Suddenly Chinese culture spread into Japan. Chinese painting, **sculpture**, poetry and history had a powerful influence on the kings of Japan. The Japanese learned **architectural styles** from the **continent** and learned to write poetry in Chinese.

One of the most important influences was the introduction of **Buddhism** in 538. Prince Shotoku **is** often **referred to as** the **founder** of Buddhism in Japan. He promoted Buddhism through the government and encouraged the building of temples. It is said that he ordered the construction of the famous Horyuji near Nara.

Prince Shotoku **issued** a series of injunctions known as the Seventeen-Article **Constitution**. They were based on Buddhism and Confucianism. This series of laws took power away from individual **clans** and put that power under the **emperor**. This was a major step toward building a system of political **control** in western Japan. (154)

仏教の伝来

　589年に隋が中国統一に着手し、その後618年には唐がその統一王朝を引き継いだ。この頃、中国の文化が急速に日本に流入し、広まっていった。中国式の絵画や**彫刻**、漢詩や中国の歴史書が日本の諸王に強力な影響を与えた。日本人は**大陸**から**建築様式**を学び、中国語で詩を書くようになった。

　最も重要な影響の1つが、538年の**仏教**伝来であった。聖徳太子は、しばしば日本での仏教の**創始者と呼ばれる**。彼は政治主導で仏教を推進し、寺院の建立を奨励した。奈良近郊にある有名な法隆寺の建立は、彼の命によるものとされている。

　聖徳太子は、十七条憲法として知られる一連の条文を**発布した**。それらの条文は、仏教と儒教に基づいていた。この条文集により個々の**豪族**から権力がはく奪され、その権力が**天皇**の下に集められた。これは西日本における政治**支配**制度の構築に向けた大きな一歩となった。

---

1 Sui 隋。現在では、中国の歴史的王朝名は現代中国語のローマ字つづりで表記されるのが一般的　Tang 唐　spread into ... …に流入し広まった。intoで日本に入ってくる動きを表す　history 歴史書、歴史記述　influence on ... …への影響　learn to ... …するようになる　**2** introduction (日本に)取り入れること→伝来。百済の聖明王の使者が欽明天皇に金銅の釈迦如来像や経典、仏具などを献上したとされるこの年(538年)が日本における仏教伝来の年とされている　Prince Shotoku 聖徳太子　through the government 政府(の下命)を通して→政治主導で　building 建設すること。「建物」ではないので注意　**3** a series of ... 一連の…　injunction 命令、指令(文)　Seventeen-Article 17条からなる。articleは「条文」　Confucianism 孔子(Confucius)の思想[教え]→儒教　take ... away from 〜 〜から…を奪う

5 Taika Reform

The **Taika Reform** of 646 changed **land control** and government structure. First, it required land boundaries, a **population** survey, and dividing land among families and individuals. The people who got land were then required to pay taxes on the land. Second, it **adopted** a **Tang dynasty** type of government, a **legal system** called *ritsuryo seido*. This established a system with officials selected by the **emperor**. **Clan leaders gradually** became government bureaucrats. Both parts of this reform made imperial control stronger.

When Emperor Tenji died in 672, a **struggle for power** followed. It was called the Jinshin Disturbance. In it, Tenji's son and Tenji's younger brother Tenmu fought over who would become the next emperor. Tenmu won and he began a major **unification** of the region. He established a capital city and provincial headquarters. These **were administered** by a common **code of laws**. This new system based on models from the continent would **last** for five centuries.

Society grew more complex. It was necessary to develop laws for a **central government** ruled by the emperor. A new **legal code** called the Taiho Code was completed in 701. This new code **put together** penal law (*ritsu*) **and** administrative law (*ryo*) for the first time. Under the *ritsuryo* system, the emperor had sovereign power. Central offices were linked with provincial headquarters. Common laws set **punishments** for people who broke the laws. An inner group of three hundred to five hundred elites controlled a region of about five million people. (246)

大化の改新

　646年の**大化の改新**は、**領地支配**と政府の構造を一変させることとなった。第一に、大化の改新は土地の境界を確定し、**人口**を調査し、家族間や個人間で土地所有を区分することを求めた。その上で、土地の所有者となった者には、その土地にかかる税金を払う義務が生じた。第二に、大化の改新では中国の唐で敷かれていたような種類の政治、すなわち「律令制度」と呼ばれる**法体系**が取り入れられた。これにより、**天皇**によって選ばれた官僚が支配する制度が確立されたのだ。有力な**豪族**たちは**次第**に政府の役人となっていった。改革のこれら2つの側面が、天皇による支配を強化することになった。

　天智天皇が672年に崩御すると、**権力闘争**が起こった。それは壬申の乱と呼ばれた。壬申の乱では、天智天皇の太子（大友皇子）と天智天皇の弟である（大海人皇子、のちに）天武（天皇）の間でどちらが天皇を継ぐかが争われた。結局天武側が勝利し、彼は地域の大規模な**統一**に乗り出した。天武天皇は都を定め、地方に行政府を置いた。これらは一律の**法体系**（律令）によって**運営された**。大陸の制度に範をとったこの新しい制度は、その後500年にわたって**続いていく**こととなった。

　当時、社会がより複雑化していた。天皇が**中央政府**を支配するための法制度を整備することが必要だった。そこで大宝律令と呼ばれる新しい**法体系**が701年にまとめられた。この新しい法体系は初めて刑法（律）と行政法（令）**を併せ持った**ものだった。律令制度の下では、天皇に主権があった。そして中央政府のもとに地方行政府が置かれたのである。全国一律の法律が、法を破った者に対する**罰**を定めていた。300人から500人の特権階級からなる内輪の集団が、およそ500万人の人口を擁する地域を治めることとなったのである。

---

1 boundary 境界(の確定)　tax(es) on ... …にかかる税金　official/bureaucrat ここではほぼ同義で、「官僚、役人」　make ... ～ (=stronger) …を～(=より強固)にする　imperial emperorの形容詞形　**2** disturbance 騒乱　fight over ... …をめぐって争う　provincial 地方(行政単位)の　headquarters [複数形で](統括)本部　the continent 大陸→主に中国や朝鮮を指す　would... …することになる。過去の時点から見た未来を表す　**3** grow = become「…になる」　rule 支配する　penal 刑法の。penal lawで「刑法」　administrative 行政の　sovereign power 主権、支配権　central offices = central government　were linked with ... …と(指揮命令系統図上で)結び付けられていた→…を支配下に置いた　inner 中心勢力に近い、構成員の変わらない　... to ～ (数字の範囲を示して)…から～の間の

Chapter 2

奈良・平安時代
Nara and Heian

日本書紀

6 Building a Capital at Nara

Yamato **rulers** moved their **capitals** often. It was partly an act of spiritual cleansing. It was partly because traditional construction rotted easily. But **as** the government **bureaucracy** grew, it was important to have people, **equipment**, food and **belongings** in one place. Building a large new capital **frequently** became difficult. Yamato rulers began to want **grand** capitals like the glorious new Chinese **dynasties** built. They also wanted to build **impressive** Buddhist **temples**. As a result, the Empress Genmei decided to build a grand, more permanent capital.

The capital was called Heijo-kyo, in **present-day** Nara. The capital remained there until 784, when it was moved to Nagaoka-kyo. However, the whole period between 710 and 794 is called the Nara Period.

Part of the Nara Period is called the Tempyo period (729-749). During this time, the government sent **diplomatic missions** to Tang China. It also sent students to learn about Chinese **institutions**, Buddhism, and culture. **Painters**, jewelers, **carpenters** and **craftsmen** were sent to China to **polish** their skills. Thousands of the **art works** they **brought back are preserved** in the Shosoin.

The emperors began building Buddhist temples in and outside their capital. They wanted to use Buddhism to protect against illness and **natural disasters**. In 743 Emperor Shomu ordered the creation of a huge statue of Birushana, the **central Buddha** of the Kegon Sutra. This **gilded** bronze *Daibutsu* was completed in 752. It was the largest, most **splendid** ever produced in Japan and was housed inside the Todaiji temple. Todaiji became the most important center of Buddhist learning in the country. (258)

奈良に都を築く

　大和の国の**支配者たち**は、しばしば**都**を移した。その１つの理由は、超自然的な浄化である。もう１つの理由は、伝統的な日本建築が傷みやすいことだった。しかし、政府の**官僚組織**が大きくなる**につれて**、人々や、**設備**や、食料や**財産**を一か所にまとめておくことが重要になった。大規模な新しい都を**頻繁に**築くことが難しくなっていったのである。大和の国の支配者たちは、中国の輝かしい新王朝が築いたような**壮大な都**を造りたいと思うようになった。また、彼らは**目を見張るような**仏教寺院を建立することも望んだ。その結果、女帝である元明天皇は壮大で、より永続性のある都を築くことにした。

　その都は**現在の**奈良に築かれ、平城京と呼ばれた。平城京は784年に長岡京に遷都されるまでそこにあった。ただし、710年から794年までの時代をまとめて奈良時代と呼ぶ。

　奈良時代の一部は天平時代（729-749）と呼ばれる。天平時代、政府は唐代の中国に**外交使節**（遣唐使）を派遣した。また政府は中国の**制度**、仏教、文化を学ばせるために留学生を送った。**画家**や、宝石細工師や**大工**や**職人たち**もその技を**磨く**ために中国に派遣された。彼らが**持ち帰った**数千点にも及ぶ**芸術作品**が、（奈良の）正倉院に**保存されて**いる。

　各代の天皇は、仏教寺院を都の内外に建立し始めた。彼らは仏教の力によって病気や**自然災害**から身を守ろうとしたのである。743年、聖武天皇は華厳経の**本尊**である盧舎那仏の巨大な像の建立を命じた。青銅に**金メッキを施した**この「大仏」は752年に完成した。これまでに日本で作られた中で最大にして最も**壮麗な**仏像であり、東大寺（の大仏殿）に収められた。東大寺は日本で最も重要な仏教の教学の中心となった。

---

1 Yamato 大和の国。当時の国としての日本を指す　cleanse [klénz] 浄化する、それまでにたまった穢れなどを除去する　rot 腐る、朽ちる　have ... in one place …を一か所にまとめておく　want ... built …を築かれた状態に持ちたい→…を築かせたい　Buddhist 仏教の　empress 女性の天皇(emperorの女性形)　permanent 「永続的な、長続きする(=long-standing)」　**3** Tang China 唐(Tang)代の中国　jeweler ここでは「宝石細工師」。そのほかに「宝石商」の意味もある　**4** Birushana 盧舎那仏、毘盧遮那仏。華厳経などにおける宇宙の根源の仏　sutra 経典　house [háuz]（建物の中に）収容する

7 Kojiki, Nihon Shoki and Man'yoshu

Another **import** was the Chinese writing system. The Japanese did not **give up** their language. Instead, they used **Chinese characters** in various imaginative ways. The characters were used with both Chinese and Japanese **readings**. Characters were also written in new **simplified** forms as *hiragana* and *katakana*. Each character **represented** one **syllable**. These three forms are still **in use** today.

One of the first **uses** of writing was to **compile** the history of Japan. The first history, the *Kojiki* (Record of Ancient Matters), was completed in 712. Another chronicle, the *Nihon shoki* (Chronicle of Japan), which was written in Chinese, was completed in 720.

Perhaps the greatest early **literary work** was a **collection** of famous poems. The poetic anthology *Man'yoshu* (Collection of Ten Thousand Leaves) was completed about 770. Before the *Man'yoshu*, there was a strong interest in Chinese verse. But this anthology created a new interest in the *waka* form of poetry. *Waka* are written with 31 syllables. The pattern of *waka* is 5-7-5-7-7. This form of poetry had special rules, imagery and subjects. This anthology became a major classic in Japanese poetry. It had a headnote for each poem. The headnote gave the name of the poet and told the place and situation of the poem. (207)

『古事記』、『日本書紀』と『万葉集』

　日本がもう1つ**輸入**したものに、中国の書記体系がある。ただ、日本人は自らの言語を**捨てた**わけではなかった。そのかわりに、日本人は**漢字**を様々なアイデア豊かな方法で使用したのである。まず、漢字は音読みと訓読みの両方の**読み方**で使われた。また、漢字は「ひらがな」と「カタカナ」として新しい、**簡略化された**形の文字としても使われるようになった。ひとつひとつの文字が1つの**音節**を**表した**。これらの3種類の表記法は今日でも**使われて**いる。

　こうした文字の最初の**用途**の1つに、日本の歴史を**編纂**することがあった。日本最古の歴史書である『古事記』（「古（いにしえ）の事柄の記録」）は712年に完成した。もう1つの編年体の歴史書で、漢文で書かれた『日本書紀』（「日本年代記」）は720年に完成したものである。

　おそらく初期の日本の**文学作品**の中で最高の作品は、有名な詩歌を**集めた**ものである。詩選集である『万葉集』（一万枚の（言の）葉の選集）は770年ごろ編まれたものである。万葉集以前は漢詩が強い関心を集めていた。ところが、万葉集は「和歌」という形の詩歌に対する関心を新たに生み出したのである。和歌は31音節で書かれる。和歌の形式は五七五七七である。この形式の詩歌には独特の規則や心象風景、そして主題が用いられる。万葉集は日本の詩歌を代表する古典の1つとなっている。万葉集では、一首ごとに導入の解説が付されていた。導入の解説には、詠み人の名前が書かれ、和歌が詠まれた場所と状況が記されていた。

---

1 writing system　書記体系、文字体系。ある言語が文字あるいは文章としてどのように書かれるかの体系　imaginative　imagination（ひらめき、独創性）に富んだ　**2** chronicle（年代順に記した）歴史書、編年史、年代記　**3** poem　は1つ1つの詩を表し、poetryは複数の詩の集合体としての『詩歌』。poeticは両方共通の形容詞　anthology　選りすぐりを集めたもの、選集　verse　詩歌　imagery　心に浮かぶ1つ1つのイメージや映像がimage、1つ1つのイメージの集合体がimagery。　poemとpoetryの関係と同じである　subject　主題、テーマ。季節に合わせた季語を用いるなど　headnote　詞書（ことばがき、それぞれの歌の前につけられた解説の口上）「幸于紀伊國時川嶋皇子御作歌」（紀伊の国に行幸された時川嶋皇子が作られた歌）など。付されていない場合も多い

8 Moving the capital to Heian-kyo

Emperor Kanmu took the throne in 781. He wanted to show his power by creating a new capital at Nagaoka-kyo. It was an unlucky **location**. There were frequent **floods** and he experienced **frightening omens**. He **abandoned** the place and selected a new **site**, which he named Heian-kyo (now Kyoto). It would be the capital from 794 until 1868.

The power of the Buddhist **priests** in Nara was a problem for the emperors. Kanmu decided that he would not bring those Buddhist leaders to his new capital. Instead, he and his son Saga promoted new Buddhist **teachings**. Kanmu supported the Tendai and Shingon traditions. He **found** two **earnest followers** of Buddhism, sent them to China to study, and built places for them to **teach** when they returned to Japan.

One was Saicho (Dengyo Daishi) who established a comprehensive center for Buddhist studies on Mt. Hiei in 788. That temple complex, called Enryakuji, became a center for Tendai teachings and the Lotus Sutra. Mt. Hiei became one of the most important Buddhist centers in the country.

The other was Kukai (Kobo Daishi) who established a base for teaching esoteric Buddhism on Mt. Koya. In the capital city, the Toji temple became an even more important base.

Tendai and Shingon Buddhism continued to be influential forms of Buddhism for centuries. (217)

平安京への遷都

　781年、桓武天皇が即位した。天皇は長岡京に新しい都を造ることによって、権力を示そうとした。しかし、そこは運に恵まれない**土地**だった。しばしば**洪水**が起こり、天皇はいくつかの**恐ろしい前兆**を経験した。天皇はその地に**見切りをつけ**、新都の**建設地**を選定し、その場所（現在の京都）を平安京と名づけた。そこは794年から1868年まで都が置かれることになった。

　奈良では、仏教の**僧侶たち**が権力を持ち始めていたことが歴代天皇の頭を悩ませていた。そこで桓武天皇は、こうした仏僧たちを新しい都に連れて行かないことを決心した。仏僧たちのかわりに桓武天皇と彼の皇子の（後の）嵯峨天皇自身が仏教の新しい**教え**を広めた。桓武天皇は天台宗と真言宗を庇護した。桓武天皇は仏教の**熱心な信奉者**を2人**見いだして**中国に留学させ、2人が帰国すると彼らが**教えを広める場所**を造った。

　その1人が最澄（伝教大師）で、788年に比叡山に仏教研究の総本山を設立した。延暦寺と呼ばれるその社寺施設群は、天台宗および法華経を究める中心施設となった。比叡山は日本において最も重要な仏教施設の1つとなっている。

　もう1人は空海（弘法大師）で、彼は高野山に真言密教の教えを広める拠点を設立した。平安京においては、東寺が高野山以上に重要な拠点となった。

　天台宗と真言宗が説いた仏教は、仏教の宗派として何世紀にもわたって大きな影響力を持ち続けることとなった。

---

1 take the throne 即位する。throneは玉座→国王や皇帝、天皇の地位　Nagaoka-kyo 長岡京。現在の京都府長岡京市周辺に造られたものの、たまたま飢饉や疫病、天皇の近親者の死去や病気、さらには洪水などに見舞われ、わずか10年のはかない都に終わった　which he named Heian-kyo name A Bで「AをBと名づける」。He named it (= the site) Heian-kyo のitがwhichとして先行した形　would（その後）…することになった。過去(794年)を起点として、その時点から見て未来にわたってというニュアンス　**2** Buddhist leader 仏教の指導者→仏僧を指す　promote 後押しする、庇護して広める。次行のsupport(ed)もほぼ同じ意味　tradition 教義、「…派、…宗」　**3** comprehensive 総合的な　center 中心施設　complex 複合施設。複数の建物が集まって1つの機能を持つ施設　the Lotus Sutra 法華経。sutraは「経典」　**4** base 拠点。真言宗では「根本道場」と呼んでいる　esoteric 神秘的な、密教の　the Toji temple 東寺。真言宗の根本道場であり、東寺真言宗の総本山。Tojiの「ji」は「お寺」の意味だが、英語ではArakawa river, Meiji-dori avenue同様、改めて何物かを示す語句が付け加えられている

9 Fujiwara politics

The imperial family tried to rule Japan by **government offices** and by military campaigns. However, other royal families began to share power in the government. The most important family outside of the imperial family was the Fujiwara family. The Fujiwara **managed to** gain more influence than other families and become close to the imperial house. They became regents, *sessho*, and influenced imperial **rule**.

Fujiwara regency politics (*sekkan seiji*) used **family ties**. Daughters of the Fujiwara family married members of the imperial family. Future emperors were raised by Fujiwara mothers. These emperors were influenced by Fujiwara grandfathers and uncles.

In a later development, several emperors retired and ruled as "cloistered emperors" (*insei*). Three emperors — Shirakawa, Toba, and Go-Shirakawa — ruled this way. They were "retired", but they became more powerful than the actual emperor and more powerful than the Fujiwara. For this period, the imperial house **regained** control of the government. The Fujiwara leaders lost a large part of their influence. (159)

藤原氏の摂関政治

　皇室は**朝廷**による支配や軍事遠征を通じて日本を支配しようとした。ところが、天皇に血縁のある他の家系が朝廷の中で権力を持ち始めた。皇室直系以外の家系で最も高い地位を握るようになったのが藤原氏であった。藤原氏は他の貴族よりも**何とか**大きな影響力を持つ**ことに成功し**、天皇家と密接な関係を築くようになった。藤原氏は摂政となり、天皇による**支配**に影響力を持つようになった。

　藤原氏による摂関政治は、**血縁関係**を利用したものだった。藤原氏の娘が皇室の一員に嫁ぐ。藤原氏の娘が母親として未来の天皇を育てることになるのである。こうして育てられた天皇に対し、祖父やおじに当たる藤原氏の者が影響力を及ぼしたのである。

　その後、天皇の中には皇位を退き、「上皇」として「院政」を敷く者も現れた。白河天皇、鳥羽天皇、後白河天皇の3代の天皇がこのようにして政治の実権を握った。彼らは形としては「引退」しているが、現役の天皇よりも大きな権力を握り、さらには藤原氏の権力をも凌駕するようになっていった。この3代の間に、皇室は政治の実権を**取り戻した**のだ。藤原氏はその影響力の大部分を失っていった。

---

1 military campaign 軍事的な作戦行動。未支配地域（東国など）への遠征など　royal family 本来は天皇家（imperial family）に近い意味で使われることもあるが、ここはより広義に「天皇に血縁関係のある者」ないしは「貴族」といった意味で、imperial familyと区別・対比している　share power（天皇家と）権力を分け合う→権力の一部を握る　outside of ... …の外で、…以外で　the Fujiwara 藤原一族、藤原氏。ここはthe Fujiwara family のfamilyが省略されたものと考えられるが、一般にはthe Fujiwarasなどと複数形で表現されることもある　close to ... …に近い　regent 摂政。本来は（幼少、病気など）何らかの理由で政治を行うことが困難な王や天皇に代わって政治を行う役割の者　**2** regency politics 摂関政治の「摂関」は摂政と関白を指すが、関白は天皇が成人後も天皇を補佐して政治を行う（実際上は、政治の実権を握る）官職。藤原氏は天皇が幼い時は摂政、成人後は関白として、常に政治の実権を握っていた　raise 育てる（= bring up）　**3** in a later development のちの展開の中で→その後　cloistered 隠遁生活を送る、隠居した。言葉とは裏腹に、cloistered emperorsは隠居などせず裏で常に糸を引いて天皇を操った　control 支配権

10 *Kokinshu, Makura no soshi,* and *Genji Monogatari*

Members of the Heian court cultivated the *waka* form of poetry. The poet Ki no Tsurayuki and three others gathered an anthology called the *Kokinshu* in 905. It is an imperial anthology of some of the best poetry of the period. Tsurayuki also created a new **literary** form in the Heian period. The *Man'yoshu*, for example, was just a **collection** of poems. But Tsurayuki used poems in a diary or **narrative** form. He wrote a diary during a trip in 935 and placed poems in it. This *Tosa nikki* was a new way of using poems in telling a story.

Several decades later, a court lady composed *Kagero nikki*. This **autobiography** included both poems and letters. Another court lady named Sei Shonagon added observations and commentary to poems and created her own **masterpiece** of Heian **literature**. *Makura no soshi* (The Pillow Book) is an entertaining description of life in the imperial court.

The second type of literature created during the Heian period was the tale (*monogatari*). This new type described the personal interests and activities of the people in the imperial court. The first was *Eiga monogatari*, a kind of **biography** of Fujiwara no Michinaga. The best of this type is *Genji monogatari* (The Tale of Genji). The **author** Murasaki Shikibu created the story of **fictional** Prince Genji and his world. It describes the **elegant** court life of the capital city with great skill. (234)

『古今集』、『枕草子』と『源氏物語』

　和歌の形式の詩歌を洗練させたのが平安時代の貴族たちであった。歌人の紀貫之がほかの3人とともに、905年に『古今（和歌）集』という選歌集を編纂した。これはこの時代における最も優れた和歌の中から集められた、勅撰和歌集であった。紀貫之はまた平安時代における新しい文学の形式を創り出した人物でもある。例えば『万葉集』は単に詩歌だけを寄せ集めたものであった。だが、紀貫之は詩歌を日記や物語の形の作品の中でも使用した。彼は935年に旅に出た際に日記を書き記し、その中に和歌を詠みこんだ。この『土佐日記』は、物語を伝える際に和歌を用いるという新しい手法の作品であった。

　その数十年後、とある宮中の女性が『蜻蛉日記』を編んだ。この自伝には、詩歌と手紙の両方が含まれていた。清少納言という名の別の宮中の女性は、詩歌に加えて観察や随想を書き記し、独自の平安文学の傑作を生み出した。『枕草子』は宮中での生活を面白おかしくつづった作品である。

　平安時代に生み出された2つ目の種類の文学は、いわゆる「物語」である。この新しいタイプの文学は、宮廷の人々が個人的に興味を持ったものや宮廷人の活動を描写したものである。最初に出されたのが『栄花物語』で、これは藤原道長を描いた一種の伝記である。この種類の作品でひときわ優れたものが『源氏物語』である。作者の紫式部は架空の皇子である光源氏と彼をとりまく世界の物語を生み出した。この作品は、都の優雅な宮廷生活を優れた文才をもって描いている。

---

1 court 宮廷、朝廷(= imperial court)　cultivate 文化的に発達させる、洗練させる　anthology 精華集、傑作集。選りすぐりを集めた作品集　Kokinshu 撰者は紀貫之・紀友則・凡河内躬恒・壬生忠岑の4人とされる　imperial 天皇の(命による)　place 置く、入れる　Tosa nikki 紀貫之が土佐守の任期が終わって京に帰る道中の出来事を記した紀行文　**2** add ... to ～　～に…を加える、～だけでなく…も　observation 観察記録　commentary 論評、コメント　entertaining 人を楽しませるような　**3** capital city 首都→都

11 Land ownership (*shoen*)

A major problem during the Heian period was **control** of the *shoen*, landed estates. The first landed estates appeared in the 8th century. The last of them did not disappear until the 16th century.

Members of the ruling **class** lived in the capital. But they needed **income** to **support** their **urban** life. The landed estates were a way for them to do this. They **controlled** the land but they depended on estate managers to put the local people to work. **Peasants** were put to work in the fields growing crops. **Craftsmen** on the estates **manufactured** tools for the farmers and products for the owners of the estate. The *shoen* **played a central role** in the economic and social history of the country. Farmers had a place to live and a way to **earn a living**. The owners of the estates had a way to earn income, without leaving the capital.

Naturally, there was **competition** for **control over** these landed estates. The **imperial house**, families of the **aristocracy**, religious organizations, and estate managers each wanted to gain more **benefits** from the estates. In the 12th century, powerful local leaders **threatened** central government control over lands. Different Buddhist groups competed with each other and with the court for land. (207)

荘園の発達

　平安時代の大きな問題が大規模な私有地、すなわち荘園の**支配**をめぐる争いであった。初めて荘園が現れたのは8世紀。そして最後の荘園が消滅したのは16世紀に入ってからだった。

　支配**階級**の人々は都に住んでいた。ただ、彼らには**都会での生活を支える収入**が必要だった。彼らがこれを実現する方法が荘園だった。彼らはその土地を**支配した**が、その土地の人々に労働させることは名主に任せていた。**小作農たち**は畑で作物を作る仕事に従事させられた。荘園に住む**職人たち**は、農民が使う農具や荘園主が使う製品を**製造した**。荘園は日本の経済史・社会史の中で**中心的な役割を果たしていた**。農民は住む**場所**と**生活の糧を得る**手段を与えられた。荘園主たちは、都を離れることなく収入を得る方法を手に入れたのだ。

　当然、こうした荘園**に対する支配権**の**争い**が生じた。**皇室**、**貴族**の一族、寺社、そして名主のそれぞれが荘園からより多くの**利権**を得ようとした。12世紀には、力を持った地方の有力者たちが、土地に対する中央政府の支配権を**脅かす**ようになった。様々な仏教組織が互いに、また宮廷と、土地をめぐって争った。

タイトル ownership 所有権、所有形態　**1** landed 地主のいる、私有されている　estate（大規模な）土地　The last of ... 16th century 最後の荘園は16世紀まで消滅しなかった→荘園は16世紀まで残っていた　**2** ruling 政権を握っている。rule「支配する」cf. ruling party 与党　depend on ... to 〜 〜することは…に依存した、〜することに関しては…任せにだった　put ... to work …を働かせる。その次の文のPeasants were put to work ... はこの表現の受身で、putは過去分詞　work (in the fields) growing crops ここのgrowing cropsは「作物を育てながらの(仕事)」あるいは「作物を育てるという(仕事)」(= to grow crops)と考える　**3** religious organization 宗教組織。主に寺社(仏教のお寺や神道の神社)が寄進された荘園を持ち、経済的・社会的な力をふるった　A, B, C, and D each A, B, C, Dのそれぞれが　Buddhist group 仏教集団→組織としてのお寺、あるいは宗派を指す　compete with ... for 〜 〜をめぐって…と争う

12 Rise of the military class

The Heian period began with the *ritsuryo* **ideal** of central control over land and people. But **by** the end of the 12th century, that ideal no longer existed.

Buddhist groups fought among themselves. Families within the imperial house fought among themselves. Fujiwara **aristocrats** fought among themselves. **Elites** who were thrown out of the court **settled** in the eastern and southern provinces. They became **independent** and powerful. They also wanted to have **influence** in the capital.

Eventually the elites in the east became military clans. The Minamoto (Genji) clan gained control over provinces in the east. The Taira (Heike) clan gained control over provinces around Ise.

But the 12th century, they became rivals for power. The elites who competed for power in Kyoto needed military power to protect themselves. Some called on the **warriors** of either the Minamoto clan or the Taira clan for help. When **intrigue** within the imperial palace occurred, these two clans **clashed**.

The first **military conflict** occurred following a **dispute** over imperial succession. The conflict **involved** members of the imperial family, the Fujiwara family, the Minamoto clan and the Taira clan. The conflict is known as the Hogen **Disturbance** (1156). **As a result of** this conflict, the Taira and the Minamoto families gained real political power over **the central government**. But that was not the end of the conflict. (222)

武士の台頭

　平安時代初期には、中央の政府が土地や人々を支配するという律令制の**理想**が保たれていた。ところが、12世紀の終わりごろ**までには**、その理想はすでに存在しなくなっていた。

　仏教の各宗派は互いに抗争を繰り広げた。皇室内部の各一族も互いに争っていた。藤原氏も**貴族**同士で争っていた。宮廷から追い出された**貴族たち**は、東方や南方の諸国に流れ**定住した**。彼らは中央政府から**独立し**、権力を蓄えていった。同時に彼らは、都においても**影響力**を持ちたいと望んだ。

　最終的に、東方に流れた貴族たちは武家となった。源（源氏）の一族は東方の諸国を支配するようになった。平（平家）の一族は伊勢周辺の諸国を支配するようになった。

　ところが12世紀に、両家は権力をめぐってライバル同士となる。京都で権力争いをしていた貴族たちは、自分たちを守ってくれる軍事力を必要とした。その中には、源氏または平家の**武士たち**に支援を求めるものも現れた。皇室内部で**陰謀**が起きたとき、源平両氏**が衝突する**ようになった。

　源平の最初の**武力抗争**は、天皇の後継をめぐる**抗争**をきっかけとして起こった。この抗争は、天皇の一族、藤原氏、源氏・平家それぞれの一族を**巻き込む**ものだった。この抗争は保元の**乱**（1156年）として知られている。この騒乱**の結果**、平氏と源氏の両家は**中央政府**に対し、実質的な政治的支配力を手にすることとなった。ただし、両氏の抗争は保元の乱で終わるものではなかった。

---

1 ... began with ~ …は~をもって始まった→…には~が生きていた　*ritsuryo* 律令制(の)。中国の律令制度に範をとって、日本では7世紀後半以降実践された　(central) control over ... （中央政府の）…に対する支配　no longer ... もはや…しない　**2** family 本家や分家といった、家単位の「一族」　be thrown out of ... …から（争いに負けて）追い出される　province 日本の昔の（行政単位としての）「国」（伊勢の国、武蔵の国など）。現代では、カナダの「州」や中国の「省」も英語ではprovinceで言い表される　**3** military clan 軍事的な一族→武家　gain control over ... …に対する支配権を獲得する→…を支配するようになる　**4** for ... …を求めて、…を争って　compete 争う　call on ... for ~ ~を求めて…に頼る→…に~を求める。call on = depend on, rely on　**5** following ... …に続いて→…をきっかけとして　succession 後継。succeed「成功する；続く、後を継ぐ」の名詞として、successは「成功」、successionは「連続、後継」の意味になるので注意

13 The Gempei War

Almost immediately, Minamoto no Yoshitomo and Taira no Kiyomori battled one another for control of the imperial court. As a result of this conflict, called the Heiji Disturbance (1160), the Minamoto influence was swept from the court. The Taira clan took firm control. Until his death in 1181, Kiyomori had **unchallenged** power. Within about a decade after his death, however, the Taira would be completely **destroyed**.

The **rivalry** between the Minamoto and Taira families **gave birth to** a new **genre** of literature, war tales (*gunki monogatari*). The most significant of these is The Tale of the Heike *(Heike monogatari)*. The Tale of the Heike has great scenes of battle and stories of **brave** warriors. These warriors place loyalty above life itself. The tale tells of the great rivalry between the two clans. It also tells of tragic love affairs and has **lyrical** descriptions and Buddhist views of **fragile** human life. (150)

源平の戦い

　保元の乱からほとんど間をおかず、源義朝と平清盛は宮廷に対する支配をめぐって争った。平治の乱（1160年）と呼ばれたこの抗争の結果、源氏の影響力は宮廷から一掃された。平氏が**確固たる**支配力を持つようになった。1181年に亡くなるまで、平清盛は**無敵の**権力を誇ったのである。しかし、彼の没後約10年以内に、平氏は完全に**滅ぼされる**ことになる。

　源氏と平家の間の**抗争**は、軍記物語と呼ばれる新しい**ジャンル**の文学を**生み出した**。軍記物語の中で代表的なものが『平家物語』である。平家物語は、戦のみごとな情景や**勇敢な**武士たちの物語を描いている。こうした武士たちは、自らの命そのものよりも忠誠心に重きを置く。平家物語では、源平両氏の間の壮大な対立関係が語られている。平家物語ではまた、悲恋が語られ、**叙情的な**描写がなされたり、**はかない**人生に対する仏教観が描かれたりもしている。

---

1 immediately すぐさま、間をおかず。ここは保元の乱に対して　battle ... for 〜 〜をめぐって…と争う。ここでは「…」は「お互い(one another)」(と)　swept [sweep-swept-swept]掃く→一掃する　take control 支配権を握る　would ... …することになる。清盛の死を起点とした、一種の過去（からみた）未来　**2** the most significant of ... …の中で最も重要なもの→…の中で代表的なもの。ofは最上級とともに使われ、「…の中で」の意味　place ... above 〜 …を〜より上に置く→〜よりも…を優先する　tell of ... …について語る、…を題材として取り上げる。ofは「…について」　tragic love affairs 悲劇的な恋愛、悲恋。love affairは現代でいうと不倫など、許されぬ恋愛や関係を表すことが多い。具体的には、次節(Return of the Minamoto)を参照　Buddhist view 仏教的な見方。この部分に関しては、『平家物語』冒頭の「祇園精舎の鐘の声、諸行無常の響きあり。…」のくだりなどを参照

奈良・平安時代

Chapter 3

中世
鎌倉・室町時代

Middle Ages / Medieval Period
Kamakura, Muromachi

平家家紋

14 Return of the Minamoto

Kiyomori gained total power over the government and kept it until his death in 1181. He **ruthlessly** killed the Minamoto, his enemies. Some people say he made a major mistake. He allowed some of the Minamoto children to escape. One of these grew up to be Minamoto no Yoritomo. Kiyomori was also infatuated with the beautiful Lady Tokiwa, the **concubine** of one of his enemies, Minamoto no Yoshitomo. She **gave birth to** three boys, one of whom became Monamoto no Yoshitsune, half-brother of Minamoto no Yoritomo. She was able to send her sons into hiding in distant monasteries. By doing this, she saved their lives.

Two of Yoshitomo's sons, Yoritomo and Yoshitsune, **survived**. **Unfortunately for** the Taira, they both became great **military leaders**. Yoshitsune is a hero in Japanese culture. He **is admired** because he **restored** Minamoto **honor** in **a series of** well-planned battles. His biggest **victory** was at the Battle of Dannoura, in the Shimonoseki Strait, in 1185. After this victory, however, Yoshitsune **faced** another enemy. It was Yoritomo.

No one knows why Yoritomo saw Yoshitsune as a danger. Yoritomo was probably afraid of anyone who might compete with him for power. He killed not only Yoshitsune but also every other rival within his own family. Yoritomo also **turned his eyes to** Tohoku. A **branch** of the Fujiwara family had maintained power there for more than a century. To **prevent** that family **from becoming** a rival for power, he **destroyed** them at their **headquarters** in Hiraizumi. The **ruins** of the Oshu Fujiwara headquarters is now a World Heritage Site. (260)

源氏の復権

　平清盛は時の政府に対して全権を手中におさめ、1181年に亡くなるまでその権力を保っていた。彼は**容赦なく**自らの敵である源氏一族を殺害した。一説によれば、彼は大きな誤りを犯したとされる。それは、源氏の子供たちの何人かの逃亡を許したことだった。その子供たちの一人が成長し、源頼朝となった。清盛はまた、敵の一人である源義朝の**側室**だった美しい常盤御前に熱を上げたのである。常盤御前は3人の子**を産んだ**が、その中の一人が源頼朝の異母兄弟、源義経となった。常盤は自分の息子たちを遠方の寺に向かわせ、そこでかくまってもらうことができた。こうして、常盤は子供たちの命を救ったのである。

　義朝の息子のうち2人、すなわち源頼朝と源義経は**生き延びた**。平氏にとって**不運なことに**、2人は優れた**武将**になった。義経は日本文化における英雄の1人である。義経は、念入りに作戦を立てた**一連の**戦闘を通じて源氏の**栄光**を取り戻したことで**たたえられている**。彼の最大の**勝利**は、関門海峡にある壇ノ浦で1185年に収めたものである（壇ノ浦の戦い）。ただしこの勝利の後、義経はもう1人の敵に**相まみえる**こととなった。それは頼朝であった。

　頼朝が**なぜ**義経を危険人物だと考えていた**のかは誰にもわからない**。おそらく頼朝は、自分と権力を争うかもしれないすべての人間を恐れたのだろう。彼は義経のみならず、自分自身の家系の中にいるほかのすべてのライバルもことごとく殺害した。頼朝はさらに、**東北に目を向けた**。藤原氏の**分家**が東北の地で1世紀以上にわたって権力を保っていたのだ。その一族が自分と権力を争うライバル**になることを防ぐ**ために、頼朝は平泉にある奥州藤原氏の**本拠地**で一族を**滅ぼした**。奥州藤原氏の本拠地の**遺構**は現在、世界遺産に登録されている。

タイトル return 権力の座に返り咲くこと、復権　**1** total power over ... …に対する完全な支配権、絶対的な権力　the Minamoto 源氏の一族。the + [名字] でその名字の一族を指す　allow ... to ~ …が~するのを許してしまう　grow up to be ... 成長して…になる　be infatuated with ... …に夢中になる、…に心を奪われる　Lady Tokiwa「常盤」が名前で、Ladyはその女性に対する尊称で「…御前」に当たる　half-brother 異母兄弟または異父兄弟。父親か母親のどちらかが異なる兄弟のこと　hiding 身を隠す場所　monastery 西洋的な意味では「修道院」であるが、ここは修行のできる寺を指す　**2** the Shimonoseki Strait 関門海峡。strait「海峡」　**3** compete with ... for ~ ~をめぐって…と争う、…と~を取り合う　every ... すべての…。all the … という場合よりも、「一人残らずすべて」の意味合いが強い　World Heritage Site 世界遺産の登録地

15 Kamakura Shogunate

The emperor remained in Kyoto and continued to be head of the central government. But the emperor gave special **authority** to Yoritomo at the military headquarters in Kamakura. Yoritomo was allowed to select two types of **officials** throughout the country. He chose a *shugo* (military **governor**) in each province to maintain law and order. He also chose a *jito* (**steward**) for each private landed estate (*shoen*) and each piece of government land. Their job was to be sure that each province and estate paid taxes. They also forced the people on those lands to provide **labor** for the government.

Yoritomo, in other words, was given **broad** powers to govern the country. He was also given the **title** *seii tai shogun* by the imperial court in 1192. (In English this is "barbarian-subduing generalissimo", but the title "shogun" is standard.) Yoritomo **controlled** most of the Kanto **plain**. He was also authorized to maintain the peace of the whole country. His headquarters were called *bakufu*, **literally** "tent government."

When the imperial court recognized Kamakura as the official **seat** of government, the "Kamakura Shogunate" began. This is the first government that was called a "shogunate". Other similar military **regimes ruled** Japan during the next seven centuries. The most well-known is the Tokugawa shogunate. (209)

鎌倉幕府

　天皇は相変わらず京都にいて、引き続き中央政府の最高権力者だった。ただし、天皇は鎌倉にあった武家の本拠地にいた源頼朝に、特別な**権限**を与えた。頼朝は国中に置く2種類の**役人**を選ぶことを許された。頼朝はまず、法と秩序を維持する役目として、諸国に守護（武家による**知事職**）を選出した。彼はまた、大私有地（荘園）や公領ごとに地頭（**世話役**）を選んだ。地頭の仕事は、それぞれの国や所有地から確実に税金を集めることだった。彼らはまた、土地の住民たちに、政府のために**労役**を提供するよう強制する役割も担っていた。

　言い換えると、頼朝はこの国を統治する**幅広い**権限を与えられたことになる。彼はまた、1192年に朝廷から征夷大将軍の**称号**を与えられた。（英語に直訳するとこれは「野蛮人を制圧する大将軍」であるが、一般には「将軍」という称号が用いられる。）頼朝は関東**平野**の大部分を**支配した**。彼はまた日本全体の平和を保つ権限も与えられた。彼の本拠地は「幕府」（**文字通りには**、「野営地政府」）と呼ばれた。

　朝廷が鎌倉を公式の政府**所在地**と認めた時をもって、「鎌倉幕府」の始まりと考える。日本の政府が「幕府」と呼ばれたのはこれが最初である。この後700年間にわたって、同様の武士による**政権**が日本を**支配した**。中でも最も有名なものが徳川幕府である。

タイトル shogunate 将軍による政権、幕府　**1** head 最高位の人、長。このように役職を表す名詞にはtheなどの冠詞をつけない　throughout ... = all over ... …中に　law and order「法と秩序」。社会の決まりごとや政府の命令が守られ、秩序や安全が保たれている状態。この形でひとまとまりの決まり文句　private landed estate 個人所有(private)の荘園(landed estate)　piece（土地の）1区画　be sure that ... 〜 確実に…が〜するように管理する。「〜」の部分は「払う」であるが、史実（過去の出来事）なのでpaidとなっている　force ... to 〜 …に〜することを強いる　**2** barbarian-subduing generalissimo 野蛮人(barbarian)を制圧(subdue)する大将軍(generalissimo) cf. general「将軍」　authorize 権限を与える　**3** recognize ... as 〜 …を〜だと認める　the most well-known（その中で）最もよく知られたもの

16 Rise of the samurai class

The imperial court in Kyoto continued to be the center of the **aristocracy** and traditional culture. But another kind of culture **emerged** in Kamakura within the **warrior** class (*bushi*). Yoritomo's followers were mostly of humble origins. In other words, they did not come from the traditional **aristocracy** or from **imperial-related** families. This new group of warriors created a new military **aristocracy**.

The elite in this warrior hierarchy were *gokenin*, loyal **vassals** of the shogun. Under this elite group, there was a group called *samurai*. Both groups were **well-trained** mounted warriors. In the Kamakura period, the **term** *samurai* **referred to** a specific rank of warrior. Later, it **came to** refer to all warriors as a whole.

Warrior society in Kamakura had **values** that were different from Kyoto. These warriors **stressed** loyalty to **superiors**, honor and frugality. They were **originally** members of trained military units. In Kamakura, however, they gradually became administrators. They kept their military spirit, but did not need to fight as often. Many of them adopted an interest in new forms of Buddhism that started in Kamakura. They were especially attracted to **Zen Buddhism**. Zen emphasized **simplicity**, **self-discipline**, and **meditation** as a means to gain **enlightenment**. The values the samurai developed gradually became known as *bushido*, "the way of the warrior." (212)

武家の台頭

　京都にあった朝廷は、引き続き**貴族社会**と伝統文化の中心地であった。一方、鎌倉ではそれとは別の種類の文化が**武士階級の中で生まれてきた**。頼朝の家来たちの大部分は庶民の出身であった。言い換えると、彼らは伝統的な**貴族階級**や**皇室に関係した**家柄の出身ではなかったのだ。この新しい武士のグループが、新たに武家という**特権階級**を生み出したのである。

　この武士の階級組織の中でのエリートは御家人と呼ばれる階級で、将軍に忠誠を誓った**家臣たち**である。このエリート集団の下には、侍(さむらい)と呼ばれるグループがいた。御家人・侍はどちらも、**よく訓練された騎馬武士**たちであった。鎌倉時代には、「侍」という**言葉**は武士の中でも特定の階級を**指していた**。後の時代には、「侍」という言葉は武士全般を**指すようになった**。

　鎌倉の武家社会は京の都とは違った**価値観**を持っていた。こうした武士たちは、**目上の者**への忠誠心、名誉や倹約といったものを**重視した**。彼らは**元々は**訓練を積んだ武装集団の一員だった。ところが、鎌倉では、彼らは次第に行政官の役割を担うようになった。彼らは武士の精神を保っていたが、それほど頻繁には戦に加わる必要がなくなった。彼らの多くは、鎌倉で始まった新しい形の仏教に帰依(きえ)するようになった。彼らが特に惹かれたのは**禅宗**だった。禅は**質実さ**、**自己鍛錬**、そして**悟り**を開く手段としての**瞑想**を重んじた。侍たちが発展させていった価値観は、次第に武士道(「武士の道」)として知られるようになっていった。

タイトル class 階級。武士を1つの階級ととらえている　**1** follower 付き従うもの→家臣　be of ... origin(s) …な出自である、生まれが…である　humble (身分が)卑しい、平民の　come from ... …出身である　**2** hierarchy [háiərà:ki] 階級組織、階級ピラミッド　loyal 辞書的な意味では「忠実な」だが、ここは「忠誠を誓った→将軍と主従関係を結んだ」。御家人は将軍や幕府の一大事には「いざ鎌倉」と自らの家来を率いて馳せ参ずる義務があった　mounted 騎馬(隊)の、馬に乗って戦える　... as a whole …な全般　**3** frugality (貴族のようなぜいたく生活ではない)質素な暮らし、倹約　administrator 行政(執行)官、政府の役人　not ... as often それほど頻繁には…ない　adopt an interest in ... …に興味を持つようになる　Zen 仏教の宗派としての「禅宗」(Zen Buddhism)と同義でも、またその思想の意味でも使われる　means 手段。meaning「意味」やmean「意味する」「卑怯な」などと混同しないように　the values (that) the samurai developed 武士たちが発展させていった価値観。samuraiはJapanese同様、単複同形の複数形と考える

17 The Hojo Regents and the Jokyu Disturbance

The imperial court **recognized** Yoritomo's military strength. It also gave him the grand **title** of *shogun*. But the court did not want the bakufu to become a **permanent** center of power.

Yoritomo had eliminated all of his rivals. When he died in 1199, there were no powerful Minamoto **males** to **succeed** him. There were only two young sons. **Real power** passed to the family of Yoritomo's widow, the Hojo family. For the rest of the Kamakura period, the Hojo **ruled** as regents (*shikken*) to the Minamoto shoguns. The Hojo ruled firmly and efficiently.

Occasionally, the imperial court and its supporters tried to **regain actual power**. In 1221, the **retired Emperor** Go-Toba actually **attempted** to **overthrow** the Kamakura shogunate. It seemed like a good time to try to do that. First, after Yoritomo's death in 1199, there was unrest among the **vassals** of the shogunate. Then in 1219 the third shogun, Sanetomo, was murdered.

Court **nobles** seized this opportunity. They called for **punishment** of the shogunal regent (*shikken*), Hojo Yoshitoki. **In response**, Yoshitoki and Yoritomo's widow, Hojo Masako, rallied the shogunate forces. They marched to Kyoto and defeated the supporters of the imperial court. This incident is known as the Jokyu Disturbance (*Jokyu no ran*) of 1221. After this incident, it was clear that the shogunate ruled the country. (218)

北条氏の執権政治と承久の乱

　朝廷は頼朝の軍事力を**認めていた**。朝廷はまた、頼朝に「将軍」という威厳のある**肩書き**を与えていた。ただ、朝廷は幕府が**恒久的な**権力の中心となることは望まなかった。

　その頃までに、頼朝は自らのライバルをすべて排除していた。1199年に彼が没したとき、源氏の**男子**の中で彼の**後を継ぐ**ほどの力を持った者はいなかった。幼い2人の息子しかいなかったのだ。**実権**は遺された頼朝の妻の家系である北条氏に移った。それ以降鎌倉時代においては、北条氏が源氏の将軍の執権として日本を**支配した**。北条氏はゆるぎない、効率的な統治を行った。

　時折、朝廷やその支持者たちは**実権**を**取り戻そう**とした。1221年には、後鳥羽上皇が実際に鎌倉幕府の**転覆**を**図った**。それは非常に時宜にかなった試みに思われた。第一に、1199年に頼朝が亡くなって以来、将軍の**家臣**の間に不穏な空気が広がっていた。そして1219年に、第3代将軍の実朝が暗殺された。

　朝廷の**貴族**たちはこの機会を逃さなかった。彼らは将軍の執権である北条義時の**処分**を求めた。**その動きに対し**、北条義時と頼朝の後家である北条政子は御家人の兵力を呼び集めた。彼らは京都に攻め入り、朝廷に与(くみ)して集まった勢力を討ち破った。この事件は承久の乱（1221年）として知られている。この事件以降、幕府が日本の支配者であるという事実が決定的となった。

タイトル regent (to ...) (…を補佐する)執権。本来は将軍の補佐官を指すが、本文にあるように頼朝の死後は鎌倉幕府の実権を握った。to ...は「…に対する」　**1** grand 大上段に構えた、大いなる　want ... to ~ …に〜してほしいと望む　**2** had eliminated 「その時点までにすでに排除してしまっていた」というニュアンスの過去完了形。eliminateは「排除する、倒す」　pass to ... …に移る　widow 後家、未亡人　for the rest of ... …の残りの間　firmly 堅固に、安定して　efficiently 効率的に、実効性を持って　**3** a good time to ... …するのによいタイミング　unrest 浮足立った空気、不穏な動き　was murdered 殺害された。重要な地位にあった人なので、was assassinated「暗殺された」と言っても同じ　**4** seize this opportunity この機会を(うまく)とらえる　call for ... …を要求する　rally …を結集する、呼び集める　shogunate 幕府の→御家人の　forces 軍隊、兵力　march 行進する、進軍する　defeat 打ち負かす　it was clear that ... …という事実が決定的となった

中世（鎌倉・室町時代）

18 The Mongol Invasions

In the 13th century, Genghis Khan led the Mongols to become very powerful. They **invaded** large areas of Asia and Europe. Kublai Khan, Genghis' grandson, gained control of Korea and then demanded that the Japanese obey him. Japanese leaders **refused**.

In 1274, Kublai Khan sent a **force** of 30,000 **warriors** to attack Japan. They **landed** near Hakata and fought the Japanese. But the next day, a storm suddenly came. It destroyed most of the Mongol boats and many of the invaders drowned in the sea. The Mongols lost the battle.

Seven years later, in 1281, the Mongols attacked again. A large force of more than 130,000 Mongols again came to Hakata Bay. The Mongols and Japanese fought for almost two months. Then a powerful typhoon came and the invaders had to **retreat**. The Japanese called these two storms *kamikaze*, "**divine** winds," because they protected the country from invasion. (148)

蒙古襲来（元寇）

　13世紀、チンギス・ハンがモンゴル民族を率い、非常に強大な国を築き上げた。彼らはアジアとヨーロッパの広大な地域を**侵略した**。チンギス・ハンの孫であるフビライ・ハンは高麗を征服し、次に日本にも彼らに服従するように迫った。幕府はこれを**拒絶した**。

　1274年、フビライ・ハンは日本を攻撃すべく、3万の**兵**を擁する**軍隊**を送ってきた。彼らは博多の近くに**上陸し**、日本軍と一戦を交えた。ところがその翌日、突然嵐がやってきた。嵐は蒙古（モンゴル）軍の船の大半を破壊し、侵略者の多くは海で溺死した。モンゴル側が敗退したのである。

　その7年後の1281年、モンゴルが再び襲撃してきた。モンゴル側の兵13万余名を擁する大軍が再び博多湾に来襲した。モンゴル軍と日本軍は2か月近くにわたって戦った。その時強烈な台風がやってきて、侵略者たちは**退却**を余儀なくされた。日本人はこの2度にわたる嵐を「**神風**」（**神の風**）と呼んだが、それは2度の嵐が日本を侵略から守ったからである。

タイトル invasion 侵略　1 Genghis Khan [dʒíŋgis káːn] ジンギス・カンとも呼ばれる、モンゴル帝国の太祖（創設者）　led the Mongols to become very powerful モンゴル民族が非常に強大になるよう導いた→モンゴルの君主として強大な国を築き上げた　Kublai Khan [kúːblai káːn] クビライ (Khubilai)・カンとも呼ばれる、モンゴル帝国第5代皇帝。都を大都（北京）に移し、国号を「元」と定めた　Korea 当時は高麗国　demand that ... (should) ~ …に~するよう要求する。「~」は原形動詞　Japanese leaders 日本の為政者たち→日本政府、幕府　2 boat 「ボート」ではなく、(大きな)「船」を表すことも多い　invaders モンゴル軍のこと　drown 英語のdrownは「溺れる」ではなく「溺れ死ぬ」の意味なので注意　3 call ... ~ …(these two storms)を~ (kamikaze)と呼ぶ　protect ... from ~ …を~から守る

19 Kamakura Buddhism

Until the Kamakura Period, Buddhism did two things. First, it was used to protect the country. Second, it served the elites. To gain **enlightenment**, a person had to make great individual effort. **Common people** did not have time to do this. Only the elite class of society could manage to do it.

In the Kamakura period, new ways of thinking developed. The priests Honen and Shinran taught that faith in **Amida Buddha** was more important than making effort. They taught that even common people could gain enlightenment if they just believed. Shinran taught that if a person called Amida's name **even once**, that person would be saved. Honen created the Jodo sect and Shinran created the Jodo Shin sect of Buddhism.

The priest Nichiren had a different belief. He taught that the important teachings of Buddhism were in the **Lotus Sutra**. He also taught that repeating **one single** phrase was enough to save a person.

Zen was another form of Buddhism that became popular. Zen Buddhism was simple and it emphasized self-discipline. It taught that **meditation**, *zazen*, was the way to gain enlightenment. Members of the samurai class found this very appealing. The priest Eisai created the Rinzai sect and the priest Dogen created the Soto sect of Zen. (209)

鎌倉時代の仏教

　鎌倉時代までに、仏教は2つの役割を果たしていた。第一に、それは国を護るために使われた。第二に、それは特権階級の信仰する宗教だった。悟りを開くためには、人は個人的に多大な修行を行う必要がある。**庶民**にはそれを行うだけの時間がなかった。社会の中で特権階級だけが、それを行う余裕があったのである。

　鎌倉時代には、新しい思想が発達した。法然上人と親鸞聖人は、**阿弥陀仏**に対する信仰が修行よりも重要であると説いた。両人は、普通の人々でも信仰するだけで悟りを開くことができると説いたのである。親鸞は、もし人が阿弥陀仏の名前を**一度**でも唱えれば、その人は救われると説いた。法然は浄土宗を、親鸞は浄土真宗という仏教の宗派をそれぞれ開いた。

　日蓮上人はまた違った信念を抱いた。彼は、仏教の重要な教えは**法華経**の中にあると説いたのである。彼はまた、**たった1つの文句**を繰り返し唱えることで、人は十分救われるとも説いた。

　禅宗も多くの信者を集めた仏教の宗派の1つである。禅宗は単純で、自己修養を重んじた。禅宗は、**瞑想**すなわち「座禅」が悟りを開く方法であると説いたのである。これは武士階級にとって魅力的な教えであった。禅宗の中で、栄西禅師は臨済宗を開き、道元禅師は曹洞宗の開祖となった。

---

1 protect the country 仏や修行を積んだ僧侶の力によって国や朝廷を繁栄させ、国を災害・飢饉・疫病などから守る「護国」の役割が大きく、一般の国民への布教が制限されていた時期もあった　serve ... …の役に立つ、…が利用する→…の信仰の対象となる　individual effort 個人的な努力→具体的には「修行」を指す　manage to ... かろうじて…する、…するだけの余裕がある　**2** priest 僧侶　Honen and Shinran 宗派によって高僧の尊称が「上人」「聖人」「禅師」など様々である　faith in ... …を信じること、…に対する信仰心　if they just believed ただ単に信仰さえすれば。just = only　call Amida's name 阿弥陀仏の名前を(具体的には「南無阿弥陀仏」と)唱える　sect 宗派、…宗　**3** phrase 語句、文句。日蓮の教えでは「南無妙法蓮華経」がそのphraseに当たる　**4** find ... ～ …(this)を～(very appealing)だと感じる

20 Meditations on Life

Two **masterpieces** of Japanese **literature** were written during the Kamakura period. Both of them are *zuihitsu*, **collections** of essays on various **subjects**.

The first is Kamo no Chomei's *Hojoki* (1212, translated in English as An Account of My Hut). It is a group of **philosophical** essays. Chomei begins by comparing human **existence** with the **flow** of a river. People and their actions are like bubbles that **float** on the **surface**. They **come up to** the surface briefly and then **vanish** in a moment. In other words, all things **perish**. Chomei admits that the **capital city** is a **splendid** place. But people who tie their fate to the capital place themselves in **peril**. That is why, he explains, he left the **magnificent** capital. He prefers **seclusion**. Living a simple life, he can enjoy the pleasures of **contemplation**.

The second masterpiece is Yoshida Kenko's *Tsurezuregusa* (1331, translated in English as Essays in Idleness). The central point of this work is the **transience** of life. The knowledge that all things perish caused Chomei anguish. For Kenko, **in comparison**, **uncertainty** was the most **precious** thing in life. Beauty, he writes, is brief. A person should **delight in** that beauty before it **fades away**.

This work is an elegant **statement** of traditional Japanese **aesthetics**. **Imported** Chinese aesthetics emphasized **symmetry**, balance, and **regularity**. Kenko emphasizes a different aesthetic. The Japanese **value asymmetry** and **irregularity**. He also **admires** naturalness, simplicity, suggestion and **transient** beauty. Kenko **points to** the major **elements** of the Japanese sense of beauty. (249)

人生に対する省察（鎌倉時代の文学）

　日本文学の2つの**傑作**が鎌倉時代に書かれている。どちらもいわゆる随筆、すなわち様々な**主題**のエッセイを**集めたもの**である。
　1作目は鴨長明による『方丈記』(1212年、英訳本の表題は「わが庵の話」)。これは**哲学的な**随筆を集めた作品である。長明は書き出しで、人間の**存在**を川の**流れ**にたとえている。いわく、「人間とその行動は、**水面**に**浮かぶ**泡のようなものだ。それらは一瞬水面に**浮かんでくる**が、すぐさま**消えてしまう**。言葉を換えれば、すべてのものが**滅びゆくものなのだ**」と。長明は**都**が素晴らしい所であるとは認めている。ただ、自らの運命を都に縛りつける人々は、自らを**危険**にさらしているとしている。だから自分はその**壮麗な**都を離れたのだ、と彼は説明している。彼は**隠遁生活**の方を好んだ。簡素な生活を送ることによって、彼は**物思いにふけることを**楽しむことができるのだと。
　2つ目の傑作は、吉田兼好の『徒然草』(1331年、英訳本の表題は「つれづれの中の随筆」)である。この作品の中心点は人生の**はかなさ**である。すべてのものがいずれ滅びるということを知ったことが、長明に苦悩をもたらした。**それに比べ**、兼好にとっては、**不確実性**が人生において最も**貴重な**ものだった。兼好は、美しさははかないものだと書いている。人は、それが**色あせる**前にその美しさを**堪能**すべきである、と。
　この作品は、伝統的な日本人の美意識を端的に**言い表したもの**である。中国から**取り入れられた**美意識は、**左右対称**や均衡や**規則性**を重んじる。兼好はそれとは違った美意識を強調した。日本人は**非対称性**や**不規則性**に**価値を置く**。兼好はまた、自然さや簡素さ、皆まで言わない表現や**移ろいゆく**美しさなども**すばらしい**としている。兼好は日本人の美的感覚の主要な**基本要素**に目を向けているのである。

タイトル meditation on ... …についてじっと考えること　**2** hut 小屋、庵　compare ... with ～ …を～にたとえる（この意味ではcompare ... to ～を用いることが多い）　in a moment 一瞬で　admit「確かに…である(が)」と一歩ゆずって認める　tie one's fate to ... 自らの運命を…に縛りつける→自らの運命を…に託してそれに翻弄(左右)される　place oneself in ... 自らの身を…に置く→自らを…にさらす　**3** cause ... ～ …(Chomei)に～(anguish)を引き起こす。anguishは「苦悩」。動詞anguishを使うとcaused Chomei to anguishとなる　brief 短命な　**4** elegant 簡潔な、端的な　suggestion ほのめかし、含みを残した[皆まで言わない]表現

21 The Kenmu Restoration and the Northern and Southern Courts

From about 1185, Japan was ruled by two independent authorities: the imperial court in Kyoto and the military bakufu in Kamakura. But that **system** began to **fall apart** in the late 13th century. By the 1330s, the country fell into **chaos**.

Emperor Go-Daigo wanted to **restore** political power to the imperial family. He formed an alliance with Ashikaga Takauji, a powerful military ruler. Together they tried to **implement** a plan known as the Kenmu Restoration. However, Takauji built a new shogunate headquarter because he **was frustrated with** Emperor Go-Daigo's politics. It **was located in** the Muromachi section of Kyoto. The Muromachi Period (1333-1568) **is named after** this location.

Political and military elites joined one of two groups. One group supported Go-Daigo and the other group opposed him. In 1336 the two groups went to war. As a result, Go-Daigo had to **retreat** to the **mountainous** area of Yoshino. He and his allies created the **so-called** "Southern Court." The Ashikaga shogunate set up a puppet emperor in Kyoto. This came to be known as the "Northern Court." For half a century, there were two imperial courts. Because of this, the period 1336-1392 is called "The Period of the Southern and Northern Courts", *Nambokucho*.

Yoshimitsu, the third Ashikaga shogun, brought the "Southern Court" to an end in 1392. He promised that the **imperial prince** of the Southern Court would become emperor in the future. But he did not keep that promise. By 1400, Yoshimitsu himself had **virtually** all of the powers of the emperor. (252)

Middle Ages / Medieval Period (Kamakura, Muromachi)

建武の中興と南北朝時代

　1185年頃から、日本は2つの別々の権力に支配されるようになった。すなわち、京都の朝廷と鎌倉の幕府である。しかし、その**体制**は13世紀の終わりごろ**崩壊**し始めた。1330年代までには、国内は**混乱状態**に陥っていた。

　後醍醐天皇は皇室に政治的権力を**取り戻そう**とした。彼は権力を握っていた武将の足利尊氏と同盟を結んだ。両者は結託し、建武の中興として知られる政策を**実行に移そう**とした。ところが、尊氏は後醍醐天皇の政治に**不満を抱いた**ため、新しく幕府を設立した。それは京都の室町地区に**場所を置いた**。室町時代（1333-1568）はこの地域名にちなんで**名づけられた**ものである。

　政治勢力や武家の中で高位の者たちは、以下の2つのグループのいずれかに身を置いた。第一のグループは後醍醐天皇の支持者たちで、もう1つのグループは彼に反対する者たちである。1336年、両グループは戦を交えた。その結果、後醍醐天皇側は吉野の**山深い**地域に**退却**を余儀なくされた。後醍醐天皇とそれに与(くみ)する者たちは**いわゆる**「南朝」を作った。足利幕府は京都に傀儡(かいらい)の天皇を立てた。これが「北朝」として知られるようになったものである。半世紀にもわたり、2つの朝廷が存在したのである。このために、1336年から1392年の間の時代は「南北朝時代」と呼ばれている。

　1392年にいわゆる南朝に終止符を打ったのは、足利家第3代の将軍、義満である。彼は、南朝の**皇太子**に、将来天皇の座につけることを約束した。しかし、彼はその約束を守らなかった。1400年までに、義満自身が**事実上**天皇の持つすべての権力を一身に集めるようになった。

タイトル　restoration　復興、中興（一度さびれた、あるいは廃れた勢力を盛り返すこと）。建武の中興は「建武の新政」とも呼ばれる　**1** authorities　[複数形で] 当局、支配勢力　military bakufu　武士による幕府　fall into ...　…に陥る　**2** form an alliance　同盟関係を結ぶ　military ruler　武将。rulerは「支配者、権力者」　headquarter　本拠地、本部　**3** support　支持する、味方する　oppose　反対する、敵対する　go to war　戦争を始める。ここはお互いに戦を交えること　Yoshino　現在の奈良県の一地域　ally　味方　set up ...　…を打ち立てる、擁立する　puppet　傀儡の、実権を持たない操り人形の　come to ...　…するようになる　**4** bring ... to an end　…に終止符を打つ、…を終わらせる

22 Ming Trade

Yoshimitsu had many motives for establishing **diplomatic relations** with **Ming China**. He sent **envoys** to the Ming emperor several times, but his offers of establishing relations **were rejected**. In 1401 he sent another document addressed to the emperor of the Ming dynasty. The document requested the **establishment** of relations. With the document, he sent **tribute goods**, including horses, **spears** and **swords**. He also sent **a number of** Ming citizens who **had been captured** by *wako*. The Japanese-led *wako* were **pirates** who **pillaged** the coasts of East Asia from the 13th to the 17th centuries.

This time the Ming emperor agreed to Yoshimitsu's request. Accepting this **tribute**, the Ming emperor sent 100 tallies to Yoshimitsu, beginning the *kango boeki* (tally trade) with the Ming Dynasty in 1404. "Tally" refers to a certificate of proof that an envoy is an official **representative** of the shogun. Fifty of the tallies were for envoys from Japan to China. The other fifty tallies were for envoys from the Ming to Japan.

The tally trade **missions** was **mutually beneficial**. It helped the Ming **suppress** the *wako*. It made the shogunate the primary agent for relations with the Ming. This helped the bakufu control Kyushu, and trade profits **stabilized** the bakufu's financial situation. The shogunal court received **copper** coins (*eirakusen*), silk and brocade. The trade also provided a **significant** flow of culture from the Ming to the Japanese capital.

This trade continued until 1547, and 17 trade missions completed the **voyage** to China. (246)

日明貿易

　足利義満には、**明代の中国**と**外交関係**を樹立したいと考える多くの動機があった。彼は明の皇帝に対して何度か**使節**を送っているが、国交を結ぼうという義満の申し出は**拒否されてきた**。1401年、義満は明の皇帝に宛ててさらに文書を送った。その文書は、国交の**樹立**を要請するものだった。この文書に添えて、彼は馬や**槍、剣**といった**貢物**を送った。彼はまた、それまで倭寇に捕虜として**捕えられてきた数人**の明の国民も送り返した。日本人が率いた「倭寇」とは、13世紀から17世紀にかけて東アジアの沿岸を**略奪して**回った**海賊**のことである。

　今度は明の皇帝も義満の要請に応えた。明の皇帝はこれらの**貢物**を受け入れ、義満に100枚の勘合を送り、これによって1404年に明との勘合貿易が始まった。「勘合」とは、使節が将軍の公式の**使者**であることを証明する証明書のことである。勘合のうちの50枚は日本から中国への使節が使うもの。残りの50枚は明から日本への使節が使うためのものだった。

　勘合貿易のための**使節派遣**は、日明**双方にとって恩恵のある**ものだった。明にとっては、倭寇を**鎮圧する**のに役立つ。また勘合貿易によって、日本の幕府を通さないと明との交易ができないようになった。これは幕府が九州を支配するのに役立ち、交易から得られる利益は幕府の財政状況を**安定させた**。幕府は**銅銭**（永楽銭）や絹や錦の織物を手にした。日明の交易はまた、明から日本の都へ**おびただしい**文化の流れをもたらした。

　この交易は1547年まで続き、17回にわたる交易使節が中国への**航海**を成し遂げた。

タイトル Ming（中国の）明朝(1368-1644)　**1** addressed to ... …宛ての　dynasty 朝廷、王朝　Japanese-led ... = ... led by Japanese 日本人に率いられた　East Asia 東アジア。主に中国・朝鮮（半島）・モンゴルあたりを指す。（モンゴルは海がないのでここでは除外）　**2** tally「割り符」、すなわち刻み目を入れた木片などを半分に割り、双方が持ち寄りぴったり合えば証明されるというものであるが、日明貿易の「勘合」は割り当てられた札と原簿を照合するものだったようだ　**3** help ... 〜 …が〜するのを助ける（「〜」は原形動詞）　make ... (=the shogunate) 〜 (=the primary agent) …を〜にする。shogunateは「幕府」、primary agentは「まず通さなければいけない(=独占的な)仲介者」　shogunal court 幕府。courtは「宮廷」　brocade 錦[金襴]の織物

23 The Art of Noh Theater

Yoshimitsu and other aristocrats also strongly influenced the arts. For the military leaders, giving support to artists was a way to gain cultural and social recognition. This support helped **close the gap between** the military elite **and the nobility** in the capital.

The most important artists Yoshimitsu **patronized** were the actor-playwright Kan'ami and his son Zeami. These two **geniuses** were responsible for combining *sarugaku* dance, music, masks and storytelling and **developing** it **into** Noh drama. They took stories from *The Tale of the Heike*, *The Tale of Genji*, Buddhist stories and collections of narratives. They turned these stories into dramatic art with great **aesthetic** and psychological **depth**. With Yoshimitsu's **patronage**, Kan'ami and Zeami gained entrance to the elite circles of Kyoto. From these elites, they learned how to create **sophisticated** performances.

Zeami **followed** his father **as** the head of the Kanze troupe of performers. He **composed** *Fushi kaden* (The Tradition of the **Flower** of Acting Style). This work is a **fundamental** work of **art theory** of that period of history. It also became the **fundamental basis** for Noh drama. (179)

能という芸術

　義満をはじめとする権力者はまた、芸術にも強い影響力を及ぼした。武将たちにとって、芸術家を支援することは、文化的・社会的な名声を勝ち取る1つの手段であった。こうした支援が、武将たちと都にいる貴族たちの間の格差を埋める役割を果たしたのだ。

　義満が庇護を与えた中でも最も重要な芸術家は、自らも舞台で演じると同時に脚本家でもあった観阿弥と彼の息子の世阿弥であった。この2人の天才は、猿楽の踊りや音楽や仮面に筋語りを組み合わせ、それを能に発展させるという偉業を成し遂げた。2人は『平家物語』や『源氏物語』、仏法の説話や数々の伝承を集めたものなどを題材とした。2人はこうした物語を美的・心理学的に大きな深みを持った演劇芸術に変えたのである。義満の庇護を受け、観阿弥と世阿弥は京都の特権階級に名を連ねることができた。そうしたエリートたちから、2人はどうすれば洗練された舞台芸術を作り出すことができるかを学んだのである。

　世阿弥は観世流の宗家として父の跡を継いだ。彼は『風姿花伝』（英題「演じ方の精華の伝統」）を編纂した。この作品は当時の芸術理論の基礎となる書物だった。同書はまた能がよりどころとする基本ともなった。

タイトル Noh 能。狂言と合わせて能楽と称されることもある　theater 劇、舞台芸術　**1** aristocrat 本来は「貴族、公家」であるが、ここは「権力者」ほどの意味　recognition 人々に「すぐれている」「ただ者ではない」と認めてもらうこと　help ... [help+原形動詞] …するのに役立つ　the nobility [集合的に] 貴族たち　**2** actor-playwright 役者兼脚本家。2つの職業や役割をハイフンでつなぐと、「…であり、～でもある人」といった意味になる　be responsible for ...ing …した立役者である。responsibleは「責任者である」という意味なので、このように「功績がある」というプラスの意味になることもある　sarugaku 猿楽（平安時代発祥のこっけいなものまね言葉芸で、能の原型となった）　storytelling （壇上で）物語の筋を語る[謡う]こと　narrative （出来事・経験などに基づく）物語、伝承　turn ... into ～ …を～に変える　gain entrance to ... …に入ることができた。entranceは「入れること、名を連ねる権利」　circle グループ、交流仲間　**3** troupe (of performers) 一座、[芸術の]流派

24 Sengoku:
The Period of Warring States

The power of the Ashikaga shogunate **peaked** in about 1400. After that, the court, the nobility, the military and the major religious groups began to **compete with** local leaders and **provincial** warriors. War **broke out** between daimyo armies in the capital in 1467. It was the beginning of the ten-year Onin War. Elite residents of the capital fled the **destruction**. The **common people** had to defend themselves from **robbers** and masterless samurai (*ronin*). They also **suffered from** disease and lack of food.

Meanwhile in the provinces, **regional** rulers fought with their neighbors. Each tried to gain more territory and control **commerce** in their area. By the end of the Onin War, the court and the bakufu were powerless. The capital was destroyed. The nobility fell into poverty. But the fighting did not end in 1477.

In fact, the Onin War marked the beginning of the *sengoku* or "Warring States" period, which **lasted** until 1568. During this **century**, the **established** system of political and military power **collapsed**. New military figures **came to the forefront**. It was the time of *gekokujo*, when "those below **overthrow** those above." Local lords fought with one another, formed **alliances**, **broke** alliances and formed new alliances. There was no central government or shogunate to stop their **ambitions**. (210)

戦国時代

　足利幕府の権力は1400年頃に**最盛期を迎えた**。その後、皇室、貴族、武士、そして主な**寺社**が各地の指導者たちや**各地方**の武士たちと勢力を**争い始めた**。1467年、都にいた各大名の軍隊の間で戦争が**勃発した**。それは10年にわたる応仁の乱の始まりであった。都に住んでいた有力者たちは**破壊**から逃れて都を離れた。**庶民たちは強盗**や浪人たちから自らを守らなければならなかった。彼らはまた病気や食糧不足に**苦しんだ**。

　一方地方の諸国では、**各地方**の大名たちが近隣の大名たちと争っていた。それぞれが版図を広げ、またその地域の**商業**を支配しようとしていた。応仁の乱が終わるころには、皇室も幕府もその力を失っていた。都は荒廃していた。貴族たちは**貧困**に陥っていた。ところが、戦争は1477年に終わったわけではなかった。

　実は、応仁の乱は1568年まで**続いた**戦国時代の始まりを告げる出来事にすぎない。この**100年間**で、**既存の**政治的・軍事的な権力構造が**崩壊した**のである。新しい戦国武将が**頭角を現した**。これは「身分の低い者が上の者を**転覆させる**」いわゆる「下剋上」の時代だった。各地方の大名同士が戦い、**同盟**を結び、その同盟を**反故**にし、また新しい同盟を結んでいった。彼らの**野望**を阻止する中央の政府も、幕府も存在しなかったのである。

タイトル warring 戦争状態の、戦に明け暮れる　**1** religious group 宗教団体→寺社(お寺や神社)　Onin War 英語では「応仁戦争」と称するが、日本では「応仁の乱」と呼ばれている。warとdisturbanceなどの呼称の間には明確な区別はない　flee [-fled-fled] …から逃れ(て住んでいた場所を離れ)る　masterless 主君(master)のいない　lack of … …がないこと　**2** meanwhile その間、その一方で　ruler 支配者、統治者　neighbor 周辺の人や国。文脈によって「近所の人」「近隣諸国」などの意味になり、ここは「近隣の大名」　territory 領土　fall into … …に陥る　**3** mark … …という区切りになる、…を示す出来事となる　figure 人物　those (who are) below 下にいる者、身分の低い者　lord 領主

25 Arrival of the Europeans

The Spaniard Francis Xavier was a founding member of the Society of Jesus (the Jesuits). He left Europe in 1541 to work in India and Malacca. In 1547 he met a Japanese named Anjiro. From Anjiro, he heard glowing **descriptions** of Japan and its people. As a result, Xavier became **enthusiastic** and decided to **evangelize** Japan.

Xavier and two Jesuit **companions** reached Kagoshima in 1549. With Anjiro as their interpreter, Xavier **preached Christianity** and compiled a simple **catechism**. As a result, about 100 people accepted **baptism**.

A year after his arrival, Xavier **made his way to** Kyoto. He wanted to ask Emperor Go-Nara for **permission** to preach **throughout** Japan. He was unsuccessful in meeting the emperor and he left Japan for India in 1551. In 1552 he died on his way to evangelize the Chinese.

Another Jesuit, Luis Frois, arrived in Japan in 1563. **With the exception of** two years in Macao, he lived in Japan until his death in 1597. Frois met the **leading figures of the day**. He was a careful observer and recorder. He compiled and sent **back to** Europe detailed reports of the church, Japanese customs, and the **fall** of Hideyoshi. These reports are some of the most **significant** accounts of that period of Japanese society. It became known as *Historia de Iapam*, which means "History of Japan".

Portuguese traders arrived at Tanegashima, south of Kyushu, in 1543. Among other trade items, they brought the musket, which came to be known as the "Tanegashima iron rod." This new weapon changed **warfare** in Japan. It played an **essential** role in unifying the country. (266)

ヨーロッパ人の到来

　スペイン人のフランシスコ・ザビエルはイエズス会の創始者の1人であった。彼は1541年にヨーロッパを離れ、インドとマラッカで布教活動を行った。1547年、彼はアンジローという名前の日本人と出会った。彼はアンジローから日本や日本人に関して熱のこもった**説明**を聞いた。その結果、ザビエルは**乗り気**になり、日本**で布教する**ことに決めた。

　ザビエルと彼の2人のイエズス会の**同志**は1549年に鹿児島に着いた。アンジローに通訳をしてもらいながら、ザビエルは**キリスト教を説き**、わかりやすい**教義問答集**を編纂した。その結果、100人ほどの人々が**洗礼**を受け入れた。

　来日の1年後、ザビエルは京都**に足を運んだ**。彼は後奈良天皇に日本**全国**で布教する**許可**を求めようとしたのだ。彼は天皇に会うことができず、1551年に日本を離れてインドに向かった。1552年、彼は中国に布教に向かう途中で亡くなった。

　日本に1563年にやってきたルイス・フロイスもイエズス会士だった。マカオで2年間過ごした時期**を除いて**、フロイスは1597年に亡くなるまで日本に住んだ。フロイスは**当時の名だたる人物**に面会している。彼は物事を注意深く観察し、記録する人物だった。彼はイエズス教会や日本の慣習、秀吉の**失墜**などを事細かに記録した報告書を編纂し、それを**故郷のヨーロッパ**に送っている。これらの報告書は、当時の日本社会の最も**重要**な記録の1つである。それは「日本の歴史」という意味のHistoria de Iapam『日本史』という名の書物として世に知られるようになった。

　ポルトガルの貿易商たちが1543年に九州の南にある種子島にやってきた。他の貿易品に加えて、彼らはマスケット銃をもたらしたが、それは「種子島の鉄筒」として知られるようになった。この新しい武器は日本の**戦争**を変えた。それは日本の統一に**不可欠な**役割を果たしたのである。

1 the Spaniard Francis Xavier [zǽviər|zéiviər] スペイン人(Spaniard)であるフランシスコ・ザビエル。Francisはスペイン名である「フランシスコ」の英語名　founding 設立(者)の。found「設立する」　the Society of Jesus イエズス会。カトリックの男子修道会。theJesuitsはその別名(Jesuitは「イエズス会の(人)、イエズス会士」)　Malacca マラッカ(マレー半島南部の港町)　Anjiro 漢字名不詳。ヤジロウとも言われる　glowing 熱のこもった、華々しい　**2** with ... as 〜 …に〜の役目をさせて　**3** ask ... for 〜 …に〜を求める　**4** observer 観察者　the church (ある特定の宗派の)教会。ここはイエズス会を指す　**5** musket マスケット銃。ライフル銃の前身で、この当時日本にもたらされた火縄銃を指す　rod 棒、杖、筒　unify 統一する

26 Sengoku daimyo

The Period of Warring States began with the Onin War in 1467. The power of the Ashikaga shogunate **declined**. **Control over** the actual provinces was left to administrators who lived in Kyoto and gave orders to their subordinates in the hinterlands. This power hierarchy began to **collapse**.

Eventually, real control of the **domains** fell into the hands of *kokujin*, or "provincials." These men **combined** military skill, social control, and wealth from land and commerce. They created **small-scale** political units all over the countryside. **Government** was no longer top-down; it was bottom-up. These local leaders, who lived on the land they controlled, are **now** called *sengoku* daimyo.

Unlike the medieval *shugo* daimyo, the *sengoku* daimyo lived **permanently** in the domain. They brought their retainers into their headquarters and **organized** commerce, agricultural production, and **taxation**. They suppressed **peasant uprisings**, **conducted** land surveys (*kenchi*), and began to build **castle towns**. They developed **rationales** to **justify** their supremacy over the people in their domain. They **issued** stern **codes of conduct** to their **followers**. They wanted to prevent their followers from placing family or community **interests** ahead of their **lord**'s.

These new *sengoku* daimyo **were not content to** stay at home and issue commands. They began to fight with the daimyo in **neighboring** domains in order to expand their **territories**. They **eliminated** rivals inside their own domains and in the areas they wanted to **dominate**. They **taxed** land, **trade**, river and highway users, **warehouse** owners, sake brewers and other **merchants**. (245)

戦国大名

Track 26

　戦国時代は1467年の応仁の乱に始まった。足利幕府の力は**衰えていった**。実際の**領国に対する支配**は、それまでは京都に住み、地方の家来たちに命令を下す役人たちに任されていた。この権力の上下関係が**崩壊し始めた**のである。

　最終的に、各**領地**の支配は国人の手にゆだねられるようになった。こうした国人と呼ばれる男たちは、軍事的な技術や社会に対する支配力、そして農業や商業から得られる**富をすべて手に入れた**。彼らは**小規模な**政治的単位を日本のあらゆる地方に作っていった。**政治支配**はもはや上から下へという構造ではなく、下から上へという形で成り立っていた。自分が支配している土地に住んでいた、こうした地方の支配者たちは、**この頃から戦国大名と呼ばれるようになった**。

　中世の守護大名**とは違い**、戦国大名は**常に**自分の領地に住んだ。彼らは自らの家来を本拠地に連れてきて、商業や農業生産や**課税**を**取り仕切った**。彼らは**百姓の一揆**を抑え、土地の調査（検地）**を行い**、**城下町**を建設した。彼らは、自らの領地に住む民よりも自分たちが優れていることを**正当化する根拠**を作り上げていった。彼らは自分たちの**家来**に対し、厳格な**行動規範**を**発布した**。彼らは自分たちの家来が、**主君**の利害よりも家庭や地域社会の**利害**を優先することを防ごうとしたのである。

　こうした戦国大名たちは、地元にとどまり家臣に命令を出すだけでは**飽き足りなかった**。彼らは自らの**領地**を拡げるために**隣り合う**領地の大名と戦争を始めた。彼らは自分の領地や、あるいは自分が**支配したい**と望む地域にいたライバルたちを**排除していった**。彼らは土地や**商取引**、川や街道の利用者、**倉庫**の所有者、日本酒の蔵元やその他の**商人たちに税金をかけた**。

---

1 actual 実際の、現地の　was left to ...「leave ... to ～ …を～に任せる」の受身の過去形　administrator 行政官、役人　subordinate 部下、家来。ここは武士、特に大名のこと　hinterlands ［複数形で］田舎、地方　hierarchy 階層構造、上下関係のピラミッド　**2** fall into the hands of ... …の手に落ちる→が手に入れる　provincial 地方人　land 土地→農業生産　the countryside 田舎、(に対して)地方　top-down 上意下達の、上の命令に部下を従わせる　bottom-up 下の者が決めて上の者が追認する　**3** medieval 中世の。日本史においては一般に鎌倉・室町時代を指す　suppress 抑圧する、抑え込む　supremacy over ... …に対する優越性　stern 厳格な　place ... ahead of ～ …を～の前に置く→～よりも…を優先する　**4** highway 主要道路→街道　sake [sáːki] 日本酒/ [séik]「(…の)ため」と混同しないように　brewer 醸造業者

中世(鎌倉・室町時代)

27 Castle town, port town, temple town

As the Ashikaga shogunate in Kyoto **weakened**, local warriors grew more powerful. During the latter part of the 16th century, these *sengoku* daimyo built **fortresses** on the top of mountains surrounded by stone walls. Small **towers** called donjon were added in the center. The mountain castles, *yamajiro*, were **extremely** difficult to attack directly. An **opponent**'s only effective **strategy** was to **lay siege to** the castle. To protect the castle, the daimyo **stored** food, water and weapons for a long siege.

These castles were not **convenient** places for daily living. Therefore, **residences** for warriors, **workshops** for **artisans** and shops for **merchants** were built at the **foot** of the mountain. These buildings formed the first castle towns (*jokamachi*).

Port towns (*minato machi*) developed with the money economy and **overseas trade** during the Sengoku period. Hakata, Sakai and Nagasaki **flourished** as trading ports. *Kaisen*, "circuit ships," carried **cargo** between the Kyoto-Osaka area and Edo. Trade with the Chinese **mainland** centered on Nagasaki and Hakata.

Commercial districts called temple towns (*monzen machi*) developed along roads to popular temples and shrines. They sold religious **objects**, offered food and a place to stay, and sometimes became large communities. (192)

城下町、港町、門前町

　京都の足利幕府の力が**弱まる**につれ、地方の武士たちがより大きな権力を持つようになっていった。16世紀の後半、こうした戦国大名たちは山の頂に石垣に囲まれた**要塞**を築いた。天守閣と呼ばれる小さな**重層建築**がその中央に加えられた。山城は直接攻撃するのが**きわめて**難しかった。**敵**が唯一効果的な**戦略**を取れるとすれば、それは**城を包囲する**ことだった。城を守るために、大名は長い兵糧攻めに備えて食料や水、武器を**蓄えた**。

　こうした城は日々の暮らしにとって**便利な**場所とはいえなかった。それゆえ、武士たちの**住まい**や職人たちの**工房**、そして**商人たち**の店は山のふもとに建てられた。こうした建物は初期の城下町を形作っていった。

　戦国時代には貨幣経済や**海外貿易**の発達とともに港町が発達していった。博多、堺、長崎は交易が行われる港として**栄えた**。「周回する船」を意味する「廻船」が京阪地域と江戸の間で**貨物**を運んだ。中国**本土**との貿易はもっぱら長崎や博多を中心に行われた。

　門前町と呼ばれる**商業地区**が、人の集まる寺や神社への参道沿いに発達した。門前町では信仰に関係する**器物**が売られたり、料理や宿泊場所が提供されたりして、時には大きな町に発展していった。

---

1 grow(-grew-grown) …になる (=become)　the latter part of … …の後半(≒ the second part [half] of …) ⇔ the first half of … 「…の前半」　donjon 本丸、天守閣　…'s only effective strategy was to ～ …の唯一効果的な戦略は～することだった→…が唯一効果的な戦略を取れるとすれば、それは～だった　long siege 長期間の包囲攻撃≒兵糧攻め
3 money economy 貨幣経済(= monetary economy)　center on … …に集中する

中世(鎌倉・室町時代)

Chapter 4

安土桃山時代
Azuchi-Momoyama

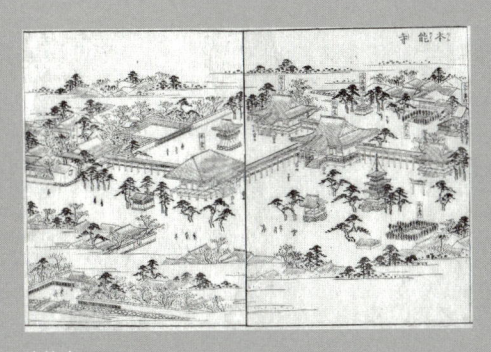

本能寺

28 Steps toward unifying the country

Fighting between the *sengoku* daimyo continued almost **constantly** from 1467 through 1568. First, they fought to establish control over their own **domain**. Then they fought to control other domains. Eventually, **a small number of** powerful daimyo began to unify whole regions. Uesugi Kenshin, Takeda Shingen, Mori Terumoto, Date Masamune and Oda Nobunaga are among the daimyo who **succeeded in** unifying their regions. They **made alliances** with weaker daimyo **whenever possible**. They gained most of their domains, however, by **military force**.

By the 1550s, these daimyo were regularly organizing armies of 50,000 or more. These armies fought in new, more **effective** ways. Previously battles had been fought between **individual** samurai. But the new battle units were ordinary **foot soldiers**, coordinated in specialized **troops**. **Commanders** could control these soldiers more easily than they could samurai on horseback. **Craftsmen** learned to **manufacture** the muskets introduced by the **Portuguese**. With these muskets, foot soldiers were highly efficient fighters. Oda Nobunaga's ordinary troops, for example, used the new muskets with frightening efficiency. In the Battle of Nagashino (1575) they used muskets to **slaughter** the famous **cavalry** of the Takeda domain. (185)

Azuchi-Momoyama

天下統一への動き

　戦国大名どうしの争いは1467年から1568年までほぼ**絶え間なく**続いた。まず大名たちは自らの**領地**の支配を確立するために戦った。そののち、彼らは他の大名の領地を支配するための戦いを行った。最終的に、有力な**少数の**大名がおのおのの地域全体を統一し始めた。上杉謙信、武田信玄、毛利輝元、伊達政宗、そして織田信長が、それぞれの地域を統一**することに**成功した大名として名を連ねた。彼らは、**可能なときは常に**、自分よりも力の弱い大名と**同盟を結ん**だ。ただ、彼らはそうした大名の領地の大部分を**軍事力**にものを言わせて奪っていったのである。

　1550年代までに、こうした大名たちは常に5万以上の兵を持つ軍隊を配下に置いていた。これらの軍隊は、より**効果的な**新しい戦法で戦った。以前の戦は**個々の**侍どうしが戦うものだった。しかし、新しい戦における戦闘単位は、通常の**歩兵**たちを専門の技術を身につけた**軍団**に仕立て上げたものだった。**指揮官たちは**、これらの兵隊たちをそれまでの騎馬侍たちよりも容易に動かすことができた。**職人たちは**、**ポルトガル人**によってもたらされたマスケット銃（鉄砲）を**製造**できる技術を身につけた。こうした鉄砲を手にした歩兵たちは、非常に効率のよい戦闘ができるようになった。たとえば織田信長の通常軍は、新しく手にした鉄砲を恐ろしいほど効率的に利用した。長篠の戦い（1575年）において、信長軍は武田軍の有名な**騎兵隊**を**皆殺しにする**ために鉄砲を使ったのである。

タイトル unify 統一する　**1** from ... through ～ …から～まで。主にアメリカ英語で用いられる表現　control over ... …に対する支配　**2** organize army 軍隊(army)を組織する→軍を配下に置く　previously 以前なら　unit「部隊」という意味もあるが、ここは戦闘の「単位」を表す　coordinated in ... …の形にまとめ上げられた　specialized 専門の技術(たとえば火縄銃の使い方など)を身につけた　on horseback 馬に乗った、騎馬兵の　introduce (それまでなかった場所に)もたらす、伝える　were highly efficient fighters 非常に効率のよい戦闘員たちだった→非常に効率のよい戦闘ができるようになった　with frightening efficiency 恐ろしいほどの効率をもって→恐ろしいほど効率的に　domain 領地→勢力、軍勢

29 Oda Nobunaga, first of the unifiers

The first of the three major unifiers of Japan was Oda Nobunaga. He was the son of a local military figure in Owari province, near **present-day** Nagoya. When his father died, Nobunaga quickly defeated rival heirs for the domain. In 1568 he **marched into** Kyoto **at the request of** the emperor and installed Ashikaga Yoshiaki as a **figurehead** shogun.

At the beginning of Nobunaga's military career, he bought 500 muskets, introduced by the Europeans, and trained ordinary soldiers to use them. They were successful **against** even **well-trained** samurai, so other daimyo leaders **adopted** the new weapons and his **strategies**.

Nobunaga was willing to **destroy** anyone who **opposed** him. His motto was *tenka fubu*, "**rule** the realm by force." He **was especially determined to** break the power of the **armed** Buddhist sectarians who opposed him. He destroyed sacred sites and communities, **beginning with** the Ishiyama Honganji, in present-day Osaka. This temple was a virtual fortress, surrounded by walls and **moats**. It was the governing center of the Honganji's vast **power structure**. Like the influential daimyo, it controlled entire provinces by the 1570s. Nobunaga fought a 10-year war with the Ishiyama Honganji and finally **conquered** it in 1580. It was burned to the ground.

Nobunaga's most **notorious** act was the attack on Enryakuji on Mt. Hiei. The **monks** of the temple supported Nobunaga's enemies and threatened the capital itself. Nobunaga had his troops surround the entire mountain. He then ordered them to burn every building and kill every **inhabitant**. With **ruthless** methods like these, Nobunaga conquered almost **one third of** Japan. For the first time, central Japan **was reunited** under one **political authority**. (271)

最初に天下統一を果たした織田信長

　日本における3人の主な天下統一者の一人目が織田信長であった。彼は**現在の**名古屋の近くにあった尾張の国の地元武将の息子であった。父親が亡くなると、信長は領内の世継ぎのライバルたちを短期間で打ち負かしていった。1568年、彼は天皇に**請われて**京都に**進軍し**、足利義昭を**名ばかりの**将軍に据えた。

　信長は武将となった初期の段階でヨーロッパ人によってもたらされた500丁の鉄砲を購入し、一般の兵士にその使い方を身につけさせた。彼の兵たちは**十分訓練を積んだ**武士たち**と戦っても**勝利したので、他の大名たちもこの新しい武器と信長の**戦略**を取り入れた。

　信長は自らに**逆らう**者はすべて容赦なく**潰して**いった。彼の座右の銘は「天下布武」、すなわち「武力によって日本を**支配すること**」であった。信長は、彼に刃向かう**武装した仏教勢力の力をそぐことに**並々ならぬ**決意で臨んだ**。彼は現在の大阪にあった石山本願寺を**はじめとして**、寺社の本拠地や門徒衆を潰していった。石山本願寺は事実上、壁や濠に囲まれた要塞といってよいものだった。それは本願寺の強大な**権力構造**を束ねる中枢だった。まるで有力な大名のように、石山本願寺は1570年代までにその地方全体を支配するようになっていた。信長は石山本願寺と10年間にわたり戦い、最終的には1580年にこれを**征服した**。寺は跡形もなく焼き払われた。

　信長が働いた最も**悪名高い**行為は、比叡山の延暦寺を攻撃したことだった。延暦寺の**僧侶たち**は、信長に敵対する勢力を支援し、京都自体にも支配の手を延ばそうとした。信長は自らの兵に比叡山全体を取り囲むように命じた。そして彼はその中の建物はすべて焼き払い、そこに**住む者**はすべて殺すように命じた。このような**容赦ない**手法によって、信長は日本のほぼ**3分の1**を征服した。ここで初めて、日本の中央部は1つの**政治権力**の下に**再統一された**のである。

タイトル　first of ...　一人目の…　unifier　統一者、統一を果たした人　**1** three major unifiers　織田信長、豊臣秀吉、徳川家康を指す　military figure　軍人、武将　heirs [ɛərz] for ...　…の後継者(候補)たち　install ... as 〜　…を〜の地位に据える　**3** was willing to ...　進んで[容赦なく]…した　realm　領域。信長の頭にあったのは日本全土　sectarian　信徒たち、勢力　sacred　聖なる→宗教関係の、寺社の　virtual ...　事実上…の役割を果たすもの　be burned to the ground　地面まで焼かれる→全焼させられる　**4** threaten ...　…を脅かす→…を征服しようとする　have ... surround　…に取り囲ませる。haveは「使役」を表す

30 Honnoji Incident

In June 1582, after one of his **military campaigns**, Nobunaga returned to Kyoto. He took up quarters in the Honnoji temple with **just a few of** his **attendants**. His son's large force was quartered far away and none of his main captains was with him.

Akechi Mitsuhide, Nobunaga's **vassal**, was the daimyo of Kameyama in Tamba province, west of Kyoto. He had orders from Nobunaga to march his army to join an attack against Mori Terumoto for control of the Chugoku area. Instead, Mitsuhide marched against Nobunaga at Honnoji in a surprise attack. Nobunaga died when the temple was set afire.

Toyotomi Hideyoshi returned from the Chugoku **front** and defeated Mitsuhide in the Battle of Yamazaki 11 days later. (119)

本能寺の変

　1582年6月、**合戦**の1つを終えた後、信長は京都に戻った。彼は**ほんの数人の従者**を従えて本能寺に一夜の宿を構えた。彼の息子の大軍は遠くに宿営しており、配下の主な武将は誰一人として彼のそばにいなかった。
　信長の**家臣**の明智光秀は、京都の西にあった丹波の国の亀山を治める大名だった。彼は、中国地方の支配に向けて毛利輝元に対して攻撃をしかけるため、兵を回してそれに合流するよう信長から命じられていた。ところが光秀はその命に従わず、本能寺にいる信長に対して奇襲をかけるべく兵を向けた。本能寺には火が放たれ、信長は命を落とした。
　その11日後、豊臣秀吉は中国地方の**戦線**から戻り、山崎の戦いで光秀を討った。

---

1 take up quarters in ... …に宿をとる、宿泊する　be quartered 宿をとる、宿営する　**2** march 進軍させる　for control of ... （信長が）…を支配するため。この時、先遣隊として信長の命で中国地方に送られていたのが豊臣秀吉である　march against ... …に対して兵を向ける　in a surprise attack 奇襲攻撃の形で　set ... afire …に火を放つ。was set afireはその受身の過去形[set-set-set]　**3** defeat 打ち負かす

31 Toyotomi Hideyoshi, the second unifier

Toyotomi Hideyoshi continued the **unification** process. He attacked and defeated Shibata Katsuie, ruler of Echizen and Kaga, in 1583. He **conquered** Shikoku in 1585. In 1587 he swarmed over Kyushu, forcing the Shimazu under his control. Finally in 1590 he led his armies against the Hojo of Odawara and gained control of the Kanto region.

But he did not completely **follow** Nobunaga's methods. Nobunaga's method was to **destroy** his rivals, take their land and give it to his **loyal vassals**. Hideyoshi's methods included **building alliances** if possible. He attacked those who resisted him, but he accepted daimyo who **came to his side**. He reached an accommodation with Mori Terumoto, lord of large **portions** of western Honshu. In 1585, he took Tokugawa Ieyasu as a subordinate. In the early days of 1591, he **convinced** the young Date Masamune of Sendai **to** accept his authority. By this time, Hideyoshi was able to control **virtually** all of Japan.

Hideyoshi built Osaka Castle on the **site** of the destroyed Ishiyama Honganji. He **moved into** the fortress in 1584 and Osaka became a major city. (180)

次に天下統一を成し遂げた豊臣秀吉

　豊臣秀吉は天下統一の作業を進めていった。彼は越前と加賀を治めていた柴田勝家を1583年に攻撃し、討ち負かした。また秀吉は1585年、四国を征服した。1587年、彼は大軍を率いて九州に入り、島津氏を力ずくで支配下に収めた。1590年、ついに秀吉は自らの軍を率いて小田原の北条氏を討ち、関東地方も支配下に収めた。

　ただし、彼は完全に信長のやり方を踏襲することはしなかった。信長のやり方とは、自分のライバルたちを滅ぼし、その領地を奪って自身の忠臣に与えることだった。秀吉のやり方は、もし可能だと見れば同盟を組むことだった。彼は自らに抵抗する者は攻撃したが、自分の側に鞍替えする大名がいればそれを受け入れた。彼は、本州西部の広大な部分を支配していた毛利輝元とは和平を結んだ。1585年、彼は徳川家康を家臣に取った。1591年の初頭、秀吉は仙台を治めていた若い伊達政宗にも配下に入ることを受け入れさせた。この頃までに、秀吉はほぼ日本全土に支配力を及ぼすことに成功した。

　秀吉は破壊された石山本願寺の跡地に大阪城を築いた。彼は1584年にその砦に移り住み、大阪は主要都市となった。

---

1 ruler 統治者　swarm over ... …に大挙して押し寄せる→…に大軍を率いて乗りこむ　force ... under his control 有無を言わせず…を自分の支配下に組み入れる　lead ... against 〜 …を率いて〜と戦う　**2** (did) not completely ... 完全に…したわけではなかった。部分否定の表現　those who ... …する[した]人々　reach an accommodation with ... …と和平を結ぶ。reach ... は「…に至る」、accommodationは「和解、和平」。⇒ reach an agreement (with ...) …と合意に達する　lord 領主、支配者。地位を表す言葉なので冠詞(the)がついていない　take ... as a subordinate …を家臣にする。subordinateは「目下の者、家来」　accept his authority 彼(=秀吉)の権威を受け入れる→…の支配下に下る

32 The Sword Hunt

Hideyoshi **carried out** several important policies. In 1588 he carried out the so-called "sword hunt." The policy had several purposes. First, it separated the warrior **class** from the peasant class. The warriors **lost control of** their lands. They **were moved** to the castle town and became **bureaucratic administrators**. They became completely **dependent on** the daimyo for their **livelihood** and their status. The peasants, on the other hand, lost the right to **hold** any major weapon, especially swords. They were disarmed and forced to stay on the land. They were not allowed to leave their fields to work for wages or learn a trade. They stayed, worked and paid tax on what they produced. This **guaranteed** income for the daimyo.

Hideyoshi also **strengthened** his control over the **central** provinces. He removed **troublesome** daimyo and placed his own **vassals** in charge. To prevent any vassal from becoming too powerful, he moved them around from domain to domain. There were still powerful rivals outside the central provinces. He left them in charge but **kept a close watch over** them.

The **realm** Hideyoshi controlled in 1592 **consisted of** two parts. The central region was under the control of his senior retainers (*fudai*). The rest of the country **was administered** by former rival daimyo (*tozama*). Each *tozama* daimyo had his own **headquarters**, administration, military force and resources for livelihood. They were allowed to **run** their own domains, **as long as** they acknowledged Hideyoshi as their **superior**. (241)

刀狩

　秀吉はいくつかの重要な政策を**実行に移した**。1588 年、彼はいわゆる「刀狩」を実施した。この政策にはいくつかの目的があった。第一に、刀狩は武士**階級**を農民階級から分離する役割を果たした。武士たちは土地**に対する支配権を失った**。彼らは城下町に**移住させられ、官僚的な役人**になった。武士たちはその**生計**と地位を完全に大名に**依存する**ようになったのである。一方農民は、目立った武器、特に刀を**持つ**権利を奪われた。農民たちは武器を取り上げられ、土地にとどまることを強いられた。彼らは出稼ぎや丁稚奉公のために田畑を離れることを禁じられた。農民たちは自らの生産物に寄り添い、生産に専念して、生産物にかかる税金を支払った。これが大名たちの収入を**確保した**のである。

　秀吉はまた、**主要な**地方への支配を**強めていった**。彼は**問題のある**大名を更迭し、秀吉の**臣下**をその国の大名に据えた。また臣下の中で力を持ちすぎるものが出ないように、秀吉は各大名の領地替えを頻繁に行った。主要な領国の外側にはまだ強力な対抗勢力がいた。秀吉は彼らを大名にとどめておいたが、彼ら**を常に厳しい監視下に置いた**。

　1592 年に秀吉が支配していた**領域**は 2 つの部分**から成っていた**。中央の地域は秀吉が重んじる家臣たち（譜代）が治めた。日本のそれ以外の地域は、元々ライバルだった大名（外様）によって**統治された**。それぞれの外様大名は独自の**本拠地**、統治制度、軍隊、そして収入源を持っていた。彼らは秀吉を自分の**主君**だと認める**限り**、それぞれの領地を独自に**運営していく**ことが許された。

タイトル sword [sɔ́ːrd] 刀、剣　**1** peasant 農民、(特に)小作農　be disarmed 武装解除させられる、武器を取り上げられる　field 田畑　work for wages (農業収入ではなく)賃金のために働く→出稼ぎに出る　learn a trade 手に職を身につける→見習いになる、丁稚奉公に出る　on what they produced このonはstay on ...「…から離れず暮らす」、work on ...「…に取り組む」、tax on ...「…にかかる税金」の3つの表現の共通要素　**2** remove 取り除く→お役御免にする　place ... in charge …を任務[大名の地位]に据える　move ... around …を次から次へと異動させる　from ... to ... …から別の…へ　leave ... in charge …を(大名の)地位にとどめる　**3** senior (秀吉が)より重きを置く　retainer 家臣　resources for livelihood 生計のための資源→収入源　acknowledge ... as ～ …を～だと認める

33 International relations —Bunroku no Eki

Hideyoshi **was not satisfied with** conquer**ing** Japan. He decided to **take on** the powerful Ming China. In 1592, he **gathered** a force of 200,000 soldiers in northern Kyushu. From there, he **launched** an **invasion of** the Choson Dynasty in Korea. Hideyoshi's vassals pushed through Korean armies and reached the Yalu River. A **massive army** under the Ming Emperor met his troops there. They fought to a stalemate. Finally, Hideyoshi decided to return to Japan without a victory. He tried **one more time** in 1597 but failed again.

Catholic **missionaries** and Iberian traders **were active** in Kyushu in **the second half** of the 16th century. The missionaries **preached** to the local daimyo as well as to the **commoners**. Several daimyo accepted baptism and became known as "Christian daimyo." Part of their **motivation** was to **build ties with** the traders from Portugal.

The Christian daimyo sent four Japanese boys to the Vatican in Rome in 1582. This Tensho Embassy **had an audience with** Pope Gregory XIII. However, during their travels, Hideyoshi **issued** one of **a series of** anti-Christian edicts. When they returned to Japan in 1590, they were unable to **spread word of** their experiences. In 1597, Hideyoshi ordered **enforcement** of restrictions on Christians. The so-called Twenty-six **Martyrs** of Japan **were crucified** on his orders.

In a similar incident, Date Masamune sent Hasekura Tsunenaga to Rome in 1613. This Keicho Embassy was well received by the European elite. But while Hasekura was gone, more anti-Christian **edicts were issued**. When he returned in 1620, Christianity was no longer tolerated. (256)

対外関係―文禄の役

　秀吉は日本を征服**しただけでは飽き足りなかった**。彼は強大な力を持っていた中国の**明**を**攻撃する**ことにした。1592年、彼は20万の兵を擁する軍勢を北九州に**集めた**。そこから彼は朝鮮の（李氏）朝鮮王朝**に対する**侵略を**開始した**。秀吉の臣下は朝鮮軍と交戦しながら兵を進め、鴨緑江まで達した。明の皇帝指揮下の**大軍**がそこで秀吉の軍隊と対峙した。両軍の戦闘はこう着状態に陥った。最終的に、秀吉は勝利を得ることなくして日本に帰る決断を下した。彼は1597年に**もう**一度大陸征服を試みたが、この時もうまくいかなかった。

　カトリックの**宣教師**たちや、スペインやポルトガルの貿易商たちは16世紀**後半**、九州で**活発に活動していた**。宣教師たちは地元の大名や**平民**たちに**教えを説いた**。何人かの大名は洗礼を受け入れ、「キリシタン大名」として知られるようになった。その**動機**の1つには、ポルトガル人の貿易商**と関係を築きたい**という思惑があった。

　1582年、キリシタン大名たちは4人の日本人の少年をローマのバチカンに派遣した。この天正少年使節団はローマ教皇グレゴリウス13世**に謁見した**。ところが、彼らがヨーロッパを訪れている間、秀吉は**一連の**キリシタン禁止令の中の1つを**発布した**。1590年に日本に帰ってきたとき、彼らは自らの体験**を世に知らしめる**ことができなかった。1597年、秀吉はキリシタンに対する禁教令の**施行**を命じた。秀吉の命により、いわゆる「日本の26人の**殉教者**（日本二十六聖人）」が**はりつけにされた**（26聖人の大殉教）。

　同じような出来事として、伊達政宗が支倉常長を1613年にローマに派遣した。この慶長遣欧使節団はヨーロッパの上層階級に非常に歓待された。しかし、支倉が日本を離れている間に、次々とキリシタン禁止**令**が**発布された**。1620年に彼が帰国したときには、キリスト教はもはや信仰を許されていなかった。

---

1 Choson Dynasty (李氏)朝鮮王朝　push through ... …と交戦しながら進軍する　Yalu River 鴨緑江。現在でも北朝鮮と中国の国境となっている川　fight to a stalemate 戦った結果、こう着状態に陥る。stalemateは「行き詰まり、手詰まり」　**2** Iberian イベリア半島(出身)の。同半島にはスペインとポルトガルがある　baptism 洗礼。キリスト教徒になる儀式　**3** Vatican バチカン。キリスト教の一派であるカトリックの総本山　embassy 使節団。現在は「大使館」の意味もある　Pope 教皇　Gregory XIII (Gregory the thirteenthと読む) グレゴリウス13世　anti-Christian キリスト教禁止の　edict 布告、勅令　tolerate 容認する→信仰を許す

34 Azuchi-Momoyama Culture

The first two unifiers are **primarily** known for their military and political power, but the Azuchi-Momoyama period is also important for its culture. The period **is named after** the sites of two castles. Azuchi is the name of the superb fortress Nobunaga built on Lake Biwa. Momoyama is the name of the **headquarters** Hideyoshi built at Momoyama in Fushimi. The castles of this period were built **on a grand scale** and luxuriously **decorated**. They **were designed** to fill the viewer with awe.

This period is also known for the culture of **ceremonial tea drinking.** Major daimyo competed in showing off their **tea bowls**, tea houses, and knowledge of tea. Nobunaga and Hideyoshi learned under the Sakai **merchant** Sen no Rikyu. Rikyu developed the highest ideals of *wabicha*. This style of ceremonial tea drinking involved **only a few** people in a small, simply decorated room. It stressed **rusticity** and **simplicity**. The host prepared and served the tea, using pottery and **utensils** of simple design. The **ritual** was minimal, but it was an **upper-class** activity. Hideyoshi and Rikyu were considered close acquaintances. But for some reason, Hideyoshi ordered Rikyu to commit suicide (*seppuku*) in 1591.

Another important **element** of Azuchi-Momoyama culture was large paintings on walls and on folding screens (*byobu*). The master of the period was Kano Eitoku. His paintings **decorated** Nobunaga's Azuchi castle and Hideyoshi's Jurakudai in Kyoto. (228)

安土桃山文化

　天下統一を果たした最初の2人（信長と秀吉）は、**第一にその軍事的・政治的な力**で知られているが、安土桃山時代は文化的にも重要な時代である。安土桃山時代という名前は2つの城が置かれた場所**にちなんで名づけられた**ものである。「安土」は琵琶湖畔に信長が築いた豪勢な城砦の名前である。「桃山」は秀吉が伏見の桃山に築いた**本拠地（城）**の名前である。この時代の城は**壮大な規模**で築かれ、豪奢な**装飾が施された**。それらは見るものを**畏怖の念**で満たすよう**設計されていた**。

　この時代はまた、**茶道**の文化でも知られる。名だたる大名たちは自らの**茶碗**や茶室、そして茶道の知識を競い合って誇示した。信長も秀吉も堺の**商人**、千利休に茶道の教えを受けた。利休は「侘び茶」の極致を確立した。この形式の茶道は、小さな、簡素な装飾を施した部屋でごく**少数**の人々が参加してたしなまれる。侘び茶は**素朴さ**と**簡素さ**を重んじた。主人は簡素なデザインの茶器や**道具**を使って茶をたてて振る舞う。茶道の**儀式**は非常に簡素なものだが、**上流階級**のたしなみであった。秀吉と利休は親しい間柄であったと考えられている。だが、何らかの理由により、秀吉は利休に1591年に自害（切腹）を命じた。

　安土桃山文化のもう1つの重要な**要素**は、壁や屏風に描かれた大判の絵画である。この時代の大家は狩野永徳である。彼の絵は信長の安土城や秀吉が建てた京都の聚楽第を**飾った**。

---

1 unifier（天下）統一者　site of ... …が置かれた場所　superb 壮麗な。「すばらしい」という意味もある　on ... …湖畔に（← on「…に接して」）　Fushimi 伏見。京都の南にある地域の名前で、現在は京都（市）の一部。伏見稲荷の門前町・伏見城の城下町として栄えた　luxuriously 豪奢に、贅を尽くして　fill ... with ～ …を～でいっぱいにする、…を～で満たす　**2** compete in ...ing 競って…する　show off ...を誇示する　learn under ... …に師事する、…の教えを受ける　highest ideal 最高の理想→極致　involve ... …が参加者となる　stress 強調する→重んじる　prepare （飲食物を）調理する、作る→（お茶を）たてる、いれる　pottery 陶磁器類、茶器　minimal 最低限の、簡素な　were considered ... …であったと考えられていた　acquaintance(s) 知人、知り合い（どうし）　commit suicide 自害する　**3** folding screen 屏風。foldingは「折りたためる」cf. folding umbrella 折りたたみ傘　master 大家、名人　painting 絵の具で描いた絵。「（鉛筆やクレヨンなど）線で描いた絵」はdrawing

Chapter 5

近世
江戸時代

Pre-Modern Period
Edo

江戸時代

35 The Battle of Sekigahara

As he grew old, Hideyoshi worried about who would succeed him as the central **figure** of the country. Because he had no children of his own, he **adopted** his **nephew** Hidetsugu. Hidetsugu already had children, so the ladder of **succession** seemed clear. Then a major problem **came up**. Hideyoshi's consort Yodogimi **gave birth to** a son.

To make a long story short, Hideyoshi ordered Hidetsugu to **commit suicide**. He then slaughtered all of Hidetsugu's retainers, women and children. He even had Hidetsugu's **elegant** Jurakudai destroyed.

This cleared the path for Hideyoshi's two-year-old son Hideyori to become the heir to power. Of course **it would be years before** Hideyori would be capable of taking control. Hideyoshi tried to prepare for this by organizing five powerful **allies** as a senior advisory council, called *Gotairo*. These men **expressed their loyalty to** Hideyoshi. They promised to **oversee** the government until Hideyori was old enough to take charge. Three years later, Hideyoshi died.

His allies **immediately** began to argue among themselves. A new **struggle** for **domination** began. Surprisingly, the **issue** of supremacy **was decided** in one battle on October 21, 1600. Two armies **totaling** 110,000 soldiers **assembled** at Sekigahara. Forces mostly from western Japan gathered under the leadership of Ishida Mitsunari. Forces from eastern Japan gathered under the **command** of Tokugawa Ieyasu.

Some daimyo and their troops refused to fight. Others **switched sides at the last minute**. **A significant number of** daimyo went over to the eastern army. The battle turned into a **rout**. By the end of the day, Ieyasu and his allies had won. (261)

関ヶ原の戦い

　年を取るにつれ、秀吉は日本の中心に立つ**人物**として誰に自分の後を継がせるかを心配するようになった。秀吉自身には子供がいなかったため、彼は**甥**の秀次を**養子にとった**。秀次にはすでに子供がいたので、**世襲の序列**ははっきりしたように見えた。そこに大きな問題が**持ち上がった**。秀吉の側室の淀君が男の子を**産んだ**のだ。

　話を簡単にまとめると、最終的に秀吉は秀次に**自害**を命じた。その後秀吉は秀次に関係する家臣、女性、そして子供まですべてを惨殺したのである。それだけではなく、秀次が住んでいた**優美な**聚楽第も破壊させた。

　このことにより、2歳になる秀吉の息子の秀頼が後継者になるための障害物がなくなった。もちろん、秀頼が支配権を握れるようになる**には何年もかかるであろう**ことはわかっていた。秀吉は5人の有力な**味方**の大名を集めて「五大老」と呼ばれる上級の補佐評議会を作り、この問題に対応しようとした。これらの5人は秀吉**に対する忠誠を表明した**者であった。5人は秀頼が十分政権を執れる年齢になるまで政治を**監督する**ことを約束した。3年後、秀吉は世を去った。

　すぐさま五大老は互いに抗争を始めた。**支配権**をめぐる新たな**争い**が始まったのだ。意外なことに、だれが天下を取るかという**問題**は1600年10月21日、とある戦いで**決着がついた**。**総勢**11**万人に**およぶ兵を擁する両軍が関ヶ原に**集結した**。主に西日本出身の軍勢は石田三成の指揮下に集まった。東日本の軍勢は徳川家康の**指揮**のもとに集まった。

　大名やその軍勢の中には、戦に参加することを拒むものもいた。**土壇場で寝返る**者もいた。**かなりの数の**大名が東軍に鞍替えをした。戦闘は**大混戦**となった。その日の終わりには、家康と彼に与する軍勢が勝利を収めていた。

1 succeed ... …の跡を継ぐ　ladder はしご→序列、優先順位　consort 通常は配偶者(夫または妻)を指すが、ここは「側室」 **2** slaughter (大量に)惨殺する、皆殺しにする　had ... destroyed …を破壊させた。have + ... + ～(過去分詞)は「…を～させる」 **3** clear the path for ... to ～ …が～するための障害をすべて取り除く　heir [éə] to power 権力を継ぐ後継者→後継ぎ。heir to ...で「…を継ぐ者」　be capable of ...ing …する能力を持つ　take control 支配権を握る　organize ... as ～ …を～として組織する　advisory 進言するための、補佐の　council 評議会、補佐機関　take charge (将軍の)役割を担う、職務に就く **4** argue 口論する→抗争する　supremacy 支配権 **5** go over to ... …に移る、寝返る　turn into ... …になる

36 Establishment of the Shogunate at Edo

Ieyasu chose Edo as his castle town after **defeating** the Hojo at Odawara in 1590. After his victory at Sekigahara, he made Edo the headquarters of his **regime**. His choice shifted the center of Japanese society from the Kansai region to the Kanto region.

Ieyasu received the **title** of shogun from the emperor in Kyoto in 1603. Ieyasu continued the basic **administrative** and political policies of Hideyoshi. He developed them into the *bakuhan* system. In this system, the government operated through two mechanisms: the shogunate (*bakufu*) and the daimyo domain (*han*).

Ieyasu established some of his loyal retainers as daimyo. These *fudai* daimyo became "**hereditary** vassals." There were **eventually** 145 of these daimyo. The second class of daimyo was the *shimpan* or "collateral daimyo." They were related to the Tokugawa family. Eventually, they numbered around 23. The third class was the *tozama* daimyo, or "outside lords." Some of these joined the Tokugawa before the battle of Sekigahara. Others fought against the Tokugawa but **were spared**. There were about 98 of these daimyo at the end of the 18th century. In addition to these three groups, the Tokugawa house itself directly controlled granary lands (*tenryo*). Other major landholders were the shogun's bannermen (*hatamoto*).

Ieyasu's grandson Iemitsu later **strengthened** Tokugawa control. He **confiscated** daimyo lands and gave them to other lords who were more reliable. He sometimes forced daimyo to **trade** domains. This of course **weakened** them. Slowly he built his **power base** surrounding Edo with *fudai* and *shimpan* relatives. The *tozama* were placed in the distant regions of Honshu, Shikoku and Kyushu. (262)

江戸幕府の成立

　家康は1590年に小田原の北条氏を**討ち負かした**後、江戸を自らの城を構える場所に選んだ。関ヶ原の戦いで勝利した後、彼は江戸を自らの**政権**の本拠地にした。彼の選択によって、日本社会の中心は関西地方から関東地方に移ったのである。

　家康は1603年、京都にいる天皇から将軍の**称号**を受けた。家康は秀吉が行った基本的な**行政**・政治の政策を継続した。家康はさらにそれを幕藩制度という制度に発展させたのだ。幕藩制度においては、政府は2つの仕組みを通して機能した。将軍組織（幕府）と大名領（藩）である。

　家康は彼に忠実な家臣の中から何人かを大名に据えた。こうした譜代大名は家康の「**世襲制の家臣**」となった。**最終的に**こうした大名の数は145にのぼった。大名の中で次位を占めるのは親藩、すなわち「傍系親族の大名」である。彼らは徳川家に血縁のある大名たちだった。最終的に、親藩は約23を数えた。第3の階級は外様大名、すなわち「外部藩主」だった。これらの中には、関ヶ原の戦いの前に徳川の軍勢に加わった者もいた。また徳川家康と戦を交えたが、**赦し（ゆるし）を与えられた**大名もいた。18世紀の末にはおよそ98の外様大名がいた。これら3つのグループに加え、徳川家自身が直接支配する穀倉地帯の領地（天領）もあった。それ以外で大きな領地を所有していた者に、将軍直属の家臣（旗本）がいた。

　その後、家康の孫の家光は徳川家の支配を**強化した**。彼は大名の土地を**没収し**、その土地をより信頼のおける領主に与えることもあった。彼はしばしば大名たちに領地を**交換する**よう強要することもあった。もちろん、これは大名の**力を弱める**効果があった。徐々に家光は、江戸周辺の彼の**権力基盤**を譜代や身内である親藩で固めていった。外様大名たちは本州や四国や九州といった遠方の地域に配属された。

---

1 make ... 〜 …(= Edo)を〜(= the headquarters)にする　shift ... from 〜 to = …が〜から=に移る原因となる　**2** develop ... into 〜 …を〜に発展させる　operate 機能する、運営される　**3** establish ... as 〜 …を〜という地位に据える、…に〜という確固たる地位を与える　145 of ... 145人の〜　collateral 傍系(親族)の　granary 穀倉地帯の、米が豊かにとれる　landholder 土地所有者　bannerman 本来は「旗手、旗持ち(係)」。転じて、その主君(ここは将軍)の下に仕える武士、特に「旗本」階級の武士を指す　**4** relative [rélətiv] 身内、親族

37 Destruction of Osaka Castle

When Ieyasu shuffled daimyo from one domain to another, large numbers of samurai were left without **masters to serve**. These *ronin*, **masterless** samurai, had pride as **warriors** but had no way to **earn a living**. Many of them drifted to Osaka **in hopes of** entering the service of Hideyoshi's heir, Hideyori.

Ieyasu had sworn to serve as regent for Hideyori. But **once** Ieyasu gained control of the country, he tried to get Hideyori to accept reality. Ieyasu was **in charge of** the shogunate and he would not step aside for Hideyori. Hideyori remained in the **massive** Osaka Castle as its lord, but he had no power **beyond** that domain.

When large groups of *ronin* gathered at Osaka, there was a showdown. Ieyasu **decided** that he had the political and military **capability** to eliminate Hideyori. In 1614 Ieyasu used the **pretext** of an imagined slight to **launch** an attack on Osaka Castle. It was perhaps the greatest castle in the country and was defended by some 90,000 troops.

Ieyasu had a force of **twice that size**, but Hideyori's forces were successful in defending the castle. As part of the **negotiations** between the two forces, a **portion** of the castle's **moats was filled in**. The Tokugawa **labor squads** filled in more of the moats than negotiations called for. Ieyasu attacked again in 1615 and Hideyori **committed suicide**. The castle was **torched** and the last **challenge** to Tokugawa control **was eliminated**. Ieyasu destroyed Hideyori, the Toyotomi **legacy** as a whole and the **troublesome** *ronin*. (251)

大阪城の破壊

　家康が大名たちを１つの領地から別の領地に無差別に割り当て替えをしていくと、多数の侍たちが**仕える**べき**主君**を失った。こうした**主君のいない**侍、すなわち「**浪人**」たちは、**武士**としての誇りは持っていたが、**生計を立てる**術を失っていた。彼らの多くは、秀吉の後継ぎの秀頼に仕えること**を期待して**、大阪に流れ着いた。

　家康は秀頼の大老を務めると誓いを立てていた。しかし、**ひとたび家康が天下を取ると**、家康は秀頼に現実を受け入れさせようとし始めた。家康は幕府の**最高権力者**であり、秀頼に天下を譲る気は全くなかった。秀頼は**巨大な**大阪城に城主としてとどまっていたが、彼は大阪城という領分**を出る**と何の権力も持っていなかった。

　浪人たちが大挙して大阪に集まってきた頃、天下統一の大詰めとなる事件が起こった。家康は、自らが秀頼を潰せるだけの政治的・軍事的**能力**を持っている**と判断した**のである。1614年、家康は秀頼が自分に無礼を働いたとするでっち上げの**口実**を使い、大阪城への攻撃を**開始した**。それはおそらく日本最大の城で、約９万人の兵士によって守られていた。

　家康は**その２倍の規模**の兵員を擁していたが、秀頼の軍隊は城を守り通した。両軍の間の**交渉結果**の一部として、大阪城の**濠**の**一部分**が**埋められた**。ところが徳川側の**人足部隊**は、交渉結果が規定していた部分を越えて濠を埋め立てた。家康は1615年にふたたび大阪城を攻撃し、秀頼は**自害した**。城には**火が放たれ**、徳川家による支配にとっての最後の**障害**が**取り除かれた**。家康は秀頼と、有形無形の様々な豊臣家の「**遺産**」、そして**厄介者**の浪人たちをすべて消し去ったのである。

---

1 shuffle 無差別に入れ替える　were left without ... ...がないまま残された、...を失った　drift to ... さまよったあげく...にたどりつく。driftは「漂流する、漂う」　enter the service of ... ...の家来となる。serviceは「仕えること」　heir [éə] 跡継ぎ　**2** swear [-swore-sworn] to ... ...すると誓う　regent 摂政、大老。君主の執政の補佐役　get ... to ~ ...に~させる　would not ... どうしても...しようとしない、...する気はさらさらない　step aside for ... ...のために身を引く、...に位を譲る　**3** showdown 長く続いてきた争いに決着をつける戦い　eliminate 排除する、なきものにする　imagined でっち上げの　slight 上の者をないがしろにすること、無礼　some ... 約...(=about)　**4** call for ... ...を求める、...を規定する　... as a whole すべてをひっくるめた... → 有形無形の様々な...

38 The Feudal Class System

The shogunate adopted a Confucian **class structure** for all official purposes. Society was divided into four classes: warrior (*shi*), farmer (*no*), **artisan** (*ko*) and **merchant** (*sho*). Expectations were different for each class.

The warriors were required to live in towns, inside their lord's castle or in special **neighborhoods** for samurai only. This separated them from the land and made them dependent on their lord. They trained in the **martial arts** and were always prepared to **carry out** military duties. **The majority**, however, were assigned to **administrative** duties. They received an **annual "stipend"** or salary from the daimyo, so they had to **show loyalty to** their lord. **Literacy** became important to gain high positions and **promotions**.

Roughly 80% of society's members were farmers living in villages. They were not allowed to possess weapons, change **residence** or travel without permission. They were only allowed to wear **clothing** made of **cotton**. They were not allowed to drink sake or tea. They were required to eat less rice and more **wheat** and **millet**. They were expected to work hard and live economically. They grew **crops** and produced **handicrafts**, notably **textiles**.

The artisans and merchants were grouped together as *chonin*, townspeople. They lived in **restricted** neighborhoods of the castle towns. They were expected to provide services to the samurai class. There were **restrictions** on how they could live, **dress** and conduct their businesses. They were not allowed to marry into samurai families.

There were several exceptions to this four-class structure. These were the **court aristocrats** (*kuge*), **priests** and **nuns** (*so* and *ni*) and outcasts. (262)

封建的な身分制度

　江戸幕府は、あらゆる公的な目的に儒教的な**階級構造**を取り入れた。社会は４つの階級に分けられた：武士（士）、農民（農）、**職人**（工）、そして**商人**（商）である。幕府が期待する役割はそれぞれの階級で違っていた。

　武士は都市部、すなわち主君の居城内または侍だけが住める特別な**地区**に住むことが求められた。このことによって、武士たちと領地との関係が断ち切られ、武士たちは否応なしに主君に依存することとなった。武士たちは**武道**の鍛錬に励み、いつでも軍事的な任務を**遂行する**備えができていた。ただ、武士たちの**大多数**は**行政的**な職務に割り振られた。彼らは**年単位**の「**俸禄**」、すなわち俸給を大名から受け取っていたので、主君に**忠誠を示さ**なければならなかった。**読み書きの能力**が高い地位や**昇進**を得るために重要となった。

　人口の**およそ**80%は村々に住んでいた農民たちだった。農民は武器の所有や**居住地**の移動、あるいは許可なく旅行をすることを禁じられていた。また農民が着用を許されていたのは綿織物の**衣類**だけだった。また酒や茶を飲むことも禁じられていた。農民は米をあまり食べずに**麦**や**粟**を食べることを求められた。また彼らはよく働き、倹約をすることを期待された。農民は**作物**を育て、**手工芸品**（代表的なものに**織物**がある）を生産した。

　職人と商人は「町人」（町の住人）という言葉でまとめて呼ばれた。彼らは城下町の中で**限定された**地域に住んでいた。彼らは武士階級にサービスを提供することを求められた。町人たちがどのように暮らし、どのような**衣服を身にまとい**、どのように商売をしていくかには**制限**があった。彼らは結婚によって武士の家系に入ることは禁じられていた。

　この士農工商の四階級構造にはいくつかの例外があった。それは**宮廷の貴族**（公家）、**僧侶**や**尼僧**（僧と尼）そして賤民層であった。

---

1 Confucian 孔子(Confucius)の教えの→儒教の　2 train in ... ...の鍛錬をする　be assigned to ... ...に割り当てられる　3 possess [pəzés] 所有する　sake [sáːki] 日本酒　notably とりわけ、中でも注目すべき[有名な]ものとして(...がある)　4 were expected to ... 「...することを期待された」→実際には「...するよう求められた」という意味合いが強い　conduct とり行う　marry into ... ...に嫁ぐ、結婚して...の家系に入る　5 exception to ... ...に対する例外　outcast 被差別者

近世（江戸時代） 97

39 *Sankin kotai*

The shogun introduced a unique system for controlling the daimyo in the 1630s. It was the **requirement** of alternate attendance, or *sankin kotai*.

Every daimyo had a residence within his domain. The *sankin kotai* system required that each daimyo also build another residence near Edo Castle. Every other year, the daimyo were required to travel to the capital. The *tozama* daimyo moved in and out of Edo during the fourth month of the year. The *fudai* daimyo moved in and out in the second and eighth months. While in Edo, they had to pay formal visits to the shogun. They presented **highbred** horses, high quality **swords** and other expensive gifts as symbols of their **gratitude**.

In the beginning, this was required of the *tozama* daimyo only. But by 1642 it was required of all daimyo. **Eventually**, they **were divided into** different groups so that half of the *tozama* and half of the *fudai* were in Edo in a particular year.

The system had several effects. First, it required the daimyo to spend a lot of their **income**. It cost a lot to travel to Edo and **maintain** two separate residences. The daimyo could not **accumulate** individual **financial strength**. Second, it enabled the shogunate to **keep close watch over** the activities of the daimyo. The daimyo left their **principal wives** and **heirs** in the comfortable Edo residence, along with staff, as permanent **hostages**.

Weapons were not allowed to come into Edo; women were not allowed to leave Edo. These **regulations** prevented daimyo from attempting to **overthrow** Tokugawa **rule**. (257)

参勤交代

　将軍は1630年代に大名たちを支配する独特な制度を導入した。それは代わる代わる江戸に参勤すること、すなわち「参勤交代」の**規定**であった。

　すべての大名は自らの領地内に住んでいた。参勤交代の制度によって、各大名は江戸城の近くにもう１つ別の居宅を建てることが求められた。そして大名たちは１年おきに首都である江戸に参じることが求められた。外様大名が江戸に出入りするのは毎年（旧暦）４月だった。譜代大名は２月または８月が出入りの時期であった。江戸にいる間、大名たちは将軍を公式に訪問しなければならなかった。彼らは**感謝**のしるしとして、**血統のよい馬**、高品質の**刀**やその他の高価な贈り物を将軍に献上しなければならなかった。

　最初のころは、参勤交代は外様大名だけに求められていた。しかし、1642年までにはすべての大名に命じられるようになった。**やがて**、大名たちは１年の中で外様大名の半数と譜代大名の半数が江戸にいるように、異なるグループ**に分けられる**ようになった。

　参勤交代の制度はいくつかの効果をもたらした。第一に、この制度によって、大名たちはその**収入**の多くの金額を費やすことを強いられた。江戸まで移動したり、２つの別々の居宅を**維持**したりするには多額の出費をともなった。大名たちは個々に**財力**を**蓄える**ことが不可能になった。第二に、参勤交代によって、幕府は大名たちの行動**をつぶさに監視し続ける**ことができた。大名たちは**正妻**と**跡継ぎ**をその世話係とともに、恒久的な**人質**として快適な江戸の住居に置いていったのである。

　武器は江戸に持ち込むことが禁じられた。女性は江戸を出ることが禁じられた。こうした**規制**は、大名が徳川家の**統治**を**転覆**させようと試みることを防いだのである。

---

1 alternate 代わる代わるの　attendance 仕えること、参勤、直参　**2** require that ... (should) build ～ …が～を建てることを求める。buildは原形動詞　every other ... おきに the fourth month 当時は旧暦で現在の4月(April)と一致しないためこのような表現がなされている　pay a visit to ... …を(表敬)訪問する　**3** ... be required of ～ …は～に求められる　so that ... …するように　in a particular year 特定の1年では→1年の中で　**4** require ... to ～ …が～することを必要とする　cost ... to ～ ～することは…がかかる　a lot = a lot of money　enable ... to ～ …が～することを可能にする

Shimabara Rebellion

Initially, most Japanese leaders welcomed **arriving** Europeans. For daimyo during **the period of Warring States**, the Europeans provided access to important information. The Europeans had useful knowledge about **geography**, map making, shipbuilding and **navigation**. They had muskets and other military technology. They brought trade in goods that were **unavailable** in Japan. Some daimyo became interested in Christianity partly because of their interest in trade with these Europeans.

Japan's **unifiers gradually** became suspicious of those who came as Christian missionaries. **Christianity preached** the need for exclusive loyalty to God. That meant **obedience to** a foreign god **instead of** a Japanese daimyo. **As early as** 1587, Hideyoshi issued a **decree** saying that all **Jesuits** had to leave the country immediately. He did not actively **enforce** the decree but it was a **sign** that **attitudes** were changing. In 1614, Ieyasu again ordered all missionaries to leave the country.

Anti-Christian attitudes **reached a peak** in the 1630s. Several Kyushu daimyo and the people of their domains became Christians. **Discontented** *ronin* joined a peasant uprising in Kyushu **under** Amakusa Shiro. The Shimabara Rebellion was at least **partly** caused by **poverty** caused by heavy taxation. The shogunate was not going to allow a **challenge to** its authority **for any reason**. A huge army was sent to **suppress** the rebellion. The **rebels were put under siege** at Hara Castle on the Shimabara **Peninsula**. The castle **fell** and the shogunate forces **slaughtered** some 35,000 men, women and children in the castle. This turned out to be the last major fighting involving the Tokugawa armies until two centuries later. (260)

島原の乱

　当初、日本の君主たちの大部分が日本に**やってくる**ヨーロッパ人を歓迎した。**戦国時代**の大名たちのために、ヨーロッパ人は重要な情報を得る機会を提供していた。ヨーロッパ人は**地理**や地図作成、造船や**航海**に関する有益な情報を持っていた。彼らは火縄銃などの軍事技術を持っていた。彼らは日本で**手に入らない**ような品物の交易をもたらした。大名たちの中には、1つにはこうしたヨーロッパ人との貿易に興味があったことから、キリスト教に興味を持つものも現れた。

　日本の**統一者たちは**、**次第に**キリスト教の宣教師としてやってくる者たちに疑いの目を向けるようになった。**キリスト教**は神のみに忠誠心を持つ必要性を**説いた**。それはとりもなおさず、日本の大名に対して**ではなく**、異国の神に**従うこと**を意味していた。1587年**の時点ですでに**豊臣秀吉は、すべての**イエズス会士**はただちに日本を出ていくよう命じた**布告**を発している。彼は積極的にその布告を**強制する**ことはしなかったが、それは為政者の**姿勢**が変わりつつある**兆候**であった。1614年、徳川家康は秀吉に続いてすべての宣教師に国外退去を命じている。

　キリスト教弾圧の姿勢は1630年代に**ピークに達した**。幾人かの九州の大名とその領民たちがキリスト教徒になった。**不満を抱いた**浪人が、九州で天草四郎**率いる農民一揆**に合流した。島原の乱は少なくとも**1つの原因として**、重税によって引き起こされた**貧困**が引き起こしたものだった。幕府はいかなる理由があろうとも、その権威に**逆らうこと**は許そうとはしなかった。その謀反を**鎮圧する**ために大軍が送られた。**反乱者たちは**島原**半島**の原城に立てこもったところを**包囲された**。城は**陥落し**、幕府の軍隊は老若男女を問わず城内にいた約3万5,000人を**皆殺しにした**。この島原の乱を最後として、2世紀後ふたたび大きな騒乱に対峙するまで、徳川軍は大きな騒乱にかかわることはなくなった。

タイトル rebellion 反乱　**1** provide access to ... …を提供する　access to ... …「…を手にする機会」　trade in ... …を商うこと、…の交易　partly because of ... 一つには…が理由で　**2** become suspicious of ... …に疑いの目を向けるようになる　exclusive loyalty to God 神だけに対して忠誠心を持つこと。exclusiveは「その対象だけに限る」ことを表す　**3** peasant uprising 小作人の蜂起→農民一揆　taxation 課税　turn out to be ... たまたま[結果的に] …となる　involving ... …がかかわる

近世(江戸時代)

41 From Licensed Foreign Trade to "National Seclusion"

In the **decade** after Sekigahara, Tokugawa Ieyasu developed a system of maritime trade passes (*shuin-jo*). The *shuin-jo* **authorized** a **merchant vessel** to **make a single voyage** from Japan to one **specific** destination. "Vermilion seal ship trade" (*shuinsen boeki*) **was carried out** by foreign and Japanese merchants and by various daimyo. Official records show **a total of** 356 licenses were issued. The licensed ships, called *shuinsen*, were permitted to sail to ports in East and Southeast Asia. The bakufu saw **any attack on** a vessel with such a trade pass as a challenge to its authority. This **guaranteed** the safety of the ship, even in seas far distant from Japan.

The pass system was created for two purposes. First, it distinguished real merchants from **pirates**. The *shuin* pass offered **proof** to foreign ports **that** the ship was a **legitimate** trading ship from Japan. Second, it **allowed** the bakufu **to** control **profitable** sea routes. The bakufu used this to **suppress** powerful western daimyo who might **benefit from** trade. This maritime pass system continued until 1635.

Between 1633 and 1639, the bakufu issued **a series of** so-called seclusion edicts. One **banned** the **teaching** and the practice of Christianity. A second forbade Japanese to travel abroad or to return from overseas. A third banned Portuguese ships from entering any Japanese port. A fourth **strictly** restricted foreign trade. Another in 1641 restricted Dutch traders to Dejima, an **artificial island** constructed in Nagasaki harbor. As a result, Japan entered a kind of "national seclusion" (*sakoku*) which **lasted** more than two centuries. (255)

認可制の海外貿易から「鎖国」へ

　関ヶ原の戦いの10年後、徳川家康は海外貿易許可証（朱印状）の制度を作った。朱印状は**商船**が日本から**特定**の1つの目的地に向けて、**片道の航海をする**ことを**認可する**ものだった。「朱印船貿易」は海外や日本の商人、そして様々な大名によって**行われた**。公式の記録によると、**総計**356枚の朱印状が発行されたことになっている。「朱印船」と呼ばれる認可を受けた船は、東アジアや東南アジアの様々な港へ航海することが許された。幕府は、そのような貿易許可証を持った船**に対するいかなる攻撃**も、幕府の権威への挑戦であるとみなした。このことが、たとえそれが日本から遠く離れた海域においても、貿易船の安全を**保障する**こととなった。

　この認可制度は2つの目的のために創設されたものだ。第一に、朱印状によって本物の商人と**海賊**を見分けることができる。朱印状は外国の港に対し、その船が日本からきた**正当な貿易船であるという証明**を提供した。第二に、朱印状は幕府が**収益性の高い海上輸送路を支配することを可能にした**。幕府は貿易から**利益**を得る可能性のある西方の強力な大名たちを**押さえつける**ために、朱印状を利用した。この海外貿易許可証の制度は1635年まで続いた。

　1633年から1639年にかけて、幕府は**一連の**いわゆる「鎖国令」を発布した。そのうちの1つは、キリスト教の**布教**と信仰を**禁じた**もの。2つ目は、日本人の海外渡航と海外からの帰国を禁じたもの。3つ目はポルトガル船に対しすべての日本の港への入港を禁じたもの。そして4つ目は海外との貿易を**厳しく制限した**ものである。さらに1641年に発布された鎖国令は、オランダの貿易商たちの滞在を長崎港に建設された**人工島**である出島だけに制限するものだった。その結果、日本はその後200年以上**続いた**一種の「鎖国」状態に入った。

タイトル seclusion 隔絶→鎖国　**1** maritime 海上貿易の　vermilion 朱色の　seal 印章、印鑑　issue 発行する　see ... as ～ …を～だと判断する　**2** distinguish ... from ～ ～から…を区別する、…と～を区別する　western 西方の。九州などの、江戸から見た日本西部の各藩を指す　**3** edict 布告、勅令　one = one of them　practice 実践→信仰　a second (不特定の) 2つ目。特定の順番がある場合はthe second と表現される　forbid ... to ～ …が～することを禁じる。(-forbade-forbidden)　ban ... from ～ ing …が～することを禁じる　restrict ... to ～ …（の滞在）を～だけに制限する　national seclusion 国家全体の(他国からの)隔絶→鎖国

近世（江戸時代）

42 The Dutch Settlement at Dejima

Actually, the **term** *sakoku*, "national seclusion," did not appear until around 1800. Japan was never completely secluded. The Dutch and Chinese **were authorized to** carry on trade from Nagasaki. Daimyo and merchants in Satsuma, Tsushima and Matsumae were allowed to trade with the Ryukyu Islands, Korea and territories to the north of Japan.

The first Dutch ship arrived in Japan in 1600, six months before the battle at Sekigahara. The English **pilot**, William Adams, went to meet Tokugawa Ieyasu, the future shogun. Adams later became an adviser to the shogun. The Dutch East India Company (VOC) first arrived in Japan in 1609 at the port of Hirado. They arrived at a fortunate time. The new shogunate was willing to let them trade freely. But that would change **over time**.

In 1641 the Dutch **trading station** was moved to a **permanent** site on Dejima, an island in Nagasaki bay. **The Dutch** imported silk, herbs, spices, sugar and medicines and exported **copper**, **swords**, **pottery** and **lacquerware**.

The shogunate **was suspicious of** the Spanish and Portuguese, who were **closely** connected with Catholic missionaries. It was suspicious of the VOC, too, but the Dutch seemed to have no **religious motives**. Therefore, it allowed the Dutch to carry on trade, but with **tight controls**. Gradually the shogunate made the Dutch into vassals. The Dutch were required to make the annual processions to Edo with gifts. They were also required to "serve" the shogun when necessary. (240)

出島のオランダ人居住区

　実は、「鎖国」という**言葉**が初めて登場したのは 1800 年頃になってからである。日本は完全に世界から隔絶されたことは一度もなかった。オランダ人と中国人**は**長崎を門戸として、貿易を続ける**ことを認可されていた**。薩摩藩、対馬藩、そして松前藩の大名や商人たちは、琉球諸島、朝鮮そして日本の北方にあった地域（蝦夷地）と貿易することが許されていた。

　最初のオランダ船が日本に着いたのが 1600 年、関ヶ原の戦いの 6 か月前であった。イギリス人**水先案内人**のウィリアム・アダムズは、未来の将軍であった徳川家康に会いに行った。アダムズは後に将軍の顧問になっている。オランダの東インド会社（VOC）が初めて日本の平戸港に着いたのは 1609 年のことだった。彼らは非常に幸運なタイミングで日本にやってきた。新しい幕府は喜んで彼らに自由に貿易活動をさせた。しかし、**次第に**その政策に変化が訪れることになる。

　1641 年、オランダの**貿易拠点**は長崎湾内の島である出島という**恒久的な**場所に移された。**オランダ人たち**は絹、ハーブ、スパイス、砂糖や医薬品を輸入し、**銅、刀、陶磁器や漆器**を輸出した。

　幕府は、カトリックの宣教師たちと**密接**に結びついていたスペイン人やポルトガル人**たち**に**疑いの目を向けていた**。幕府は東インド会社も疑っていたが、オランダ人たちは**宗教的な動機**は持っていないように見えた。その結果、幕府はオランダ人たちには貿易を続けることを許したが、それは非常に**厳しい統制**の下でだった。次第に幕府はオランダ人も自らの臣下に組み入れた。オランダ人も貢物を持って、江戸に毎年参勤交代をすることを求められた。彼らはまた、必要な際には将軍に「仕える」ことも求められた。

タイトル settlement 居住地　 1 ... did not ～ until = …は＝になってはじめて～した　seclude 外部から隔絶する　carry on ... …を続ける(=continue ...)　to the north of ... …の北方にある　 2 advisor to ... …に助言する人→相談役、顧問　the East India Company 東インド会社。アジアとの独占貿易権を与えられた貿易会社で西欧各国にあった。VOCはオランダ語名の略称　be willing to ... 自ら積極的に［喜んで］…する　would ... （その後）…することになった。過去の時点を起点とした未来を表す　 3 site 置かれる場所　 4 make ... into ～ …を～にする　annual procession 毎年の行進→参勤交代のこと

43 New castle towns

Under the Tokugawa **regime**, the daimyo constructed castles different from the *sengoku* castles. Wars occurred less **frequently**, so the castles were no longer **strategically located** military fortresses. Instead, the new castles were built in flat **plains** and were called *hirajiro*. They were symbols of power. The tall **donjon** at the center of the castle **compound** was built to show the daimyo's **authority**. People far away could see it rising in the middle of his **territory**. Two good examples of this type are Nagoya Castle and Nijo Castle.

After the beginning of the Tokugawa period, the castles were not primarily military headquarters. They became centers of **political administration** and **commerce**. They were headquarters for controlling a domain's **resources**. The towns that **grew** around the castle walls had **separate** residential areas for samurai. **High-ranking** samurai had large **residences**. Lower-ranking samurai lived in smaller residences. **Commoners** including **artisans**, **peddlers**, **day laborers**, and **merchants** lived in separate districts.

These *chonin*, or townsmen, were supposed to **serve the needs of** the **administration** in the castle. The **carpenters**, **ironworkers**, **plasterers**, and **stoneworkers** built the castle and other buildings. The merchants purchased the goods that the daimyo and the samurai wanted. When castle towns grew larger, the townsmen also served the needs of other townsmen. **Through** the Tokugawa period there were between 200 and 250 of these castle towns around the country. (225)

新しい城下町

　徳川**政権**の下では、大名たちは戦国時代の城とは違った城を建設した。戦争があまり**頻繁**に起こらなくなったため、城はもはや**戦略的な場所に位置した**軍事的な要塞ではなくなった。それに代わり、新しい城は平たんな**平野**部に造られ、「平城」と呼ばれた。平城は権力の象徴だった。城の**建物群**の中央には、高い**天守閣**が大名の**権威**を示すために建てられた。遠くにいる人々も、天守閣が大名の**領地**の中心にそびえているのを見ることができた。この種の城の2つのよい例が名古屋城と二条城である。

　徳川時代に入り、城の一番の機能は軍事的な本拠地ではなくなった。城は**政治運営**と**商業**の中心地となった。城は領地の**資源**を管理する本部となったのだ。城壁の周囲に**発達していった**町には、武士専用の居住区域があった。**位の高い**武士たちは大きな**住まい**を持っていた。より位の低い武士たちはそれよりも小さい家に住んでいた。**職人**、**行商人**、**日雇い労働者**、**商人**を含めた**平民**は、武士とは別の地区に住んでいた。

　これらの「町人」たちは、**統治者である城内の人々の需要に応える**ことが求められていた。城やその他の建物は**大工**や**鍛冶屋**、**左官**や**石工**たちが造った。商人たちは大名や武士が求める品物を買い付ける役割。城下町が拡大していくと、町人たちはまた他の町人たちの需要にも応えるようになった。徳川時代**を通じ**、日本全体で200から250ものこうした城下町が存在した。

44 Transportation Networks: The *Kaido*

The shogunate created and maintained an extensive road system **across the country**. The roads were created to supply city residents with **material goods** and **facilitate** military control. The roads also allowed huge **processions** of daimyo to reach Edo for alternate residence. Two main roads linked Edo with Kyoto and Osaka. The Tokaido road went along the **Pacific** coast. The Nakasendo road went through the central mountains. From these major roads, **connecting** roads reached out into **the countryside** in all directions. Along each road were **post towns**, where people could spend the night. The post towns became economic centers of the region.

The daimyo processions, with **hundreds of** servants, warriors and officials, needed places to stay at the end of each day's **journey**. A network of first-class **inns** was created for the daimyo of larger domains. Daimyo of smaller domains stayed in less elaborate inns. Itinerant merchants, **pilgrims** and other **commoners** stayed in even less extravagant **lodgings**.

The *Gokaido*, the Five **Highways** including the Tokaido and Nakasendo, **radiated** from Nihombashi in Edo. The roads **were** tightly **regulated**. At **a number of** barrier stations, *sekisho,* **officials** checked **identification**. These stations allowed the shogunate to **monitor communications** and troop movements.

The shogunate also depended on **coastal shipping** by *kaisen*, "circuit ships." Cargo boat trade flourished. Daimyo from all over the country needed to send their tax rice to market. They converted the rice to cash and sent it to Edo to support their alternate residences. Rice traders in Sakai and Osaka became rich **loaning** money to daimyo. (254)

交通のネットワーク：街道

　幕府は**日本全国**に発達した街道の制度を作り上げ、維持していた。街道が造られた目的は、都市の住民に**物資**を供給することと、軍事的な支配を**容易に**することであった。また、街道が整備されていたおかげで、非常に大規模な大名**行列**が江戸にある別宅（江戸藩邸）に出向くことができたのである。江戸と京都・大阪間は２本の主要な街道によって結ばれていた。東海道は**太平洋**岸を通っていた。中山道は中央部の山岳地帯を通っていた。こうした主要な街道からは、**それに接続する**街道が、**地方（田舎）** に向けてあらゆる方向に広がっていた。それぞれの街道沿いには人々が宿泊できる**宿場町**があった。宿場町はその地域の経済の中心となった。

　何百人という家来や武士、そして役人たちを引き連れた大名行列は、その日その日の**旅程**の終わりに宿泊する場所を必要としていた。石高の比較的大きな大名のために、第一級の**宿屋**が全国各地に整備されていた。より石高の小さな大名はそれよりも簡素な宿屋に滞在した。行商人や**巡礼者**（お遍路）、その他の**平民**は、さらに質素な**宿泊所**に泊まった。

　５つの**主要道路**、すなわち東海道や中山道を含む五街道が江戸の日本橋から**放射状に延びていた**。各街道には厳密な**規制が敷かれていた**。**いくつかの**検問所、すなわち関所では、**役人**が通るものの**素性**を確認した。これらの関所によって、幕府は**人々の往来**や軍隊の移動を**監視**することができたのである。

　幕府はまた「廻船」と呼ばれる**沿岸海運**にも依存していた。貨物船による交易が盛んに行われていたのだ。日本中の大名は、年貢として取り立てた米を市場に送る必要があった。彼らは米を換金し、別宅を維持していくためにそれを江戸に送った。堺や大阪の米商人たちは大名にお金を**貸す**ことによって富を蓄えた。

---

1 extensive 広範囲に広がった、発達した　supply ... with 〜 …に〜を供給する　allow ... to 〜 …が〜することを可能にする　alternate（参勤交代で）代わる代わる使用する、別宅の　link ... with 〜 …と〜をつなぐ　in all directions あらゆる方向に。方向を表す前置詞はtoではなくin　along each road were ... それぞれの街道に沿って存在したのは…だった。[場所を表す言葉] + [be動詞] + [主語]で一種の倒置構文　**2** a network of ... 全国に（一律の制度で）広がった…　elaborate 手の込んだ、立派な　itinerant 旅回りの　extravagant 豪勢な　**3** station（役人が）駐在する場所　**4** flourish 栄える、盛んに行なわれる　from ... …が地元の、…所属の　convert ... to 〜 …を〜に換える

45 Genroku Culture

A century of Tokugawa peace created an increase in agricultural **productivity**. This led to a **rise** in commerce, the growth of cities and **affluence**. In the hierarchy of *shi-no-ko-sho*, the townsmen were at the **bottom**. The very bottom was the merchant class, but many of them became quite **prosperous**. The Genroku **era lasted** from 1688 until 1703. But the Genroku cultural period is **roughly** from 1675 to 1725. It was a period of **prosperity, extravagance** and indulgence. **Theater**, poetry, **prose** and **wood-block prints** flourished in this **remarkable** period.

The merchants of this bourgeois culture (*chonin bunka*) created a **demand** for new goods and services. They wanted clothing, art and entertainment that matched their **lifestyle**. Some began to seek instruction in elegant **pastimes** (*yugei*). They practiced tea ceremony, **flower arrangement, musical instruments**, dance and **dramatic recitation** (*joruri*).

A **sophisticated** form of kabuki appeared, with all **roles** played by men. The plays **came from** military tales, classic Noh drama and **puppet** plays. Several playwrights and actors of **superb** ability transformed kabuki into a **stage art** which **captivated** both the elite and commoners alike. **Especially popular was** Chikamatsu Monzaemon. His play "The Treasury of Loyal Retainers" (*Chushingura*) is still popular today.

The townspeople also read the tales of the **floating** world (*ukiyo-zoshi*) by writers such as Ihara Saikaku. Saikaku combined an elegant style with themes that **appealed to** the townsmen, such as "The Life of an **Amorous** Man". They admired and bought the *ukiyo-e* of Hishikawa Moronobu. He is the artist primarily responsible for the establishment of *ukiyo-e* as an independent **art form**. (260)

元禄文化

　1世紀に及ぶ徳川時代の平和は農業の**生産性**を向上させた。これは商業の**発展**や都市の成長、そして**物質的な豊かさ**につながった。士農工商の階級制度において、町人は**最も下**に位置していた。その中でも一番下は商人の階級だったが、商人の多くは大変**羽振りがよかった**。元禄**時代**は1688年から1703年**まで続いた**。しかし、元禄文化の時代は**大まかに言うと**1675年から1725年に及ぶ。それは**繁栄**とぜいたくと道楽の時代であった。舞台や詩歌、**散文**や**木版画**が、この**注目すべき**時代に花開いたのである。

　このブルジョワ文化（町人文化）を担った商人たちは、新しい品物やサービスに対する**需要**を生んだ。商人たちは自らの**生活様式**に合った衣服や、芸術や娯楽を求めたのである。優雅な**趣味**（遊芸）の指導を求めた商人もいた。彼らは茶道や**華道**、**楽器**の演奏や踊り、あるいは浄瑠璃と呼ばれる**劇仕立ての語り物**をたしなんだ。

　すべての役柄を男性が演じる、歌舞伎という**洗練された**形式も登場した。歌舞伎は軍記物語や古典的な能の舞台、そして**人形浄瑠璃などを起源としている**。何人かの**卓越した**能力を持った歌舞伎作家や役者たちが、歌舞伎を特権階級も一般人も区別なく**とりこにする舞台芸術**に変容させた。**とりわけ人気があったのは近松門左衛門である**。彼の舞台作品である『忠臣蔵』（英題：「忠実な家臣の宝物庫」）は今なお人気がある。

　町人たちはまた、井原西鶴のような作家による、**うわついた**世間を描いた数々の物語（浮世草子）も読んだ。西鶴は優雅な筆致と、たとえば『**好色一代男**』のような町人**受けするテーマを融合させた**。町人たちは菱川師宣の浮世絵を賞賛し、購入した。彼は浮世絵を独立した**芸術様式**として確立した第一人者の芸術家である。

---

1 increase in ... …の向上　lead to ... …につながる、…を引き起こす　hierarchy 階級制度、上下関係　the very ... まさに一番…　indulgence 道楽（に溺れること）　**2** bourgeois [búərʒwàː]（裕福な）市民階級（の）　seek instruction in ... …の指導を仰ぐ。in ...は「…の分野における」　practice ... …を実践する、たしなむ　**3** of ... …という［同格を表す］　the plays 演劇→歌舞伎　tale 物語。tellの名詞形　playwright 劇作家。ここは「歌舞伎作家」　transform ... into ～ …を～へと変容させる　both ... and ～ alike …も～も同じように　treasury 宝物(庫)、蔵　**4** combine ... with ～ …と～を組み合わせる　primarily responsible for ... 第一人者として…に功績のある

46 National Learning

National Learning (*kokugaku*) is the study of Japanese **classical literature** and ancient **writings**. It began in the 17th century with **scholars** like Kamo no Mabuchi, Motoori Norinaga and Hirata Atsutane.

Mabuchi was a great admirer of the **spirit** of the *Man'yoshu*. He believed that these ancient poems **expressed** the true Japanese spirit. This was the spirit that **existed** before the introduction of **Buddhist and Confucian culture** from China. Norinaga **focused on** the *Tale of Genji* and *waka* literature. He emphasized *mono no aware*, an **appreciation** of **ephemeral** beauty in nature and human life. This **sensibility**, he said, was the **principle** behind all Japanese literature.

National Learning began as a literary movement. But it also had social and political **implications**. Hirata Atsutane, for example, **stressed** the **special nature** of Japan because of its godly origins. Such scholars said it was important to study the **distinctive** writings in order to learn how to **govern effectively**. Their studies **laid the basis for** a **conservative** reaction to foreign threats. The writings of the National Studies scholars were later used as evidence for the divine descent of the emperor. This put the **imperial house** in the center of Japanese culture. During the Bakumatsu period, **conservatives** would **express** these ideas in the slogan *sonno joi*, "revere the emperor, **expel** the **barbarian**." (215)

国学の発達

　国学とは、日本の**古典文学**やいにしえの**文献**を研究する学問である。国学は17世紀に賀茂真淵、本居宣長や平田篤胤といった**学者**によって始められた。

　賀茂真淵は『万葉集』の**精神**に心酔した人物だった。彼は、これらのいにしえの歌は日本人の真の精神を**表現した**ものだと信じた。これは、**仏教や儒教の文化**が中国から取り入れられる前に**存在した**精神だった。本居宣長は『源氏物語』や和歌文学を**もっぱら研究した**。彼は「もののあはれ」、すなわち自然や人間生活の中の**はかない美しさを愛でる気持ち**が大切だとした。宣長は、このような**繊細な感受性**がすべての日本文学の背景にある**原理**であると述べている。

　国学は文献研究の運動として始まった。しかしそれは、社会的・政治的な**意味合い**も持っていた。たとえば、平田篤胤は、日本は神々に起源を持つ国ゆえに**特別な性質**を持っているのだと**強調した**。篤胤のような学者たちは、**効果的な政治を行う**方法を学ぶためには、日本固有の文献を研究することが重要であると述べた。彼らの研究が、諸外国からの脅威に対する**保守的な反応の基礎を築いた**のである。国学者たちの著述は、後に天皇が神の末裔であるとする証拠として使われた。この思想は、**皇室**を日本文化の中心に据えるものだった。幕末の時代、**保守派**は「尊皇攘夷」、すなわち「天皇を敬い、**野蛮人を追放せよ**」とのスローガンの中に、こうした思想を**表現する**こととなった。

タイトル National Learning 自国のことを学ぶこと→国学　**2** a great admirer of ... …に大いに魅せられた人、…に心酔した人　emphasize ... …を強調する→…が大切だとする　**3** literary 文学[文献]研究の。名詞形のliteratureに「文学」「文献」の両方の意味がある　because of its godly origins 神々の起源ゆえに→神々に起源を持つとされている国であるから　threat 脅威。「諸外国からの脅威」とは、黒船来航やそれに続く欧米諸国からの攻撃、さらには第二次世界大戦などを指す　later 後に。具体的には、特に明治維新後の天皇の神格化の根拠として用いられた　divine descent of ... …が神の子孫であること。divine「神の」、descent「家系、血統」　put ... in the center of 〜 …を〜の中心に据える　revere [rivíə] 崇拝する、敬う

47 Rangaku: Dutch Studies

By the 1720s, the shogunate stopped trying to **keep out** European **influence**. Tokugawa Yoshimune lifted the ban on importing foreign books, as long as they did not mention Christianity. People other than official interpreters were also allowed to engage in *Rangaku*, **short for** *Oranda-gaku* or Dutch Studies.

The language was Dutch, but the **content** included **geography**, **astronomy**, science, **mathematics**, pharmacology and **medicine**. In the beginning, Dutch Studies was a **means** of gathering **essential** information about potential rivals. It was seen as a **strategy** for **strengthening** Japan's position against Europeans.

Western knowledge had a **significant** impact on Japan. It changed the way the Japanese saw Japan, China and **the West**. Rangaku scholar Sugita Genpaku, for example, **witnessed** the **dissection** of a criminal and was greatly surprised. He found that the **diagrams** in a book from the West were much more **accurate** than **traditional** Chinese books. His translation of the book into Japanese stimulated others to learn Dutch in order to gain similar knowledge.

Eventually the shogunate saw the need for more of such knowledge. In 1811, it opened an early form of *Bansho shirabesho*, the **Institute** for the Investigation of Barbarian Books. This institute **actively** translated, studied and taught Western languages. It **focused on** scientific and technical studies.

Dutch Studies became **urgent** from the 1850s. Fukuzawa Yukichi went to Nagasaki in 1854 and used Dutch to study **gunnery**. He later settled in Edo in 1858 to open his own school for learning Dutch. Later he and others **switched** to English because it was more widely used in the West. (255)

蘭学の発達

　1720年頃までに、幕府はヨーロッパからの**影響を排除し**ようとする方針を転換した。徳川吉宗はキリスト教に関して言及がないことを条件に、洋書の輸入禁止を解除した。公式の通訳以外の人々も蘭学（「阿蘭陀学」、すなわち「オランダ研究」の省略形）を学ぶことを許されるようになった。

　西洋研究のための言語はもっぱらオランダ語だったが、その**内容**は**地理学、天文学、**科学、**数学**、薬理学、そして**医学**などだった。当初、蘭学は将来敵となる可能性を秘めた国々に関する、**基本的な**情報を集める**手段**だった。それは、ヨーロッパ諸国に対する日本の立場を**強化する**ための**戦略**と見なされていた。

　西洋に関する知識は日本に**重大な**影響を与えた。それは日本人が日本や中国や**西洋**を見る見方を変えた。たとえば、蘭学者の杉田玄白は、犯罪者の**解剖図**を**目の当たり**にして大きな驚きを覚えた。彼は西洋から届いたとある書物の中の図が、**古くから伝わる**中国の書籍よりずっと**正確である**ことを知った。その書物を彼が日本語に訳したものは、同様の知識を得るために、他の者がオランダ語を学ぶ刺激となった。

　最終的に、幕府もそのような知識がさらに必要となることを感じ取った。1811年、幕府は「蕃書調所」（野蛮人の書籍の調査**機関**）の前身となる場を開いた。この機関は**精力的に**西洋の言語の翻訳や研究を行い、また教授した。蕃書調所は特に科学技術の研究**を中心に行った**。

　1850年代から、蘭学は**急を要する**学問となった。福沢諭吉は1854年に長崎に赴き、オランダ語を使って**砲術**を学んだ。彼は後の1858年には江戸に居を構え、オランダ語を学ぶ独自の学校を開いた。後に、英語の方が西洋でより広く使われていることを知り、彼も他の蘭学者もオランダ語から英語に**転向している**。

---

1 lift the ban on ... …にかかっていた禁止を解除する。ban「禁止（令）」。liftは踏切の遮断機が上がるイメージでとらえるとよい　as long as ... …である限り、…であることを条件に　mention... …について言及する、触れる　interpreter 通訳（者）。当時は「通詞」と呼んでいた　engage in ... …に従事する→…を学ぶ　**2** pharmacology 薬の調合・性質・用法などの研究　potential ... 将来…になる可能性のある　**3** criminal 犯罪者。当時は死刑になった囚人などが解剖された　a book『ターヘル・アナトミア（解体新書）』を指す　translation into ... …に翻訳された文章　stimulate ... to 〜 …を刺激して〜させる　**4** see the need for ... …が必要であると見る。seeは「理解する、見てとる」、needは「必要性」

近世（江戸時代）　115

48 Persistent problems

In the early years of the Tokugawa period, it was the samurai and the retainers of **transferred** daimyo who **raised their voices in protest**. They **resented** the way the Tokugawa shogun treated them. In that period, the farmers who worked on the land were afraid to **protest** because they would **be violently suppressed**. As the shogunate **stabilized** control, however, **spontaneous**, single-issue **organizations** called *ikki* became more common. These groups protested **unfair** taxation, price gouging, official **arrogance** and repressive labor assessments.

From the **point of view** of the **authorities**, regular payment of taxes was **essential** to maintaining the government. From the point of view of the farmers, payment of such taxes **in times of** disaster meant that their families were left with nothing to eat. When officials **turned a deaf ear to** their complaints, the only **option** the farmers and their supporters had was to form *ikki* organizations to make their appeals heard. Starving people joined in collective action in order to demand popular justice. (164)

江戸時代を通じて発生した農民一揆

　徳川時代の初期の頃は、お上(かみ)に**抗議の声を上げた**のは、赴任地を異動させられた大名に仕える武士や家臣たちだった。彼らは徳川将軍の彼らに対する扱いに**憤慨した**のである。その当時、農業にいそしんでいた農民たちは、将来**激しく弾圧される**ことを恐れて**抗議の声を上げる**ことができなかったのだ。ところが、幕府が支配を**安定化させ**ていくにつれて、**自然発生的に**、「一揆」と呼ばれる特定の問題で集まった**組織**がより頻繁に発生していった。こうしたグループは**不公平**な課税や、不当な値上げ、役人の**横暴**や一方的な労務査定などに抗議の声を上げた。

　幕府側の見方では、政権を維持するためには農民が定期的に年貢を支払うことが**不可欠**だった。農民の観点からすれば、飢饉**の際**のそのような税金支払いは、家族の食糧が何も残らないことを意味した。役人たちが農民の不平**に耳を貸さなかった**場合、農民と彼らの支援者に残された唯一の**選択肢**と言えば、一揆を組織し自らの訴えをお上の耳に届けるしかなかったのだ。餓死寸前の人々が温情ある裁定を求め、集団行動に参加したのである。

タイトル persistent 消えずに頑固に残る→江戸時代を通じて起こる　**1** it was ... who 〜 〜したのは…だった。いわゆる「…」の部分にスポットライトを当てる「強調構文」　in that period ここは徳川時代初期の頃を指す　work on the land 農業に従事する　would ... (もしそんなことをすれば)そのあと…するだろう(から実際にはしない)。仮定法と過去の時点から見た未来を表す　single-issue 1つの問題(issue)に特化して集まった　gouge [gáudʒ] 値段を不当に吊り上げる　repressive 高圧的な→農民の声を聞かない→一方的な　labor assessment 労務査定。年貢額や労役徴用を決めるための労働評価。農民が無理な基準を強要されることも多かった　**2** disaster 天災(による不作)、大飢饉　... meant that ... …は〜を意味した　were left with ... …が残された　form = organize 組織する　make ... heard …を聞いてもらう、…を(お上の)耳に届ける　starving 飢え死にしかけている。英語のstarveはただ「飢える」という意味ではなく、「飢え死にする」という意味なので注意　join in ... …に加わる　collective action 集団での(抗議)行動。特にストやデモなどの抗議行動を指す場合が多い　demand popular justice (しゃくし定規なお上の裁定ではない)温情ある裁定を要求する。popularはofficialに対して、「非公式の、公式の裁定を覆すような」、justiceは「さばき、お上の判断」。厳密ではないが「民衆の側に立った正義を求める、大岡裁きの」という解釈でよい

49 Oshio Heihachiro's Rebellion

In 1833, **crop failures** due to cold weather and **floods** led to four years of **starvation** in **the countryside**. During this Tempo **Famine**, the price of rice in **the cities** rose rapidly. Uprisings of farmers and townsmen occurred **throughout the country**. They reached a peak in 1836. It seemed that the shogunate **administrators were indifferent to** the suffering of the people. One samurai **bureaucrat** left the Osaka city government **in disgust at** what he saw.

Oshio Heihachiro **left his position** to study the **teachings** of Wang Yang-ming, who taught the **unity** of knowledge and action. He took these teachings, called *yomeigaku*, to mean that he was personally responsible for making positive changes to society. He **was determined to** follow these teachings to **achieve justice**.

First, he sold his **library** and gave the money to **feed** the poor. He then gathered a few **firearms** and prepared a **manifesto** for action. He called on peasants and **tenant farmers to come together** to **combat** the authorities. They **targeted** bureaucrats who **suppressed** the poor. They planned to take the **wealth** of the rich merchants and **divide** it **among** the poor. They intended to divide land of the big **landowners** among the **landless** peasants.

In February 1837, Oshio **set fire to** his house in Osaka. This was his **signal** for his **followers** to rise up in revolt against **misgovernment**. His followers set more fires and **broke into** merchant homes and **storehouses**. In the end, however, bakufu troops **suppressed** their rebellion. (245)

大塩平八郎の乱

　1833 年、冷害や**洪水**による**不作**により、**地方**は 4 年続きの**飢饉**に見舞われた。この天保の大飢饉の間、**都市部**の米の値段は急激に上がっていった。農民や町人による一揆が**日本中で**起こった。一揆は 1836 年にピークを迎えた。ところが幕府の**為政者たち**は、民衆の苦しみ**に無関心である**ように思えた。とある武士出身の**役人**が、自らが目にしたこと**に嫌気がさし**、大阪の町奉行所を辞した。

　大塩平八郎は**職を捨て**、知識と行動の一致を説いた王陽明の**教え**を研究した。彼はこうした「陽明学」と呼ばれる教義を読み、社会に前向きな変化を起こすことが彼個人に与えられた使命であると解釈した。彼は**正義を実現する**ために、これらの教えに従う**ことを決意した**。

　まず、彼は**蔵書を売り**、それで得た金を使って貧者**に食べ物を与えた**。次に彼は数丁の**銃**を集め、さらに行動に向けた**マニフェスト（宣言書）**を用意した。そして彼は**結集して当局と闘う**よう百姓や**小作人たち**に呼びかけた。彼らが**標的にした**のは貧しい者たちに**圧政を敷いてきた**役人たちである。彼らは金満商人たちの**富**を奪い、それを貧しいものたちの間で**分けあう**計画を立てた。また彼らは、**土地を持たない**百姓たちの間で大**地主**の土地を分けあうことも計画していた。

　1837 年 2 月、大塩平八郎は大阪にあった自宅**に火を放った**。これは**失政**に対して蜂起して反乱を起こすよう、自らの**賛同者たち**に伝える**合図**だった。彼の賛同者たちはさらに火を放ち、商人たちの家や**蔵**に**押し入った**。ただし、最終的には彼らの反乱は幕府軍に**鎮圧された**のだった。

タイトル rebellion 反乱　**1** uprising 蜂起→一揆　Osaka city government 大阪(当時は大坂)の町の役所(機関)。具体的には大塩は大坂町奉行所の与力だった　**2** Wang Yang-ming 王陽明。中国、明代の儒学者　take ... to mean that 〜 …が〜ということを意味すると解釈する。takeは「受け取る」　he was personally responsible for ...ing …することは彼個人に与えられた使命だ　**3** the poor 貧者。[the +形容詞]はその形容詞の性質を持った人々を表す　call on ... to 〜 …に〜するよう呼びかける　intend to ... …するつもりである→…する計画である　**4** rise up in revolt against ... …に対して蜂起し反乱を起こす。rise up「蜂起する、立ち上がる」、revolt「反乱」

50 Appearance of Foreign Ships

The Dutch traders protected their trade **monopoly** at Nagasaki. **Meanwhile** British and Russian ships began appearing **along Japan's coast**. This caused local daimyo and the shogunate to worry. In 1808 they **panicked** when the major British **warship** *HMS Phaeton* appeared in Nagasaki **harbor**. The **crew** and **cannon** were prepared for **military action** and the **captain** asked for water and other **supplies**. The captain's request was **refused**. The crew took what they could and **escaped**. The shogunate worried about what would happen next. It was clear that such foreign ships were **far** superior in **firepower**, so Japan could not successfully **resist** them.

By the 1820s, new foreign ships began to appear. They were Western whalers searching for **whales** in **the Pacific Ocean**. They especially looked for whales in the seas east of Japan. **Occasionally** one of these ships appeared off the Japanese coast looking for supplies or a safe harbor. Occasionally whaling crews came to shore as **shipwrecks**. A pair of **incidents** in 1824 — one near Mito and another south of Kyushu — made the shogunate deeply aware of the **vulnerability** of Japan's coasts.

Seeing these ships as a threat to the Tokugawa government, in 1825 the shogunate **issued** a **command**. It told the daimyo to "**drive** them **away**" (*uchi harai*). The daimyo were ordered to **fire on** the ships "**without hesitation**" (*ninen naku*). For over **a decade**, there were no major incidents. Few foreign ships **approached** shore. When a ship did approach, the local daimyo put off taking action and eventually the ship **simply** sailed away. (255)

外国船の出現

　オランダ商人たちは自らの長崎での貿易**独占権**を守っていた。**一方で**、イギリスやロシアの船が**日本の沿岸に**姿を現すようになっていた。このことは地元の大名や幕府を悩ませた。1808 年にイギリスの主力**戦艦**であるフェートン号が長崎**港**に現れた際に、彼らは**激しく動揺した**。**乗組員**も**大砲**も軍事行動を起こす準備が整っており、**艦長**は水などの**補給品**の提供を求めてきた。日本側は船長の依頼を**拒否した**。フェートン号の乗組員たちは奪えるだけのものを奪って**退却した**。幕府はこの次は何が起こるのかを心配した。そのような外国船の方が、**火器の攻撃能力**において**はるかに**日本をしのいでいることは明らかだったため、日本はうまく外国船に**抵抗**できなかったからだ。

　1820 年代までに、新しい外国船が現れ始めた。それは**太平洋で鯨**を探していた西洋の捕鯨船だった。それらの船はとくに日本の東の海域で捕鯨をしていた。**時に**こうした捕鯨船の中の 1 隻が、補給物資または安全な港を探して日本の沿岸沖に現れることがあった。また時には**難破船**として、捕鯨船の乗組員が海岸に来ることもあった。1 度は水戸の近くで、そしてまた別の 1 度は九州南部で 1824 年に起こった 2 つの**事件**によって、幕府は日本の沿岸の**脆弱性**(ぜいじゃくせい)を深く認識させられることとなった。

　こうした船が徳川幕府にとって脅威であると判断し、1825 年に幕府はある**命令を発した**。それは大名たちに外国船を「**追い払う**」ように命じるものだった（異国船打払令）。大名たちは外国船**に対し**、「**二念（ためらうこと）なく**」発砲する**よう命じられた**（無二念打払令）。**10 年**以上に渡り、大きな事件は起こらなかった。沿岸に**近づく**外国船はほとんどいなかった。外国船が実際に近づいても、その地方の大名たちはすぐには行動を起こさず、最終的に近づいてきた船は**ただ日本を離れていった**のだ。

---

1 cause ... to 〜 …に〜させる　HMS (= His Majesty's Ship) …「英国海軍艦…」。His Majesty (「(国王)陛下」)とは、当時の英国国王George 3世のこと。女王の治政下では、同じ略称でH=Herとなる　take what they could (take) 奪えるだけのものを奪う　superior in ... …において勝って　**2** whalers 捕鯨者たち→捕鯨船　off ... …の沖合に　crews「乗組員全員」を指す集合名詞で、asを介してshipwreck「難破船」と同等扱いが可能　a pair of ... 2つの(= a couple of ...)　make ... (deeply) aware of 〜 …に〜のことを(深く)認識させる　**4** seeing ... as 〜 …が〜であると見て取って[判断して]　do + 原形動詞(...) 実際に…する　put off ...ing …することを延期する→すぐには…しない

51 Commodore Perry and the Black Ships

In the West in the middle of the 19th century, lamp oil came from **whales**. American **whaling ships** were at sea for months and even years. As they hunted for whales, they needed fresh **supplies** of water and food. Sometimes they needed to land in order to make repairs. At other times, they actually became **stranded** and were unable to sail away.

To protect **whalers** and other types of ships, U.S. President Fillmore **dispatched** Commodore Matthew Perry to Japan. Perry's **fleet** of four ships arrived at Uraga on Edo Bay in July 1853. These "black ships" were huge. They were six or more times the size of any Japanese ship. They carried 61 **cannons**. Commodore Perry **delivered** a set of **demands** from the U.S. government. He said he would return for a response from the Japanese government.

Perry returned on February 12, 1854, with a fleet of nine ships, including three **steamships**. Ultimately, the shogunate **decided that** it had to agree to the American demands. It signed the "Treaty of Peace and Amity between the United States and the Empire of Japan", commonly called the Kanagawa Treaty.

The treaty included the opening of two ports, Shimoda and Hakodate, and Japan promised to **supply** American ships there. Japan also agreed to provide good treatment to **shipwrecked** American sailors. The treaty also allowed an American **consulate** to be established in Shimoda. This treaty ended the policy of national isolation. The shogunate concluded similar treaties with the British that same year, Russia (in 1855) and the Dutch (in 1856). (256)

ペリー提督と黒船来航

　19世紀中頃の西洋では、ランプに使うオイルを**鯨**から採っていた。アメリカの**捕鯨船**は何か月も、また時には何年も海に出たままのことがあった。鯨を追っている間、捕鯨船は新鮮な水や食料の**補給**が欠かせなかった。時には修理のためにどこかの港に入る必要もあった。また時には、実際に**座礁して**そこから動けなくなることもあった。

　捕鯨船やその他の種類の船を保護するため、合衆国のフィルモア大統領はマシュー・ペリー提督を日本に**派遣した**。ペリー提督率いる4隻の**艦隊**は1853年7月、江戸湾の浦賀に着いた。これらの「黒船」は巨大だった。その当時日本にあった最大の船と比べても6倍以上の大きさだった。同艦隊は61門の**大砲**を搭載していた。ペリー提督は米国政府からの一連の**要求**を**伝えてきた**。彼は、日本の政府からの返答を得るため、また戻ってくると言った。

　ペリーは1854年2月12日、3隻の**蒸気船**を含む9隻の艦隊を率いて戻ってきた。最終的に、幕府はアメリカの要求をのまざるをえない**という結論に達した**。幕府は一般に神奈川条約と呼ばれている「日米和親条約」に調印した。

　条約には下田と箱館（現在の函館）の2港の開港がうたわれており、日本は両港でアメリカの船に**物資を補給する**ことを約束した。日本はまた、**難破した**アメリカの船員を丁重に扱うことも同意した。条約はまた、下田に米国**領事館**を置くことも認めている。この条約によって、鎖国政策は終わりを告げた。幕府は同様の条約をイギリス（同1854年）、ロシア（1855年）、そしてオランダ（1856年）と結んでいる。

タイトル commodore 提督。艦隊の司令官　**1** at sea 海に出て　for months and even (for) years 何か月も何年も　land 上陸する、港に入る　make repairs 修理[補修]をする　sail away 船でそこを離れる　**2** ... times the size of ～ ～の大きさと比べて…倍の　a set of ... ひとまとまりの…　**3** agree to ... …に同意する、…をのむ　amity 友好(関係)　commonly called ... 俗に…と呼ばれる　**4** allow ... to ～ …が～することを認める　conclude（条約などを）締結する　the British イギリス人たち→イギリス（国）　the Dutch オランダ人たち→オランダ（国）

52 Resistance to opening ports

The first American consul general arrived in Shimoda in 1856. Townsend Harris began negotiating for an **agreement** on trade between the two countries. Harris argued that negotiating a treaty with the United States was a way to restrain European **imperialism**, and that it would also be in Japan's self-interest. For Japan, a **negotiated** treaty was better than a **forced** treaty. But the bakufu **stance** faced **significant** opposition from the daimyo and from the anti-foreign **imperial court**.

In actual fact, the increasing power of the emperor required his agreement to any treaty. But in 1858, Ii Naosuke, the new shogunate strongman, signed the treaty without imperial **approval**. As a result, **criticism of** the shogunate increased. Ii then carried out the Ansei Purge (1858-1859), punishing about 100 anti-shogunate **activists** for undermining the power of the government. These events **further worsened** relations between the **forces** supporting the imperial court and those supporting the shogunate.

Among those executed in this purge was an activist named Yoshida Shoin. Although he was a **scholar** of Confucianism, he insisted that Japan should acquire Western **learning** and technology. Yoshida taught that **practical** action and **setting an example for** others was **immensely** important. His **intense** idealism attracted a **significant** group of future leaders at the national level. When he was executed, he became a **martyr** and a model for those who would **take action** for their political and social views.

In March 1860, samurai of a rival domain **took revenge on** Ii for what they saw as his high-handedness. They **assassinated** him outside the Sakurada Gate of Edo Castle. (259)

開港への抵抗

　初代駐日米国総領事は1856年に下田に着任した。タウンゼント・ハリス総領事は、日米間の通商に関する**協定**に向けた交渉を開始した。ハリス総領事は、米国と条約交渉を行うことは、ヨーロッパ諸国の**帝国主義**を抑制する1つの方法であると説き、またそれは同時に日本の国益にも合致すると説いた。日本にとっては、**交渉を経た条約の方が強制された条約**よりもましだった。ところが、幕府の**姿勢**は諸大名や、反外国の立場をとる**朝廷**から**かなりの**反発を受けることとなった。

　実際のところ、天皇の力が強まってきていたため、いかなる条約を結ぶ場合でも天皇の同意が必要となっていた。ところが1858年、幕府の新しい大老であった井伊直弼が天皇の**承認**なく条約に調印した。その結果、幕府**に対する批判**が強まった。井伊直弼は続いて安政の大獄（1858-1859）を断行し、幕府の権力を覆そうとしたとして約100人におよぶ反幕府の**活動家**を処罰した。これらの出来事は、朝廷を支持する**勢力**と幕府を支持する勢力の間の関係を**さらに悪化**させていった。

　安政の大獄で処刑された者の中に、吉田松陰という活動家がいた。彼は儒教**学者**であったが、日本は西洋の**学問**や技術を習得するべきであると主張した。吉田松陰は、**現実に即した行動や、他者に模範を示す**ことが**きわめて重要**であると教え説いた。彼の**熱烈な理想主義**は、将来全国規模で活躍する**かなりの数**の指導者たちを惹きつけた。彼が処刑されたとき、彼は「殉教者」となり、自らの政治的・社会的思想のために**行動を起こす**者たちの模範となった。

　1860年3月、とある敵対する藩の浪士たちが、彼らの言うところの井伊の横暴**に対して敵を討った**。浪士たちは、井伊直弼を江戸城の桜田門の外で**暗殺したのだ**（桜田門外の変）。

---

1 consul general 総領事　negotiate for ... …に向けて交渉する　argue 主張する、説く　negotiate ... …の交渉をする　restrain 抑制する、けん制する　be in Japan's self-interest 日本自身の利益の中にある→日本の国益に合致する。interestは「利益」　**2** ... require ～ …が原因で～が必要となる　strongman 実力者。実際の彼の職名は「大老」　carry out ... …を実行する　purge（公職からの）追放　undermine 覆す、傷つける　**3** among those (who were) executed was ... 処刑された者の中には…がいた　Confucianism 孔子(Confucius)の教え→儒教　**4** high-handedness 横暴、傲慢な態度

53 Bakumatsu tensions

Opposition to the shogunate spread **throughout** the country. **Opponents** were partly inspired by scholars of Mito domain. These scholars **stressed** that the emperor system was the central **element** in Japanese history. This implied that the Tokugawa shogunate was not fully legitimate. **So-called** Mito Learning (*Mitogaku*) was not **openly** anti-bakufu, but it **presented** ideas that others adopted. Under the slogan *sonno joi*, "**revere** the emperor, **expel** the **barbarian**," anti-Tokugawa groups carried out **assassinations** in Edo and Kyoto.

Opponents of the shogunate **gained control of** Choshu, with secret support from Satsuma domain. The shogunate **attempted to** punish Choshu with military power, but failed. The shogunate was losing control of the country.

Shogun Tokugawa Yoshinobu **announced** in November 1867 that he was going to return political power to the emperor. On January 3, 1868, a group from Satsuma, Tosa and other domains **seized** the **Imperial Palace** in Kyoto. They were able to get an imperial **announcement** that the Tokugawa government — the shogunate — was **abolished**. From then on, the announcement said, government power and all Tokugawa lands — a quarter of the lands of the country — were returned to the imperial throne. Yoshinobu put up a short military **resistance** but **gave in** within a month. (200)

幕末の緊張

　幕府に対する反発は日本中に広まっていった。反対派がよりどころの1つにしたのは水戸藩の学者たちだった。これらの学者たちは、日本の歴史においては天皇制が中心的な要素だったことを強調していた。これは、徳川幕府は完全に正統なものではないということを含意していた。いわゆる「水戸学」はあからさまに討幕をうたっていたわけではなく、他の者が都合よく受け入れた考え方を打ち出していただけに過ぎなかった。「尊皇攘夷」、すなわち「天皇を敬い、野蛮人（＝外国人）を追放せよ」とのスローガンの下、反徳川幕府の一派は江戸や京都で暗殺を実行していった。

　討幕派は、薩摩藩からの隠密の支援を得て長州を征圧した。幕府は軍隊を送り長州を征伐しようとしたが、成功しなかった。幕府は日本全体に対する支配力を失いつつあったのである。

　1867年11月、将軍徳川慶喜は、政治権力を天皇に返すことを宣言した（大政奉還）。1868年1月3日、薩摩・土佐その他の藩出身の一団が京都の御所を占拠した（王政復古の大号令）。彼らは天皇から、徳川の政府、すなわち幕府を廃止するとする宣言を引き出すことができた。その宣言は、政府の権限と（日本全土の4分の1に及んでいた）徳川家の全領地が、その時点をもって天皇に返還されることをうたっていた。徳川慶喜は短期間の軍事的抵抗に打って出たが、1か月たたずに降伏した。

---

1 were partly inspired by ... ひとつには…によって思想(の根拠)を与えられた　imply 暗に示す[意味する]　not fully ... 完全に…というわけではない。いわゆる「部分否定」　legitimate 正統の　adopt 採用する、受け入れる　**2** punish 罰を与える。ここは「征伐する」　**3** from then on それ以来→その時点をもって　put up ... …をたくらむ、…を仕掛ける

Chapter
6

近代史
明治・大正・昭和初期の時代

Modern History
Meiji, Taisho, early Showa

幕末の志士

54 The Boshin War

The last shogun **surrendered to** the restoration forces in Edo on May 3, 1868. The military leaders of the various domains, however, **were split into** two camps. One camp **was composed of** forces from Satsuma, Choshu, Tosa and other domains who supported the imperial **cause**. Standing opposed to them, **under the leadership of** the lord of Aizu domain, was a **league** that was determined to **resist** the imperial **regime**.

Once Wakamatsu castle of the Aizu domain was captured, the resistance in the north collapsed. Daimyo who surrendered were placed under house arrest. Their territories were split up and **dramatically** reduced in size. The series of battles that **lasted over** a period of 17 months **came to** be known as the Boshin War.

Some 8,200 were killed during this war and another 5,000 were wounded. The **Meiji Restoration** was, therefore, not entirely a "bloodless coup d'état." However, it might have been much bloodier if Yoshinobu, the last shogun, had resisted for a longer period of time. (165)

戊辰戦争

　第15代将軍は1868年5月3日に江戸で維新軍**に対して降伏した**。しかしながら、さまざまな藩の出身だった各軍の指導者たちは二派**に分裂した**。そのうちの一派は、天皇擁護の**大義名分**を支持した薩摩、長州、土佐などの藩の出身者たちの軍勢**から成っていた**。会津藩主**率いる**それに対抗する軍勢は、天皇中心の**政権**に**抵抗する**意思を固めた**同盟軍**であった。

　ひとたび会津藩の若松城が占領されると、北方での抵抗は破たんした。降伏した大名たちは軟禁された。彼らの領地は分割され、**劇的に**その規模を縮小された。1年5か月**以上にわたって続いた**幾度かの戦いは、戊辰戦争として知られる**ようになった**。

　この戦争の間に**約**8,200人が命を落とし、それ以外にも5,000人が負傷した。したがって、**明治維新**は100パーセント「無血の**クーデター**」というわけではなかったのである。しかしながら、もし第15代将軍の慶喜がより長期にわたって抵抗していたら、さらに多くの血が流されていたかもしれない。

---

1 restoration 本来は「以前の状態に戻すこと、復古」で、西洋史においても「王政復古」といった意味でしばしば使われる。日本史においては将軍支配からいにしえの天皇支配に戻ったという意味で、「明治維新」を指す言葉としてしばしば用いられる　camp 派閥、陣営　standing opposed to ... …に反対して立ちはだかっていたのは　**2** capture 手中に収める、占領する　collapse 崩壊する、破たんする　were placed ... under house arrest …は軟禁状態に置かれた。「軟禁」とは、体を縛ったりせず動けるが、建物などから出ることを禁じられた状態　were split up 分割された。[split-split-split]　reduce ... in size …を規模において減らす→…の規模を縮小する　**3** not entirely ... 全く…というわけではなかった。いわゆる「部分否定」　bloodless 血が流されない、無血の　it might have been much bloodier if ... had resisted …もし抵抗していたら、ずっと多くの血が流されていたかもしれない。「実際は違ったがもし…だったら」といういわゆる仮定法過去完了（過去の事実に対する反現実）の形。bloodyは「血(blood)が流される、犠牲者の出る」

55 The Meiji Restoration

The Meiji Restoration (*Meiji ishin*) began with a **coup** on January 3, 1868. Anti-shogunate forces, led by the southern domains of Satsuma and Choshu, **seized** the Imperial Palace in Kyoto. They announced that the shogun had "returned" political power to the emperor. The young Emperor Meiji was going to **rule** the country. But "restoration" did not **take place overnight**. It took many years to create a new kind of government.

A starting point for this historical process was the Charter Oath of April of that same year. This **document** was designed to **calm** fears of those domains which did not **participate in** the Restoration movement. It promised that those domains would be included in **decision-making**. It **stated** clearly that "all **matters** shall be decided by public discussion." Although it did not give details, it said that "**deliberative** councils" would be part of the government. This implied that the feudal *bakuhan* system **was abolished**.

The former shogunal capital, Edo, was renamed Tokyo, **literally** "eastern capital." It **was designated as** the new national capital city. The domains were eventually transformed into prefectures, **administered** by **governors**. The central government **took over** responsibility for education and defense. To do this, it needed to **raise money**. It carried out land surveys in 1873 to determine the value of each **piece** of land. It then **introduced** a new system of land taxes to raise money to run the government. **Not surprisingly**, there was resistance in **the countryside**. (241)

明治維新

　明治維新は1868年1月3日の**クーデター**から始まった。薩摩や長州といった南方の諸藩に率いられた討幕軍は、京都の御所を**占領した**。彼らは将軍が政治権力を天皇に「返還した」と宣言した。若き明治天皇が日本を**統治する**ことになった。しかし、「維新」は一夜にして**起こった**わけではなかった。新しい種類の政府を作り出すには何年もかかったのである。

　この歴史的な過程の出発点は同年4月の五箇条の御誓文である。この**文書**は、維新運動に**参加**しなかった諸藩の懸念を**鎮める**ためのものだった。誓文は、そうした諸藩も**意思決定**の場に参加させることを約束している。その中でははっきりと「すべての**事柄**は公の議論によって決められる（万機公論に決すべし）」と**述べられている**。また詳細は述べられていないが、「**審議のための評議会**」が政府の一部となるとある。このことは、封建的な「幕藩体制」が**廃止される**ことを意味していた。

　それまで幕府の首都であった江戸は、東京（**文字通りには**「東の都」）と改名された。それは新しい日本の首都となる都市**としての役割を与えられた**。藩は最終的に**知事が**治める「県」に形を変えた。中央の政府は教育と防衛の責務を**引き継いだ**。これを実現するために、政府は**資金を調達する**必要があった。そのため、政府はひとつひとつの**区画**の地価を決定する目的で、1873年に土地の調査を行った。そして、政府の運営に必要な資金を調達するため、政府は土地にかける新しい税制を**導入した**（地租改正）。**当然のことながら、地方**では抵抗が見られた。

---

1 return ... to 〜 …を〜に返す　Emperor Meiji 明治天皇。即位時は16歳だった　overnight 一夜にして、一晩明けてみると　it takes ... to 〜 〜するには…が必要だ[かかる]
2 the Charter Oath 五箇条のご誓文。charter「憲章（としての）」oath「誓い」。明治天皇が天地神明に誓約する形で発表された維新政府の基本方針　was designed to ... …することを企図して作られた　fear 心配、懸念　be included in ... …に参加できる　shall ... …することになる。古い条文などで用いられる表現　feudal 封建的な。将軍やその下の大名が独裁的に決定権を持つことが前提であり、「広く意見を求める」こととは相いれない制度だった
3 shogunal shogunの形容詞であると同時にshogunate（幕府）の形容詞でもあり、ここは後者　rename ... 〜 …を〜と改名する　transform ... into 〜 …を(中身はそのままで)〜に変形させる

近代史(明治・大正・昭和初期の時代)

56 The Satsuma Rebellion

Satsuma hero Saigo Takamori **commanded** the army that restored the emperor to **sovereignty** in 1868. When the Iwakura **Mission** departed for the West, Saigo remained behind in control of the imperial army. While the mission was **abroad**, the new central government decided to **conquer** Korea. Before it could **act**, Iwakura and the other members of the mission returned. They had **broader** experience with Western nations and **realized** what Japan needed to do before it began any foreign adventures. The plans for invading Korea were set aside.

Saigo quit the new government and returned to his home in Satsuma (now Kagoshima Prefecture). Other **unhappy** former samurai quit their **posts** and returned to Satsuma with Saigo. They **eventually** persuaded him to lead a **revolt** against the Tokyo government.

He led a rebellion that **lasted from** January 29 **to** September 24, 1877. Yamagata Aritomo, **architect** of the modern Japanese army, led the government forces against the rebel forces. It took the central government's forces more than half a year to **defeat** the Satsuma forces, **mobilizing** 65,000 men from its own **police force** and recruiting former samurai from other domains.

The Satsuma Rebellion **ended in** defeat for the rebels and Saigo committed suicide. The rebellion was the final major military challenge to the **centralization** of the Meiji government. But Saigo's **nationalist** dream of expansion would **be taken up by** a younger generation. (227)

西南戦争

　薩摩の西郷隆盛は、1868年に天皇**主権**を復活させた軍隊**を率いた英雄**である。岩倉具視の**使節団**が西洋に向けて出発すると、西郷は日本に残って皇軍を指揮した。使節団が**海外**にいる頃、新政府は朝鮮を**征服する**ことを決定した。ところが新政府が**行動を起こす**前に、岩倉具視をはじめとする使節団が戻ってきた。彼らは西洋諸国をめぐり**より見聞を広める**体験をして、海外進出を始める前に日本がすべきことを**実感していた**。朝鮮侵略の計画は棚上げとなった。

　一方、西郷隆盛は新政府を辞して彼の故郷の薩摩に戻った（現在の鹿児島県）。彼以外の**不平を抱いた**士族も**職を辞し**、西郷とともに薩摩に戻った。彼らは**その後**東京の政府に対する**反乱**を率いるよう、西郷を説得した。

　西郷は1877年1月29日**から**9月24日**まで続いた**反乱を率いることとなった。近代的な日本軍の**制度設計者**だった山縣有朋は、政府軍を率いて反乱軍と戦った。新政府の**警察部隊**を**動員し**、薩摩以外の県から士族を徴兵した6万5,000人に及ぶ中央政府軍であっても薩摩軍を**打ち負かす**には半年以上を要した。

　西南戦争は反乱軍の敗北と、西郷の自害**という結末**に終わった。西南戦争は明治政府の**中央集権化**に対する最後の大きな武力反乱であった。しかし、西郷の**愛国主義的な**領土拡張の夢はその後、若い世代**に引き継がれていく**ことになる。

57 The campaign against Buddhism

Following the Meiji Restoration, there was a **backlash** against **Buddhism**. This was partly because Buddhism had **played a significant role** in supporting the Tokugawa shogunate. Buddhist temples **were involved in** registration of the common people. Some **priests** and temples **were accused of** corruption. In addition to this, Buddhism and Shinto had become closely intertwined. They were so **tied together** that almost every temple included a Shinto shrine. In most cases, the Buddhists had the advantage in these relations.

Restoration leaders worked with Shinto **intellectuals** to form the basis for the **independence** and **supremacy** of the **imperial house**. After the emperor was officially restored to **power**, some reformers **called for** a **separation** of the two religions, *shinbutsu bunri*. *Kokugaku* is thought to have provided the reasons for doing this. **National Learning scholars** promoted the importance of national deities and criticized Buddhism for denying the true **spirit** of the Japanese people.

Some **extremists** were angry at the power of Buddhist groups. Using the slogan *haibutsu kishaku*, "**eradicate** Buddhism," they destroyed temples and religious objects. When this **excessive** reaction to Buddhism **came to an end,** the two religions were completely separated. Even the deity Hachiman, who had **been transformed into** a Buddhist bodhisattva, reverted to being the Shinto God of War. (208)

Modern History (Meiji, Taisho, early Showa)

仏教弾圧

　明治維新**に続いて**、**仏教**に対する**反発**が見られた。これは1つには、仏教が徳川幕府を支える**重要な役割**を果たしてきたことによる。仏教の寺は一般の人々の戸籍管理**を担ってきていた**。僧侶や寺の中には、その**堕落ぶりが糾弾されていた**ものもあった。これらに加えて、仏教と神道が密接に絡み合っていたという事情もある。両者はあまりにも**密接に結びついていたため**、ほとんどすべての寺には神道の神社があった。しかも多くの場合、このような関係においては、仏教者の方が優位な立場に置かれていたのだ。
　明治維新の指導者たちは皇室の**独立性**と**優位性**の基礎を作るにあたり、神道の**知識階級**に協力を仰いだ。天皇が正式に**権力**の座に復活を果たした後、改革者の中には神道と仏教の両宗教の**分離**、すなわち「**神仏分離**」を求めるものもいた。これに大義名分を与えたのが国学だと考えられている。**国学者たちは**、日本独自の神々の重要性を広め、仏教は日本人の真の**精神**を否定しているとして批判した。
　急進派の中には、仏教勢力が持つ権力に腹を立てる者もいた。彼らは「廃仏毀釈（仏**教を根絶せよ**）」というスローガンを唱えて、寺や仏教にまつわる事物を破壊した。仏教に対するこのような**度を過ぎた**反応が**収束した**とき、両宗教は完全に分離された。それまで仏教の八幡大菩薩**に姿を変えていた**八幡の神ですら、神道の戦の神へと姿を戻したのである。

---

1 registration（戸籍）登録→戸籍管理。寺は檀家制度を通じて担当する区域の全住民を把握する立場にあった。これは各藩や徳川幕府が年貢を確実に徴収するためだった　corruption 堕落　intertwined 絡み合った　so ... that ～ あまりに…なので～だ　include ... …を敷地内に持つ　Buddhists 仏教者たち→寺のこと　**2** work with ... to ～ ～するのに…と協力した。天皇家と神道が密接に結びついていたため　is thought to have ...ed …したと考えられている　reasons 理由づけ、大義名分　promote 広める、宣伝する　deity [díːəti] 神　**3** bodhisattva 菩薩。八幡の神は元々武運の神だったが、仏の後継者としての菩薩（観音菩薩など）としても扱われるようになっていた　revert to being ... …であるという本来の姿に戻った

58 Slogans for a New Era

The new leadership used several slogans to **express** their ideas. During the 1850s and early 1860s many leaders **called for** expelling foreigners (*joi*) to avoid **contamination from** foreign ideas. But by the end of the 1860s, the Meiji leaders were more open to the West, to both Western people and Western ideas and technologies. Some preferred *wakon yosai*, "Japanese spirit, Western knowledge," as a way to balance tradition with technology.

Promoting *bunmei kaika*, "**civilization** and **enlightenment**," the Meiji elite wanted to educate the common population about Western civilization. This included **everything from** personal appearance **to** sports **to** technology. The government promoted civilization and enlightenment in many ways. It used laws and **regulations**. It sent students abroad and **brought** foreign experts (*Oyatoi gaikokujin*) **to** Japan. It **commissioned** translations of Western **classics**. As an example of the regulations, in the *Sanpatsu datto rei*, the government made wearing of swords optional (*datto*) and eliminated topknots (*chonmage*) in 1871, **encouraging** shorter Western haircuts for men. Western clothing **became mandatory** for government **bureaucrats** a year later. The government also supported more substantive efforts, beginning with the Iwakura Mission. (183)

新しい時代に向けたスローガン

　新政府はその理念を**表現する**ためにいくつかのスローガンを用いた。1850年代から1860年代初めにかけて、多くの指導者たちは海外の思想**に汚染されること**を避けるために、「外国人排斥（攘夷）」**を求めていた**。しかし1860年代の終わり頃になると、明治時代の指導者たちはより西洋に対して、すなわち西洋人と西洋の思想や科学技術の両方に対して門戸を開くようになった。中には伝統と科学技術のバランスをとる方法の1つとして、「和魂洋才（日本の精神に西洋の知識）」を好む者もいた。

　文明開化（**文明**と**啓蒙**）を推し進めるために、明治時代のエリートたちは西洋文明に関する教育を一般庶民に施したいと考えた。これには、個人の身なり**から**スポーツ**から**科学技術**にいたるまでのあらゆるもの**が含まれる。明治政府は文明開化を多くの方法で推進していった。まず政府は法律や**規則**を用いた。学生たちを海外に派遣し、「お雇い外国人」と呼ばれる海外の専門家**を**日本**に連れてきた**。また政府は西洋**古典**の翻訳**を委託した**。規則の1つの例として、政府は1871年の「散髪脱刀令」で帯刀を選択制とし（脱刀）、ちょんまげを禁止して、男性には西洋風の短髪を**推奨した**。その1年後には、政府の**役人**には洋装が**義務づけられた**。政府はまた、岩倉使節団をはじめとする、より実質的な活動も支援した。

■1 the leadership 指導部→政府　expel ... …を追放する、排斥する　■2 educate 教育する　the common population 一般庶民(全体)　populationはそれに属する人々全員を集合的に指すことば　appearance 外見→見なり　eliminate 排斥する→禁止する　topknot 頭頂部の結び目→ちょんまげ　substantive (外見的なことだけではなく)中身のある　effort 活動

59 The Iwakura Mission

In an effort to gain superior Western technology, during the Tokugawa period, the bakufu as well as Satsuma and Choshu had sent students to study in Europe. The most important venture abroad, however, was the Iwakura Mission of 1871-1873.

Some of the most powerful figures in the new government — Iwakura Tomomi, Okubo Toshimichi, Kido Takayoshi and Ito Hirobumi — spent 22 months traveling in the United States and Europe. They observed a **wide range of** institutions and **practices**, including factories, schools and legislatures.

They returned to Japan **deeply impressed by** the economic power of **modern industry** and by the social power of **educated citizens**. They also returned with the impression that Western **superiority** in many **fields** was **relatively** new. Therefore, **rather than** focusing just on building military defenses, they believed that Japan should **modernize** first. Their combined experience motivated the introduction of Western institutions, such as universities, banks, post offices and **police forces**.

Overall, the Iwakura Mission **recognized** that the success of the nation would depend on education and unification. In order to establish **qualifications for** releasing Japan from the **unequal treaties**, they would have to modernize Japan. Japan would need to change its education, its **legal system** and its industry. It would also have to establish representational institutions to build **consensus**. (211)

岩倉使節団

　徳川時代、日本より優れた西洋の科学技術を手に入れ**ようとして**、幕府や薩摩藩・長州藩はヨーロッパに学生を留学させていた。しかしながら、最も重要な海外派遣事業は1871年から1873年にわたる岩倉使節団だった。

　明治新政府の中で最大の実力者であった岩倉具視、大久保利通、木戸孝允や伊藤博文は1年10か月の間、アメリカ合衆国およびヨーロッパを旅して回った。彼らは**多岐にわたる**制度や**慣習**を観察したが、その中には工場や学校、議会なども含まれていた。

　彼らは近代産業が持つ経済的な力や、**教育を受けた市民**が持つ社会的な力に**深く感銘を受けて**帰国した。彼らはまた、多くの**分野**における西洋の**優越性**は**比較的**新しいものだ、という印象を受けて帰国した。したがって、日本はただ軍事防衛力を築き上げることのみに心血を注ぐ**のではなく**、まず第一に**近代化をする**べきであると信じたのだ。彼ら全員の経験が、日本に大学や銀行や郵便局や**警察組織**といった西洋の制度を導入する原動力となった。

　総括すると、岩倉使節団は、日本の成功は教育と国家統一によって決まること**を認識したのだ**。日本を**不平等条約**の呪縛から解き放つ**ための資格**を整えるには、彼らが日本を近代化していく必要がある。日本はその教育制度、その**法制度**およびその産業を変えていく必要がある。そして、日本は**国民の総意**を築き上げるために、国民の代表による議会制度を構築する必要がある。彼らはそう考えたのだ。

タイトル mission 使節団、視察団　**1** superior（何かと比べて）より優れた　... as well as ～ …も～も　venture 先駆的な試み　abroad 海外への→海外派遣の　**2** powerful 権力を持った　figure 人物　institution 制度、組織　legislature 立法府、議会　**3** focus (just) on ... …（だけ）に夢中になる、（だけ）に心血を注ぐ　their combined ... 彼ら全員の…を合わせたもの(が)　motivate …の原動力となる　introduction of ... …を導入すること　**4** overall すべてをひっくるめて考えると、要するに　would これから先この段落のすべてのwouldは、岩倉使節団が認識した内容（「日本はこれから…することになる」）を示している。recognizeした内容の節中のwillが、時制の一致でwouldになったもの　depend on ... どれだけ…がうまくいくかによる　unification 日本全体が1つにまとまること、政治支配が日本の津々浦々に及ぶこと　release ... from ～ …を～から解放する　representational 国民の代表が集まる。representational institutionで「議会」

近代史(明治・大正・昭和初期の時代)　141

60 Ito Hirobumi charts a new course

The first **phase** of Meiji political change **occurred** during the 1870s. The *bakuhan* political structure **was dismantled** one element at a time. During the 1880s, a new structure **emerged**.

The Charter Oath of 1868 mentioned the **establishment** of deliberative **councils** to **publicly** discuss issues. But for a long period, no such **assemblies materialized**. Eventually, the new **leadership** had the emperor order the forming of a **Constitution** and the **holding** of **elections** for a Parliament in 1890. The **responsibility for** studying the government institutions of other countries in preparation for creating this Constitution was given to a **commission** headed by Ito Hirobumi.

In 1882 Ito traveled to Europe. He consulted with Japan's ministers to London and Berlin and with constitutional scholars in Germany. Upon returning to Japan, Ito **was determined to** protect the imperial institution.

First, Ito's commission **formalized** a division between the emperor and **commoners** by creating a new **peerage**, in 1884. A total of 507 former daimyo joined 137 **court nobles** to form a new peerage as *kazoku* (peers). This new system became **the House of Peers**, a buffer for the **monarchy**. Above this, and entirely separate, were those who were related to the emperor by blood.

To prevent the emperor from **assuming** public responsibility for government, in 1885 a new **cabinet** system was announced. This system protected the emperor from the **realm** of politics through the **bureaucracy** of the Imperial Household. The political activity **was delegated to** an appointed **prime minister** and various ministries under him. Ito himself became the first prime minister in that same year. (259)

伊藤博文が開いた新しい日本の針路

　明治時代の政治的な変化の第一**段階**は1870年代に**起こった**。政治に関する幕藩体制はひとつひとつ**廃止されていった**。1880年代には新しい体制が**出現した**。

　1868年の**五箇条の御誓文**には、**公の場**で諸問題を話し合う「審議を行うための**評議会**」の**設立**が言及されていた。しかし、長い間そのような**議会は具現化**していなかった。その後、新**政府**は天皇から**憲法**の制定と、国会議員を選ぶ1890年の**選挙**の**開催**の勅命を受けた。この憲法を作る準備のために、他国政府の制度を研究**する責務**が伊藤博文率いる**委員会**に託された。

　1882年、伊藤はヨーロッパに外遊した。彼はロンドンやベルリン在住の日本公使やドイツの憲法学者たちの意見を聞いた。日本に帰るとすぐに、伊藤は天皇中心の制度を守る**決意を固めた**。

　まず伊藤の委員会は、1884年に新しく**貴族階級**を創設して天皇と**一般人**の間に置かれる階級を**公式に定めた**。総勢507人の元大名たちと137人の**公家**が合わさって、華族と呼ばれる新しい階級を形成した。この新制度は**君主制**における緩衝材の役割を果たす「**貴族院**」の制度となった。この上の階級として、貴族階級とはまったく別のものとして、天皇と血縁関係で結ばれた人々がいた。

　天皇が政府の公的な責務を**担う**ことを避けるため、1885年には新しい**内閣**の制度が発表された。この制度は宮内省という**官僚組織**を通じて、天皇を政治の**領域**から守った。政治的な役割は天皇の任命を受けた**内閣総理大臣**や、その下の様々な省に**託された**。伊藤博文自身は、同年に初代内閣総理大臣に就任している。

タイトル chart 針路を示す、計画する。名詞のchartは「海図」　**1** one element at a time 一度に一要素ずつ→1つ1つ　**2** deliberative 審議を行うための　have ... order 〜 …に〜を命令してもらう。haveはいわゆる「使役」を表す。天皇の勅令によって物事が動いた　parliament 議会、国会　in preparation for ... …の準備のために　**3** consult with ... …に相談する、…の意見を聞く　minister to ... …に派遣した公使。ministerは「大臣」や「牧師」の意味もあるがここは「公使」　(up)on ...ing …するとすぐに　**4** division ある区分→身分、階級　to form ... その結果…を形成した　buffer あまりに大きな格差を埋めるもの、クッション　were related to ... by blood …と血がつながっている、…の血縁の　**5** the Imperial Household 宮内省。現在の宮内庁にあたるがより大きな権限を持っていた　appointed 任命された　ministry （政府機関としての）省

61 The People's Rights Movement

The elite debated who would participate in the new government and the **elected** assemblies. **Meanwhile**, commoners were not passively waiting for someone to **respond to** their **immediate** needs. In the 1880s local groups **throughout** the country began trying to gain a **voice** in politics. These **independent** groups **are referred to as** the People's Rights Movement (*jiyu minken undo*). Among the more important was a **revolt** of between 5,000 and 10,000 middle and **lower-ranking** farmers in Saitama Prefecture.

In **the Chichibu Incident**, these farmers **rose up in protest over** problems they faced **in the countryside**. Suffering under new legal and tax structures, these farmers protested **with hopes of** some alleviation of their **circumstances**. They **briefly** succeeded with hunting rifles, **bamboo spears** and wooden **cannon** in **holding off** local **militias**. But in the end, they **were no match for** government troops. Four thousand **were rounded up** and seven leaders **were executed**. No **help** came for their burdensome debts and taxation.

The People's Rights Movement **was not limited to** the poor and indebted. **Former samurai**, people of medium income, merchants and others who hoped for a new political **order** that might **respond to** their needs formed **political parties**.

Okuma Shigenobu (1838-1922) and Itagaki Taisuke (1837-1919) formed two of the earlier and more **significant** parties. All of these parties were at least **partially** interested in one thing. They wanted to **participate in** national and local **decision-making**. In practical terms, this meant they believed that a constitution and some form of system of representation were necessary. (251)

自由民権運動

　明治政府のエリートたちは、誰が新政府や**民選議会**に参加するのかを議論していた。一方、一般人たちは自分たちの**切迫した要望**に誰かが**対応してくれる**まで、手をこまねいて待っていたわけではなかった。1880年代、日本**中**の地元のグループが政治の中で**発言権**を得ようとしはじめた。こうした**個々**のグループは「自由民権運動」**と呼ばれて**いる。中でも大きな影響があったものは、埼玉県の中・**下層**に属する5,000人から1万人もの農民の**反乱**だった。

　この秩父事件と呼ばれる事件の中で、これらの農民たちは、**地方**で彼らが直面していた問題**に対して抗議のために立ち上がった**のだ。新しい法律・課税の制度の下で苦しんでいたこれらの農民たちは、**状況**が少しでも軽減されること**を願って**抗議運動に参加した。彼らは猟銃や**竹やり**、そして木製の**大砲**で、地元の**在郷軍の攻撃**を**阻止する**ことに**短期間は**成功した。しかし最終的には、彼らは政府軍**には太刀打ち**ができなかった。4,000人が**逮捕され**、7人の首謀者たちが**処刑された**。負債や課税の重圧に**救いの手**が伸びることはなかった。

　自由民権運動は貧困者や借金を抱える者**に限られたものではなかった**。自らの要求に**応えてくれる**かもしれないと、新しい政治**秩序**を期待していた**士族**や中産階級、商人なども**政党**を結成していった。

　大隈重信（1838-1922）と板垣退助（1837-1919）は、初期の頃のより**重要な**2つの政党を作った人物である。これらの政党のいずれもが、少なくともある1つのことに**多少は**興味があった。彼らは国政、あるいは地方政治の**意思決定に参加する**ことを目指したのだ。より現実的な言い方をすると、これはすなわち彼らが何らかの憲法、あるいは何らかの形の国民の代表による議会制度が必要だと信じていたということになる。

---

1 not passively … 受動的に「手をこまねいて」…していたわけではなかった **2** alleviation 軽減、負担を軽くすること　with … …を使って。succeed in …ing「…することに成功する」という表現の中に入り込んでいる　burdensome 重圧となっている　debt [dét] 負債、借金　**3** the poor and indebted 貧困者や借金を抱える者。the +形容詞（または過去分詞）は「その性質を持った人々」　… of medium income 中くらいの収入の… **4** in practical terms 現実的[具体的]な言葉を用いれば

近代史(明治・大正・昭和初期の時代)　145

62 Constitution 1889

The draft constitution **submitted by** the Ito commission **was made official** by imperial promulgation on February 11, 1889. That day became National Foundation Day (*kenkoku kinen no hi*). The new Constitution took the **imperial institution** as the foundation of government, but it gave **decision-making power** to a newly established National Diet (*kokkai*).

The first **national election** under the Meiji Constitution was carried out in July 1890. In order to prevent the government from **fall**ing **into the hands of** radicals, **the Election Law** limited the **right to vote** to **males** who paid a direct national tax of more than 15 yen. Land taxes in that year provided 60 % of government **revenues**. This meant that those who owned land would be strongly represented within the **electorate**. Eligible voters numbered some 450,000 males, **out of** a total population of roughly 40,000,000 men and women.

Most of the **candidates** echoed the long-standing popular demands for maintaining national **dignity** and objections to treaty reforms. Over the next two decades, Japan gained recognition and **equal status with** other nations in trade and **diplomacy**. In 1905 the British **representation** in Tokyo became a full-fledged **embassy**, and other **major powers** quickly **followed suit**. By the end of the Meiji period, Japan's international status was **firmly established**. (209)

大日本帝国憲法（明治憲法）

　伊藤博文の委員会によって提出された憲法草案は、1889年2月11日の詔勅によって制定された。その日は「建国記念の日」となっている。新しい憲法は天皇制を政治の基礎に据えていたが、意思決定権は新しく設立された「国会」に与えられた。

　明治憲法の下での最初の国政選挙は1890年7月に行われた。政府が急進派の手に落ちることを防ぐために、（衆議院議員）選挙法では投票権を、直接国税を15円以上収めている男子に制限している。その年の土地税は政府の歳入の60％をまかなっていた。このことは、土地を所有していた者の意見が、その選挙区の中で強く反映されることを意味していた。男女合わせておよそ4,000万人の日本の総人口の中で、有権者の数は約45万人の男性であった。

　候補者の大部分が、長い間国民から要望として出されていた国家の威信を保つことや、条約改正への反対を選挙運動で唱えた。それからの20年間、日本は貿易や外交面において認知されるようになり、他の国々と平等な立場を獲得していく。1905年、東京の英国代表部は正式な大使館となり、他の列強もすぐにそれに続いた。明治時代の終わり頃までに、日本の国際的な地位は確固たるものとなっていった。

---

1 draft constitution 下書きの憲法→憲法草案　imperial promulgation 天皇による発布→詔勅　foundation 設立、建国　take ... as the foundation of ～ …が～の基礎であると考える　(National) Diet 国会　**2** the Meiji Constitution「明治憲法」は通称で、正式にはConstitution of the (Great) Empire of Japan「大日本帝国憲法」という　carry out 実施する　radical 急進派、過激派。天皇制を覆すような極端な「民主主義者」なども含む　limit ... to ～ …を～に限る　direct national tax 直接国税。消費税などのいわゆる「間接税」に対して、収入などに応じて直接徴収される税金　be represented provide 提供する、まかなう　選ばれた代表（議員）の意見に反映される　eligible voter 資格のある投票者→有権者　number ... 数が…にのぼる　**3** echo（選挙戦の中で）繰り返し唱える　long-standing 長年続いていた→長年出されていた　popular 国民からの　objection to treaty reforms（鹿鳴館での舞踏会開催など）諸外国に媚びてまで条約を改正しようとする動きに対する反対　over ... …にわたって　recognition 認められること、一目置かれること　full-fledged 正式な地位を持った、一人前の。1つ下のランクの「領事館」などではないことを意味している

63 The Sino-Japanese War

After the Meiji Restoration, Japan and China began arguing **over** their **respective** interests in Korea. Korea had been a tributary state of China **for centuries**. However, in 1876 a Japanese **naval expedition** brought Korea to accept the Kanghwa Treaty. This treaty treated Korea as **independent of** China. Therefore Korea and Japan could trade freely with one another, **without consideration of** China's interests. China and Japan **made an agreement** in 1885. If troops from abroad were **ever** needed in Korea, Chinese or Japanese troops could be sent in *after notifying the other country.*

For two decades there was a standoff between China and Japan. But in 1894 the **murder** of a Korean in Shanghai and an **uprising** of **peasants** in Korea brought both Chinese and Japanese troops into the **peninsula**. Fighting between the two nations began almost immediately. The Japanese drove the Chinese out of Korea **entirely**. They also moved into **Manchuria** and were in a position to threaten **Beijing**. In a short period of time, the Chinese **were defeated** and called for peace. Peace was concluded on April 17, 1895, in the Shimonoseki Treaty. The treaty gave an **indemnity** to Japan, ended China's claims to control over Korea, and gave various lands to Japan, including Formosa (Taiwan). Taiwan remained a **colony** of Japan from 1895 to 1945, making Japan the world's first non-Western colonial power.

The war showed that Japan now had a fully modern military capable of fighting a modern war. It also showed that Japan had a serious interest in the peninsula and the lands **leading to** Manchuria. (258)

日清戦争

明治維新以後、日本と中国は、朝鮮での**それぞれの**権益**をめぐって**対立を始めた。朝鮮はそれまで**何世紀にもわたって**中国の属国だった。ところが、1876年、日本**海軍の遠征**により、朝鮮は日朝修好条規（江華条約）を受け入れることとなった。この条約は朝鮮を中国**から独立した**国として扱っていた。それゆえ、朝鮮と日本は中国の国益**に配慮せずに**互いに自由に貿易をすることができた。一方、中国と日本は1885年に**協定を結んでいた**（天津条約）。もし**万が一**外国からの援軍が朝鮮で必要となった場合は、中国または日本のどちらかの国が「もう一方の国に通知した後に」派遣することができるというものだった。

20年間にわたって、中国と日本の間でにらみ合いが続いていた。しかし1894年、上海での朝鮮人の**殺害**と朝鮮での**農民**の**蜂起**によって、日中両軍が朝鮮**半島**に派遣された。両国間の戦闘はまたたく間に開始された。日本軍は中国軍を**完全に**朝鮮から追い払った。日本軍はまた**満州**に進軍し、**北京**を脅かすような位置にいた。短期間で中国は**敗北**し、和平を求めた。1895年4月17日、下関条約において講和が結ばれた。この条約によって日本は**賠償金**を得、中国の朝鮮支配権に終止符が打たれ、台湾を含む様々な中国領が日本に割譲された。台湾は1895年から1945年まで日本の**植民地**となり、これによって日本は世界最初の西欧諸国以外での植民地支配国となった。

この戦争により、日本がすでに近代的な戦争を行う能力のある、完全に近代的な軍隊を保有する国であることが明らかになった。また日清戦争によって、日本が朝鮮半島、そして満州**につながる**領土を本気で狙っていることも明らかとなった。

---

1 interest 権益、利権　tributary state 属国、朝貢国　... bring ~ to == …の行為が~に==させる　Kanghwa Treaty Kanghwaは条約が結ばれた場所である朝鮮の地名で「江華（島）」。条約正文では「修好条規」とあるのみだが、通例日本では「日朝修好条規」と呼ばれる　**2** standoff こう着状態、にらみ合い　bring ... into ~ …を~に連れてくる→…が~に派遣される事態を作る　drive ... out of ~ …を~から追い払う　threaten ... …を脅かす、（軍隊などが）…に迫る　peace 和平、講和　conclude 締結する　claim(s) 権利　Formosa 台湾の雅称（詩的に美しく言った別名）。Great Britain をAlbion, (the United States of) AmericaをColumbiaと呼ぶのと同様の名称　remain ... ずっと…であり続ける　make ... (=Japan) ~ …を~にする　colonial 植民地を持つ　power 強国、列強　**3** capable of ...ing …する能力のある

近代史(明治・大正・昭和初期の時代)

64 The Russo-Japanese War

Japan's victory in the first Sino-Japanese War was followed by another **struggle** for **influence** in northeast Asia. The next struggle was with Russia. The Japanese expected to gain at least some of the **territories** it **had conquered** during the fighting. But in the **Triple Intervention** (Russia, Germany and France), Japan **was forced to** return Manchuria's Liaodong Peninsula. Then Russia gained control over the peninsula. **Tensions** increased and the Japanese **launched a surprise attack on** the Russian fleet at Port Arthur on February 8, 1904. **Commander** Togo Heihachiro **bottled up** the Russian fleet in Port Arthur. He destroyed it **one ship at a time**.

The battles then began **on land**. Port Arthur was the **heavily protected** main **base** for Russia's **Far East** navy. On January 1, 1905, after six months of fighting and 56,000 Japanese **casualties**, the Japanese army took the city. The casualties were heavy again in Japan's defeat of Russian troops at Mukden. Japan was winning, but its resources were seriously depleted. How much longer the Japanese could fight became questionable.

The fighting once again returned to the sea. On May 27, 1905, Russia's **Baltic fleet** reached **Tsushima Strait on its way to** Vladivostok. Admiral Togo attacked the fleet. With inferior numbers, Togo used **tactical** strength and the discipline of his sailors to defeat the Russians at **what became known as** the Battle of Tsushima. (226)

日露戦争

　日清戦争での日本の勝利後、アジア北東部での**影響力**をめぐる新たな**抗争**が起きた。次なる抗争の相手はロシアだった。日本は少なくとも、日清戦争中に**征服した領地**の一部を自国領とすることを期待した。しかし、(ロシア・ドイツおよびフランスによる)三国干渉によって、日本は満州の遼東半島を**返還することを余儀なくされた**。その後、遼東半島の支配権を握ったのはロシアだった。日露の間に**緊張**が高まり、日本は1904年2月8日、旅順にいたロシアの艦隊に**奇襲攻撃**を仕掛けた。東郷平八郎**司令官**は旅順のロシア艦隊**を封じ込めた**。そして彼はロシア艦隊を**1隻ずつ壊滅**させていった。

　その後戦闘は**陸上**でも始まった。旅順は**重装備で守られた**ロシアの**極東海軍の主要基地**だった。1905年1月1日、6か月にも及ぶ戦闘と5万6,000人の日本側の**犠牲者**を出した後、日本軍は旅順を占領した。日本が奉天でロシア軍を破った際も、犠牲者が多数発生した。日本は優勢だったが、資源が深刻な不足をきたしていた。日本軍があとどれだけ戦闘を続けられるかは疑問だった。

　戦闘は再び海上に戻った。1905年5月27日、ロシアの**バルチック艦隊**はウラジオストック**に向かう途中で対馬海峡**に達していた。東郷提督はバルチック艦隊を攻撃した。数では劣勢だったものの、東郷大将は**戦術的な強み**と統制のとれた海軍兵たちを駆使し、対馬沖海戦(日本海海戦)**として知られるようになった**戦いで、ロシア軍を討ち負かした。

---

1 the first Sino-Japanese War 日清戦争。Sino-は「中国(と)の」を表す接頭辞。この後1912年に清朝が倒れ、日本は1937年に再び中国と戦争(日中戦争)を起こすため、英語では日清戦争が「第一次日中戦争」と表記される　Liaodong Peninsula 遼東半島。主要都市として大連を擁する　fleet 艦隊　Port Arthur 中国の旧都市、旅順の英語名。旅順は1951年、大連と合併し旅大市となったが、1981年に旅順を含んだまま大連市に再改名して今に至っている　**2** take 奪い取る→占領する　heavy 多数に及ぶ、甚大な　Mukden 奉天(現在の瀋陽)の満州語および英語の名称　winning 優勢の、勝利を目前にした　depleted 欠乏して、不足して　how much longer ... あとどのくらい…かは　**3** admiral 海軍大将、提督　inferior 劣勢の　discipline よく統率のとれた状態

65 The Portsmouth Treaty

Despite its victories, Japan decided to negotiate peace. The talks were held in Portsmouth, New Hampshire, with President Theodore Roosevelt as the **mediator**. The Portsmouth Treaty gave Japan the leases to Port Arthur and the Liaodong Peninsula, as well as the southern half of Sakhalin Island. It also gave recognition to Japan's **interests** in Korea. All foreign troops **were to be** withdrawn from Manchuria. The only exception allowed was the Japanese troops guarding the railroad that became the South Manchurian Railway. This last **condition** would become highly **significant** several decades later.

There was one highly significant omission from the treaty. It did not provide for an **indemnity**. Japan would not receive money **in compensation for** granting peace to Russia. The Japanese **public** took to the streets **in outrage**. The Japanese government had not told them just how critical Japan's situation had been. It was hard for the people to understand why Japan had not received the expected compensation from Russia. The government's decision not to tell the public what was actually happening would be repeated in years to come.

Domestic **unrest** resulted from the Portsmouth Treaty, but there was pride in having defeated a Western **power**. It was now **evident** that Japan was one of the **top powers** in the world. Japanese influence in Asia was now stronger **than ever**. Its only rival in East Asia now was the United States. (231)

ポーツマス条約

　日露戦争に勝利したにもかかわらず、日本は和平交渉の道を選んだ。交渉は米国ニューハンプシャー州のポーツマスで、セオドア・ルーズベルト大統領を**仲介役**として行われた。ポーツマス条約によって、日本は旅順と遼東半島の租借権、およびサハリン（樺太）の南半分を手に入れた。同条約はまた、韓国における日本の**権益**を認めた。すべての外国の軍隊は、満州から撤退**することとなった**。ただし南満州鉄道となった鉄道の日本軍の警備隊は、唯一の例外として残された。この最後の**条件**は数十年後、非常に**重要な意味を持つ**こととなる。

　この条約には１つの非常に重要な欠落があった。同条約は**賠償金**に関する規定がなかったのである。結果、日本はロシアに和平を与えることの**埋め合わせとして**、金銭を受け取ることがなかった。日本の**国民**はこのことに**憤慨し**、街頭デモを行った。日本政府は国民に、どれほど日本の状況がひっ迫していたかを伝えていなかった。なぜ日本がロシアから期待された賠償を受け取らなかったのか、国民はなかなか理解できなかったのである。現実に何が起こっているかを国民に伝えない、という政府の決断は、何年か後にも再び繰り返されることになる。

　ポーツマス条約は国内に**情勢不安**を引き起こしたが、西洋の**強国**を打ち負かしたという誇りは生まれた。日露戦争によって、日本が世界の**列強**の仲間入りをしたことはもはや**明らか**となった。アジアにおける日本の影響力は、**かつてないほど**強くなった。これで東アジアにおける唯一のライバルはアメリカだけとなった。

---

1 negotiate peace 和平交渉をする。戦勝国は交渉せず一方的に要求を突き付けたり占領したりすることもできた　give ... (= Japan) 〜　日本に〜 (=租借権と南サハリン)を与える　lease to ... …の租借権(支配地として有期限で他国の領地を借りる権利)　Sakhalin Island サハリン(島)。いわゆる樺太　recognition to ... …を認めること　withdraw [-withdrew-withdrawn] 撤退させる　the only exception (that was) allowed 許された唯一の例外(は)　the South Manchurian Railway　南満州鉄道。ロシアの東清鉄道の一部(遼東半島の支線部分など)が日本に譲渡された　**2** omission from ... …から省かれた点、…からの欠落点　provide for ... …を規定する　take to the streets (抗議の)街頭デモを行う　critical ひっ迫して。日本がぎりぎりの状態で勝利したことを指す　in years to come 来たるべき数年後に→何年か後に。太平洋戦争当時の戦況など、日本政府は国民に真実を伝えないことがしばしばあった　**3** domestic 国内の

66 Annexation of Korea

Following Japanese victory against the Chinese in 1895, Japanese trade with **the Korean Peninsula** increased. So did Japanese **involvement** in the political situation there. Before the **declaration** of war with Russia, Japan **rushed** troops to Korea. Japan managed to get the Korean government to agree to a "**protocol**." This allowed the Japanese to **launch operations** against Russia on Korean soil. **In return**, Japan promised to guarantee the independence and territorial integrity of Korea. By 1905, Japan made Korea a **protectorate**. Japan exercised full control over Korea's relations with the rest of the world.

The first **Resident General** that Japan sent to Korea in December 1905 was Ito Hirobumi. It became his last career assignment. He arrived with control over the military as well as the civilian government. Ito was unable to **apply** the methods he had used in establishing the Meiji government to the **strengthening** of the Korean government. **In the face of** serious Korean resistance, he **resigned this post** in the summer of 1909. In autumn of that year, Ito **was assassinated** by a young Korean who had formed a guerrilla group to **fight for** Korean independence.

In August 1910, a **cabinet** of Korean collaborators quietly **signed a treaty** that allowed Japan to completely **annex** Korea. The signing **was not made known** for a week, in order to give Japan **sufficient** time to prepare for the Korean public's **anticipated** protests. (231)

Modern History (Meiji, Taisho, early Showa)

日韓併合

　1895年の日清戦争での日本の勝利の後、日本の**朝鮮半島**との貿易は増加していった。同時に、朝鮮半島の政治情勢に対する日本の**関与**も増していった。ロシアとの開戦が**宣言**される前に、日本は韓国に**急きょ軍隊を送り込んだ**。日本は何とか韓国政府をある「**議定書**」に同意させることができた。この文書によって、日本は韓国領内でロシアに対して**軍事行動を開始する**ことが可能になったのだ。**その見返りとして**、日本は韓国の独立と領土保全を保障することを約束した。ところが1905年、日本は韓国を**保護国**とした。日本は、韓国の対外関係を完全に支配するようになった。

　日本が1905年12月に韓国に送った初代**統監**は、伊藤博文だった。それは彼が任命された最後の官職となった。彼は文民政府の支配権のみならず、軍隊の支配権もたずさえて着任した。伊藤博文は、彼が明治政府の設立に用いた手法を韓国政府の**強化**に適用することができなかった。韓国民の激しい抵抗**を受け**、伊藤博文は1909年夏に**統監職を辞任している**。同年秋、伊藤博文は、韓国の独立**を勝ち取る**ことを目指したゲリラグループを組織した若い韓国人によって**暗殺された**。

　1910年8月、日本に協力的な韓国の**内閣**は、日本が完全に韓国を**併合する**ことを認める**条約**にひそかに**調印した**。**予想された**韓国民の抗議に備える**十分な**時間を日本に与えるために、調印の事実は1週間**公表されなかった**。

---

1 So did ... …もまた同様だった。cf. I'm hungry. ― So am I. おなかがすいたよ。― 僕もだよ　manage to ... かろうじて…する　get ... to ~ …に~させる　allow ... to ~ …が~することを可能にする　soil 土地→領土　integrity （割譲・分割などされずに）元の完全な状態で保全されること　make ... ~ …を~にする　exercise 行使する　control over ... …の支配権　the rest of the world 世界の残りの（自分以外の）国々→諸外国　**2** career assignment 職の割り当て　civilian 文民による、非軍事の　**3** collaborator 協力者（からなる）、内通者（の）

67 The High Treason Incident

Kotoku Shusui helped form Japan's first **socialist** party, the Socialist People's Party (*Shakai Minshuto*), in 1901. It **was banned** by the government within two days. He also published an attack on **imperialism**. With other **socialists**, he published the *Heimin Shimbun*, The Commoners' Press. In it he published the first Japanese **translation** of Karl Marx's *Communist Manifesto*. Kotoku Shusui **is best remembered for** being involved in the High Treason Incident of 1910. It was an **anarchist** plot to **assassinate** the emperor.

Kotoku **was accused of** being the leader of a nationwide group of **left-wing** activists and sympathizers in a **conspiracy** against the throne. According to one of the 26 who were arrested, the myth of the emperor was the main **obstacle** to the spread of **socialism** in Japan. Therefore, the best way to destroy the myth was to **hurl** a bomb at the imperial **carriage** to kill the emperor. Although there was **evidence** that Kotoku **withdrew from** the conspiracy in 1909, the government determined that he was at the center of the plot. In a **secret trial**, Kotoku and 11 **co-conspirators** were found guilty of treason and executed in 1911.

The **impact** of this trial on Japanese leaders in and outside of government was **enormous**. The **case** involved not just political action but also the freedom of ideas. The **open** intellectual **environment** of the early years of the Meiji period **came to an end** with the execution of Kotoku Shusui. **Censorship** and government control over ideas was **on the increase**. (249)

大逆事件

　幸徳秋水は、日本で初めての**社会主義**政党である「社会民主党」が1901年に結党するのに**尽力した**。ところが同党は、2日とたたずに政府に活動を**禁止された**。彼はまた**帝国主義**を攻撃する文章も世に出した。他の**社会主義者**と共同で、彼は『平民新聞』を発行した。その中で彼は、カール・マルクスの『共産党宣言』の日本初の**翻訳**を掲載した。幸徳秋水は1910年の大逆事件に**かかわったこと**で**最も人々の記憶に残っている**。同事件は、天皇を**暗殺し**ようとした**無政府主義者**の**陰謀**だったとされている。

　幸徳秋水は、天皇制打倒を**共謀した左翼**の活動家や共鳴者による全国的なグループの首謀者であったこと**で罪に問われた**。逮捕された26人の中の1人によると、天皇神話は日本における**社会主義**の普及にとって一番の**障害**だったという。したがって、その神話を破壊する最善の方法は、天皇の乗った**馬車**に爆弾を**投げつけて**天皇を殺害することだったという。幸徳秋水は1909年に共謀**から手を引いた**とする**証拠**があったにもかかわらず、政府は彼が陰謀の中心にいたと断定した。**非公開裁判**によって、幸徳秋水と11人の**共謀者**は反逆罪の判決を受け、1911年に処刑された。

　この裁判が政府内外の日本の指導者たちに与えた**衝撃**は**計り知れない**ものだった。この**事件**には、政治的な行動だけでなく思想の自由も関係している。明治時代初期の頃の**開放的な**知的**環境**は、幸徳秋水の処刑をもって**終わりを告げた**。**検閲**と政府による思想統制が**増し**ていった。

タイトル　high treason　大逆(罪)。treason（反逆）が国家などの転覆をはかる行為で、high treasonはその中でも君主などの殺害・廃位などをはかる大罪を指し、通常は死刑に値する　**1** help + ...（=原形動詞）…することに尽力する　be involved in ...　…に関与する　plot 陰謀　**2** sympathizer（実際の行動には加わらない）同調者。かつては「シンパ」と呼ばれていた　throne 皇位(をもつ者)→天皇、君主　myth 神話。「天皇神話」とは、天皇が神の子孫であるとする説のこと　were found ...　…であると(裁判で)認められた→…だとする司法判断[判決]が出た　guilty of ...　…の罪がある、…で有罪だ　**3** ... involve 〜　…には〜が関係している　not just ... but also 〜　…だけではなく〜も。just = only　control over ...　…に対する統制

近代史（明治・大正・昭和初期の時代）

68 The Road to War

Great Britain and Japan formed the Anglo-Japanese Alliance of 1902 for several reasons. First, they both had major navies. Second, they were both interested in using their powers in China. Third, they were both worried about Russian influence in the region. The alliance also pledged both nations to act together if Russia joined any country in actions against Great Britain or Japan.

In the beginning, Great Britain was happy to not have to spend money to **support** its own navy in Asia. But by the 1910s, it appeared that Japan was using the treaty to expand its own influence in Asia. In fact, **acting in the spirit of** the alliance, on August 15, 1914, Japan issued an **ultimatum** to Germany. It demanded that Germany **turn over** its **lease** in China's **Shandong Peninsula** to Japan for eventual return to China. Germany did not do this, so Japan sent 60,000 troops into the peninsula. The Japanese easily **expelled** the Germans. From that point until 1922, Japan controlled **former** German **mining**, industrial and commercial **operations** in the region.

The **Allied Powers** asked Japan to send Japanese troops to the European **battlefields**. However, Japan limited its military **involvement** to protecting convoys of **Allied merchant ships**. While the European countries were fighting in Europe, Japan **took advantage of** the opportunity to expand its Asian markets. It also extended its influence in China, Siberia and the Pacific islands. Japan became a major **exporter** of **manufactured goods** and **war materials**, transforming the country into a heavy-industrial power. (250)

戦争への道

　イギリスと日本はいくつかの理由により、1902年に日英同盟を結成した。第一に、両国とも大規模な海軍を保有していた。第二に、両国とも自らの力を中国で行使することに興味を持っていた。第三に、両国とも中国でのロシアの影響力に懸念を抱いていた。日英同盟はまた、もしロシアがどこかの国と結託してイギリスまたは日本に敵対する行動を取った場合、共同で事に当たることを互いの国に対して約束している。

　そもそもイギリスは、アジアにおいて自国の海軍を**維持する**ための資金を節約できることを喜ばしいと考えていた。しかし1910年代までには、日本が日英同盟を利用してアジアにおける自国の影響力を広げようとしている様子が見られた。実際に、1914年8月15日、日本は日英同盟の**精神にのっとって行動し**、ドイツに対して**最後通牒**(つうちょう)を突き付けた。その内容としては、最終的に中国に返還する条件の中国の**山東半島**の**租借権**を、日本に**譲渡する**よう日本はドイツに求めたのだ。ドイツはそれに従わなかったため、日本は6万の兵を山東半島に送り込んだ。日本は苦もなくドイツを山東半島から**追い出した**。その時点から1922年まで、日本は**元**ドイツのものだったその地域での**鉱業**や工業、商業などの**事業**を支配した。

　連合国側は日本に、日本軍をヨーロッパの**戦場**に送ることを要請した。しかし、日本は**連合国側の商船団**の護衛のみに限って軍事的な**関与**を行った。欧州諸国がヨーロッパで戦っている間、日本はその機会**を利用して**、アジアにおける日本の市場を拡大していった。日本はまた中国やシベリア、および太平洋の島々での自国の影響力を広げていった。日本は**工業製品**や**軍事物資**の主要な**輸出国**になり、強大な重工業国へと変容していった。

---

1 form 結成する→結ぶ　Anglo-Japanese Alliance 日英同盟。Anglo-は「イギリス(と)の」を指す接頭辞　the region (ここでは)中国を指す　pledge ... to ~ …に~することを約束する。相互に約束し合った形になる　act together 一緒に行動する→共同で事に当たる、協調行動を取る　**2** be happy to not have to ... …しなくてすむので幸いに思う　it appeared that ... …のように見受けられた　treaty 条約。日英同盟のこと　issue 出す　demand that ... (should) ~ …が~することを要求する。~ (ここではturn over)は原形動詞　for eventual return to ... 最終的に…に返す条件で　**3** limit ... to ~ …を~に限定する　convoy 船団　transform ... into ~ …を~に変容させる。ここは…がthe country (主語である日本自身)なので「変容した」　heavy-industrial 重工業の

69 Impact of the War

Particularly in relationship to China, during World War I, Japanese leaders thought it was a good opportunity to **strengthen** Japan's influence. Some of the **leases** that Japan held in Manchuria were scheduled to end in 1923. The **competing** European countries were busy fighting the war.

In January 1915, the Japanese submitted a list of 21 demands to the Chinese government. These demands included **recognition of** Japan's control in Shandong Province, new leases in **Inner Mongolia** and **renewal** of leases in Manchuria. They also included a demand that would make China a Japanese protectorate. This **latter** demand would include Japanese **advisers** in China's government **ministries** and require that China purchase **armaments** from Japan.

Except for the latter demand, the Chinese government granted the **remaining** demands in 1915. This incident created widespread **resentment** in China and increased worldwide **criticism of** Japan.

At home, Japanese **sentiment** seemed divided between a truly **internationalist** attitude, an ultranationalist attitude and a pan-Asian attitude. One group **called for** cooperation with Western nations and another called for joining with other Asian nations to free Asia from outside **domination**. **Over time**, the nationalists would join with the pan-Asian supporters against the Western powers. (194)

第一次世界大戦の影響

　第一次世界大戦中、日本の指導者たちは特に中国との関係において、第一次大戦が日本の影響力を**強める**よい機会であると考えた。満州で日本が保有していた**租借権**のいくつかは1923年に終わりを迎える。**競合する**ヨーロッパ諸国は第一次大戦の戦闘に手いっぱいだった。

　1915年1月、日本は21か条の要求が書かれたリストを中国政府に突き付けた（対華21か条要求）。要求の中には、山東省における日本の支配権**を認めること**、**内モンゴル**における新規租借権、および満州における租借権の**更新**が含まれていた。また要求には、中国を日本の保護国にするという条項も含まれていた。**後者の**要求には、中国政府の**省庁**に日本人**顧問**を置くことを含み、また中国が**武器**を日本から買うことも求めていた。

　後者の要求**を除き**、中国政府は**それ以外の**要求を1915年に認めた。この事件によって中国国内で日本に対する**憤り**が広まり、また世界中で日本**に対する批判**が高まった。

　日本国内では、国民**感情**は日本が真に**国際協調的な**態度を取るべきだとする意見、極端な国家主義、そして汎アジア的な態度に分かれたようだった。欧米諸国との協調を**求める**グループもあれば、外からの**支配**よりアジアを解放するために、日本が他のアジア諸国と手を組むことを求めるグループもいた。**次第に**、国家主義者たちが汎アジア主義の支持者たちと合流し、欧米の列強に敵対する機運が高まっていった。

---

1 World War I 第一次世界大戦。Iは'one'と読む　were scheduled to ... …する予定になっていた　be busy ...ing …するのに忙しい　**2** submit 提出する　Shandong Province （中国の）山東省。provinceは「（中国の）省」、「（カナダなどの）州」　make ... (=China) 〜 (=a Japanese protectorate) …を〜にする　protectorate 保護下に置かれた国。実態は植民地または属国のようなもの　would ... (もし要求がのまれたあかつきには) …することになる　require ... (should) 〜 …が〜することを要求する　**3** grant 認める、（要求などを）のむ　**4** ultranationalist 極端な国家主義の。nationalistは「国家主義の」。日本という国家が自国民および外の国々に対して統制・支配力を発揮すべきだとする考え方　pan-Asian アジア全体の共存共栄をはかるような。のちに「大東亜共栄圏」を旗印に、日本のアジア侵略の口実にも使われた　free ... from 〜 〜から…を解放する

70 Following the end of World War I

After the war, the **leading powers** gathered in Geneva in 1920 to form a **peacekeeping** organization called **the League of Nations**. The idea of the league was **appealing**, but to many Japanese, it was an organization which favored the West.

The Japanese public also **distrusted** the major treaties that came from the Washington Conference of 1921. In **the Four Power Treaty**, Great Britain, France, the United States and Japan agreed to respect each other's **interests** in northeast Asia. The agreement **served as** the basis for relations between Japan and Western nations until 1930 and the London Naval Conference. The Four Power Treaty recognized Japan as the major military power in East Asia. It prevented other members from building new **naval bases** in the western part of the Pacific Ocean. This guaranteed Japan naval **superiority** in its surrounding waters. **The Five Power Treaty** created a 5:5:3 ratio of capital ships for Great Britain, the United States and Japan.

The agreements signed at the Washington Conference confirmed Japan's cooperation with Western nations. They increased economic **ties** between Japan and the West. This helped Japan reduce **military spending** by providing **security**.

However, many Japanese became **unhappy with** the agreements. Japanese nationalists felt that Japan had given up too much. They **objected to** the **restrictive** 5:5:3 limit on capital ships. They believed that this **weakened** Japan's special interests in Asia. By the end of the 1920s, some Japanese advocated a **Japan-controlled** economic region including Manchuria, Mongolia and coastal China. (245)

Modern History (Meiji, Taisho, early Showa)

第一次世界大戦後の情勢

　第一次大戦後の1920年、**主要国**が**国際連盟**と呼ばれる**平和維持のための**組織を結成するために、ジュネーブに集まった。連盟の構想は**魅力的な**ものだったが、多くの日本人にとってそれは欧米に有利な組織に映った。

　日本の国民はまた、1921年のワシントン会議がきっかけで出された主要な条約にも**不信を抱いていた**。**四か国条約**においてイギリス、フランス、米国および日本は、北東アジアにおける互いの**権益**を尊重することに合意した。同条約は1930年、ロンドン海軍軍縮会議までの日本と欧米諸国間の関係の基本**としての役割を果たした**。四か国条約は、日本を東アジアにおける主要な軍事大国として認めていた。同条約は他の三国が、太平洋の西側において新規の**海軍基地**を建設することを禁じていた。このことによって、自国の周辺海域において日本海軍の**優位性**が保証されたのである。また**五か国条約**（ワシントン海軍軍縮条約）はイギリス、アメリカと日本の主力艦の保有比率を5：5：3と定めた。

　ワシントン会議で調印された合意事項は、日本が欧米諸国と協力する体制を固めることとなった。そうした条約は日本と欧米諸国の間の経済的な**結びつき**を強めた。このことはまた日本に**安全保障**を提供したため、日本が**軍事支出**を減らすことにも役立った。

　ところが、多くの日本人はこうした条約**に不満を抱く**ようになった。日本の国家主義者たちは、日本があまりにも譲歩しすぎたと感じていた。彼らは日本の**足かせとなるような**5：5：3の主力艦制限**に反対した**。彼らはこのことが、アジアにおける日本の特別な権益を**弱める**ことになったと考えたのだ。1920年代の終わり頃までに、日本人の中に満州、モンゴルそして中国沿岸部を含む、**日本が支配する**経済圏の樹立を唱える者が現れた。

---

1 Geneva [dʒiníːvə] ジュネーブ（スイス南西部の都市）　favor ... …をひいきする　**2** public 一般大衆、国民　the Washington Conference 米国のハーディング大統領の呼びかけで開かれた第一次大戦後の戦後処理・軍縮会議　the London Naval Conference ロンドン海軍（軍縮）会議。1930年、英国首相の提唱で開催。navalはnavyの形容詞　recognize ... as 〜 …を〜として認める　guarantee ... 〜 〜(=Japan)に〜を保証する　waters [複数形で]海域、水域　5:5:3 ratio [réiʃiòu] 5:5:3の比率。5:5:3はfive to five to threeと読む　capital 主力　**3** confirm ... …を確実にする、…の体制を固める　**4** give up (権利などを)放棄する、譲歩する　advocate 唱道する、主張する

近代史(明治・大正・昭和初期の時代)　163

71 Taisho Democracy

The period from 1905 through 1932 **is referred to as** "Taisho Democracy." Beginning in this period, **elected** officials formed **cabinets** run by members of **political parties**. The political pendulum **went back and forth** between government by the elites and government by elected representatives. Some preferred an **orthodox** form of leadership, in which **the prime minister** and his cabinet made the decisions. Others wanted **the House of Representatives** to play a significant role in the making of political decisions.

In 1918, when women in **fishing villages** began protesting the **shipment** of rice to the Osaka rice market, they **triggered** a national movement. Rice **riots**, **strikes** and **demonstrations broke out** in the cities, targeting the police and the rich. **Calls came for** install**ing** a political party cabinet, one responsive to the House of Representatives. The first effective **party-based** cabinet was formed later that year by Hara Takashi. Political parties had finally **gained recognition** as a **legitimate** element within national government.

A second major **step forward** in Taisho Democracy was the **expansion** of the electorate. Payment of tax was a necessary **condition** for gaining the **right to vote**. Therefore **rural** property owners **were represented** more widely than those who had moved to cities to work in the factories and companies. These **urban** workers were most likely to join demonstrations and **go on strike**. Finally, the government in 1925 **passed a law granting** universal manhood suffrage, a major development. A **feminist** movement, launched during this same period by Hiratsuka Raicho and Ichikawa Fusae, called for female suffrage as well. The **extension** of the vote to women would not be realized until 1945. (268)

大正デモクラシー

　1905年から1932年までの時代は「**大正デモクラシー**」**と呼ばれる**。この時代から、**選出議員たち**が**政党**員による**内閣**を組織するようになったのだ。政治の振り子は、限られた特権階級が動かす政府と、選挙で選ばれた代議士による政府の間を**行ったり来たりした**。国民の中には**総理大臣**と彼の内閣が決定権を持つ、**伝統的な**指導体制を好む者もいた。一方では、政治的な決定を下す際に**衆議院**が重要な役割を担うことを望む者もいた。

　1918年、**漁村**の女性たちが大阪の米市場に米を**送る**ことに抗議を始め、これが全国的な運動**の引き金となった**（1918年米騒動）。米をめぐる**暴動**や**ストライキ**や**デモ**が都市部で**勃発し**、警察や富裕層がその標的となった。衆議院の意見を反映するような、政党内閣の設置**を求める声が上がった**。そのような、初めての実際に**政党が基礎となる**内閣が、原敬によってその年のうちに組閣された。日本の政府の中で、政党がついに**正規の要素として認められるようになった**。

　大正デモクラシーにおける2つ目の大きな**前進**は有権者層の**拡大**だった。それまでは、税金を払っていることが**選挙権**を得るために必要な**条件**だった。そのため、工場や会社で働くために都市に移り住んだ人々よりも、**地方**の地主たちの方が広く**意見が通る**ことが多かった。こうした**都市**労働者たちはデモに参加したり、**ストライキを行ったり**することが多かった。ついに政府は1925年、男性の普通選挙権を**認める法律を可決したが**、これは大きな進歩であった（普通選挙法）。平塚雷鳥や市川房枝によって同時代に始められた**女性の権利拡大**運動は、女性にも参政権を与えるよう求めた。女性への選挙権の**拡大**は1945年まで実現しなかった（完全普通選挙）。

---

1 from ... through ～　…から～まで(の)　official 公務員。ここは(国会)議員　run (-ran-run) 運営する　pendulum 振り子。何か1つの方向性から別の方向性に行ったり来たりするものをたとえる言葉として使われる　elite 華族など、主に世襲や家柄による特権階級を指す　representative 代表者→代議士　play a ... role …な役割を果たす　**2** the rich 金持ち、富裕層。[the + 形容詞]は「その形容詞の性質を持った人々」　responsive to …の動きに呼応する、…の意見を反映する　effective ... 実際に…の　later that year その年のうちに。laterは「基準となる時より後に」なので元日からみて1月2日でもlater that yearである　**3** electorate 有権者(全体)、選挙母体　property 不動産、土地　universal manhood suffrage 男性の普通選挙権

72 The Great Kanto Earthquake

As fires were burning in **charcoal** and gas stoves at lunchtime on September 1, 1923, a major earthquake struck Tokyo and the surrounding region. **Wooden** buildings **collapsed**, stoves **fell over** and fires started in the crowded neighborhoods of the city. **Fanned by** strong winds, fire swept through the eastern part of the city for two full days.

Estimates of the victims and missing ranged from 100,000 to 200,000 and some 570,000 **residences** — **roughly** 75% of the city's total — were destroyed by either the **quake** itself or the **following** fires. The damage brought the city to a complete halt. (98)

関東大震災

　1923年9月1日、お昼時で**木炭**やガスコンロで火が燃えていたとき、大地震が東京とその周辺地域を襲った。**木造の建物**は**倒壊**し、コンロは**ひっくり返って**都市の人口密集地で火災が発生した。**強風にあおられ**、火は丸2日間をかけて東京の東部を焼き尽くした。

　犠牲者と行方不明者の数は推計で10万人とも20万人とも言われ、東京市全体の**およそ75%**にあたる約57万戸の**住居**が**地震**自体または**続いて起こった**火災のいずれかによって破壊された。地震の被害によって、東京は完全な麻痺状態に陥った。

---

1 stove コンロ。英語のstoveは「暖房器具」ではなく「調理器具」である　at lunchtime 発生時刻は昼の11時58分頃　strike (-struck-struck) 襲う　crowded 人口の密集した　neighborhood 地区　the city その都市＝東京。当時の東京は「東京都」ではなく「東京市」だった　sweep (-swept-swept) through ... …中をなめつくす　**2** estimate 推計　the victim and missing 犠牲者(=死者)と行方不明者。missingの前にもtheがかかっていると考える the missing = missing people　range from ... to 〜 …から〜の間に広がる。推計なので説により様々な数字が出されていることを表している　bring ... to a complete halt …を完全停止状態にする、…の機能を完全に麻痺させる。halt = stop

73 Rise of the Military

The first **attempt** by **right-wing** military **officers** to force the government to change occurred in March 1931. In the so-called **March Incident**, army officers and **leading** civilians were planning to attack **the Diet,** the **headquarters** of the political parties and the prime minister's residence. Their goal was to force the prime minister to resign and replace him with Ugaki Kazushige, the War Minister. The scheme to topple the government failed, but no one **was punished**.

On September 18, 1931, members of the Japanese military **carried out** an act that **brought about** the Japanese **occupation** of Manchuria. Japanese military officers set off an **explosion** which damaged the **tracks** of the South Manchurian Railway near **Mukden**. The Japanese **claimed** that it was caused by Chinese troops. In order to protect Japanese citizens and **property** in the region, they **occupied** Mukden. **Within days,** additional troops from Korea **poured into** Manchuria. They did so without the **permission** of the Japanese government. With this initiative the Japanese military stopped cooperating with the **bureaucrats** in Tokyo in determining foreign policy. From 1931 through 1945, the military and its supporters in government would determine Japanese policies.

There were two larger repercussions. First, international **opposition** to Japanese military moves in Asia increased. Second, the military was taking an increasingly stronger role in government, both on the continent and in Japan itself. With a major **assassination**, the military would **make a major step toward** ending government by political parties. (240)

168 Modern History (Meiji, Taisho, early Showa)

軍部の台頭

　右翼の軍将校が政府に変革を迫った最初の試みは、1931年3月に起こった。いわゆる三月事件の中で、陸軍将校と**指導的な**一般市民が**国会**や各政党の**本部**、そして首相官邸を襲撃しようと計画した。彼らの目的は総理大臣に辞任を迫り、彼の代わりに宇垣一成陸軍大臣を首相に据えることだった。政府を転覆しようとした企ては失敗に終わったが、誰も**処罰**されなかった。

　1931年9月18日、日本軍の一部が日本の満州**占領**を引き起こしたある行動を**実行した**。日本軍の将校が、**奉天**(ほうてん)近くの南満州鉄道の**線路**を破壊する**爆発**を起こしたのだ。日本側はそれが中国軍によって引き起こされたと**主張した**。その地域の日本の国民と**財産**を守るためと称し、日本側は奉天を**占領した**。**数日のうちに**、韓国から来た援軍が**大挙して満州になだれこんだ**。彼らは日本政府の**許可**なしに、それを実行したのである。これをきっかけに、日本軍は対外政策の決定において、東京の**官僚**に協力するのをやめた。1931年から1945年にかけて、軍部と政府内の軍協力者たちが、日本の政策を決定することになったのだ。

　これによって、事件自体よりも大きな2つの影響が生じた。第一に、日本軍のアジアでの行動に対する国際的な**反発**が増したこと。第二に、軍部が政府内で担う役割が、中国大陸でも日本国内でもますます強くなっていったことである。この後、1つの大きな**暗殺**事件をきっかけに、軍部は政党政治による政府を終わらせる動きに**大きな一歩を踏み出す**ことになる。

---

1 attempt (by ...) to ～　(…が)～しようとする試み　civilian　(おもに軍人に対して)一般市民、文民　residence　住居　resign　辞任する　replace ... with ～　…と～とを取り換える、…の替りに～を据える　the War Minister　当時軍関係の大臣は陸軍大臣・海軍大臣がいたが、宇垣は陸軍大臣だった　scheme　企て、計画　topple　転覆させる、失脚させる　**2** set off ...　…を引き起こす　additional　追加の　with this initiative　これを初めの一手として→これを端緒[きっかけ]として　supporter　協力者、同調者　would ...　…することになる　**3** repercussion　(予期せぬ)影響　the continent　ここは中国(大陸)を指す

近代史(明治・大正・昭和初期の時代)　169

74 February 26 Incident

A group of junior army officers decided to **take action** themselves. They were inspired by the samurai tradition that had led to the restoration of power to the emperor and by an **eagerness** to create a stronger, more **emperor-centered** nation. With the tacit support of several senior military officials and 1,400 troops, they attempted a **coup d'état** on February 26, 1936. They **captured** the Diet building, the War Ministry, Tokyo police headquarters and the prime minister's official residence. They assassinated the **finance minister**, Takahashi Korekiyo, and the brother-in-law of Prime Minister Okada Keisuke, who they mistook for the prime minister himself.

The incident was a major **crisis**. Military leaders urged **moderate** treatment of the **rebels**, but the Showa Emperor regarded the troops as **traitors** who should **be crushed**. On February 29, the army surrounded the rebels and **issued a demand**: surrender or be suppressed. Most of the troops surrendered. **Unlike** earlier instances of **unauthorized** military action, these officers were dealt with severely. Nineteen of the leaders **were sentenced to death** and others were sentenced to prison. The incident reined in some of the **right-wing** elements in the military. But it had the **ironical** effect of bringing the military even further into the government. The civilian government became even more aware of the fact that they depended on the military to maintain social **stability**. (223)

二・二六事件

　陸軍の青年将校の一団が自ら**行動**を起こす決断を下した。彼らがその決意を固めたきっかけとなったのは、天皇の復権につながった武士（幕末の志士）の伝統と、より強く、より**天皇が中心となる**国家を作りたいという**熱意**だった。数人の上官の暗黙の支援を得、1,400人の兵を従えて、彼らは1936年2月26日、**クーデター**を試みた。彼らは国会議事堂、陸軍省、警視庁本部や首相官邸を**占拠した**。彼らは**大蔵大臣**の高橋是清と岡田啓介首相本人と取り違えた首相の義弟を暗殺した。

　この事件は日本にとって大きな**危機**だった。軍部の指導者たちは**反乱者**に対する穏便な処分を求めたが、昭和天皇は兵士たちを**壊滅させるべき反逆者**と見なした。2月29日、軍は反乱者たちを取り囲んで**要求を突き付けた**。それは「降伏せよ、さもなくば鎮圧するぞ」というものだった。兵士の大部分は投降してきた。この事件以前の**許可なき**軍部の行動の事案とは違って、今回の将校たちは厳しく処罰された。19人の先導者が**死刑判決を受け**、その他の者は禁錮刑に処せられた。この事件は軍の中の**右翼**分子の一部に自制を促した。一方で、この事件は軍部をさらに政府の奥深くに入り込ませるという**皮肉な**結果を招いた。文民政府は、社会の**安定**の維持のために、自分たちが軍に依存しているということをさらに強く認識したのだった。

1 junior army officer 陸軍の青年将校。armyは「軍隊」と「陸軍」の両方の意味があるが、ここは後者の意味　be inspired by … …に刺激される、…が行動のきっかけとなる　restoration of power to … …に権力が戻ったこと。restorationは「帝政復古」の意味があり明治維新を指す　tacit 暗黙の。上官でありながら青年将校たちを止めなかったことを指す　senior 位が（およびおそらくは年齢も）上の　the War Ministry この表現からは陸軍省、海軍省両方の可能性があるが、占拠されたのは陸軍省だった　mistake … for 〜 …を〜だと取り違える　**2** urge 促す、求める　regard … as 〜 …を〜だと見なす　surrender or be suppressed 降伏せよ、さもなければ鎮圧されよ→投降しなければ（武力で）鎮圧する。動詞はどちらも命令形　earlier instances 1931年の三月事件・十月事件、1932年の五・一五事件などを指す　deal with 処分する、処罰する　(were) sentenced to prison 禁錮[または懲役]刑を受ける。史料では今回は全員禁錮刑に処された　rein in … …を自制させる、おとなしくさせる　element「分子」、人々　bring … even further into 〜 …を〜のさらに奥深くに入り込ませる

75 War with China

On the night of July 7, 1937, a small group of Japanese soldiers were practicing maneuvers near the Marco Polo Bridge (*Rokokyo*) just outside Beijing. **Shots** were heard and a **firefight erupted** between Japanese and Chinese troops. There are a number of **theories** concerning what actually happened. Was it an accidental shot? Or was it a **plot** carried out by the Japanese, the Chinese or someone else? It is difficult to determine what actually happened. However, this Marco Polo Bridge Incident quickly **escalated into** full-scale war, the second Sino-Japanese War. It **lasted** from 1937 until 1945, and became part of World War II.

There is similar disagreement over what happened when the **advancing** Japanese army reached **Nanjing**, the capital of China, in December of that year. The Japanese **took** the city on December 13 and **commenced** to **loot** and burn the city and rape and kill residents and **refugees** who had fled there. This **outrage** continued until March of the following year. **Following** World War II, **views** of the Nanjing Massacre have varied widely. (174)

日中戦争

　1937年7月7日夜、日本兵の小さな一団が北京のすぐ郊外の盧溝橋近くで機動演習をしていた。銃弾の音が聞こえ、日本軍と中国軍の間で銃撃戦が勃発した。実際には何が起こったのかに関しては諸説ある。たまたま銃が発射されたのか。あるいは日本側、中国側、もしくはそれ以外の誰かによって実行に移された陰謀なのか。今となっては現実に何が起きたのか確定するのは難しい。しかしながら、この盧溝橋事件はすぐさま全面戦争、すなわち第二次日中戦争にエスカレートした。それは1937年から1945年まで続き、第二次世界大戦の一部となった。

　進軍していった日本軍が同年12月に当時の中国の首都であった南京に達した際、何が起こったかについても同様に諸説ある。日本側は12月13日に南京を占領し、同市を略奪し焼き払い、また南京市民やそこに逃れてきていた難民たちに性的暴行を加えたり、殺害したりする行為を開始した。この残虐行為は翌年3月まで続いた。第二次大戦後、南京大虐殺に関しては大きく見解が分かれることになった。

---

1 maneuver 機動演習。戦闘時の軍隊の展開・指揮や実際の動かし方　the Marco Polo Bridge 盧溝橋。1192年に作られた美しいアーチ橋で、マルコ・ポーロが『東方見聞録』の中で紹介したためこのような英語名になった　a number of ... いくつかの　concerning ... …に関して(は)　accidental (意図しない)事故での、たまたまの　carry out 実行する　full-scale war 立派に戦争と呼べる規模のもの、全面戦争　the second Sino-Japanese War 第二次日中戦争。日清戦争が第一次日中戦争と考えられるため。Sino-...は「中国(と)の」という連結形　**2** disagreement (さまざまな説の間の)見解の不一致　over ... …をめぐって　flee [-fled-fled] 逃れてくる　Nanjing Massacre [mǽsəkɚ] 南京大虐殺　vary 大きく異なる、人によって異なる

76 Pearl Harbor and the Pacific War

Japan had entered hostilities in Asia with **the Manchurian Incident** in 1931. The China War, or the second Sino-Japanese War **erupted** in July 1937 with **the Marco Polo Bridge Incident**. From that latter date, Japanese troops engaged in a **full-scale** war with China, taking Nanjing and most of the **coastal** area, but never succeeding in **forcing** China **to** surrender.

To **secure** the northern border of China, Japan signed a **nonaggression pact** with **the Soviet Union** in April 1941. That **relieved** some pressure, but the United States began to apply different pressure on Japan's **imperialist** operations on the Asian continent **step by step**. First came the **reduction** of supplies and **raw materials**. Then came a trade embargo. Finally the U.S. seized and froze all **assets** that the Japanese held in the U.S. Negotiations between the two nations stalled. Japan's leaders decided to **make a surprise attack** on Pearl Harbor in Hawaii. They hoped to stun the Americans into calling for a **negotiated** settlement.

The **bombing** of the American **Pacific fleet** on December 7, 1941, and America's subsequent **declaration of war** brought forth a global war. Although the Japanese did not **invade** Hawaii, they dealt a serious blow to the American **navy**'s fleet there. Japan quickly pushed on, taking Guam, **Wake**, Hong Kong, **the Malay Peninsula**, Burma, Siam and **the Philippines**. These comparatively easy victories provided **a portion of** the military's **badly needed natural resources** and supplies. They also **raised expectations** for **further** expansion. (242)

真珠湾攻撃と太平洋戦争

　日本は1931年の**満州事変**によりアジアにおいて戦争状態に入った。日中戦争、厳密には第二次日中戦争が1937年7月、**盧溝橋事件**によって**勃発した**。後者の時点から、日本軍は中国と**全面的な**戦争を行い、南京や**沿岸部**の大部分を制圧したが、中国を**力ずくで降伏させる**ことは決してできなかった。

　中国北部の国境を**確保する**ため、日本は1941年4月に**ソビエト連邦**と**不可侵条約**を結んだ。そのことでいくらか重圧を**和らげる**ことはできたが、アメリカはアジアの大陸部における日本の**帝国主義的な作戦行動**に対して、また違った圧力を**徐々に**かけ始めた。まず日本を襲ったのは、必需品や**原材料**の供給**削減**だった。次に貿易品の禁輸措置に見舞われた。最後に、アメリカは、日本人がアメリカで持っていたすべての**資産**の差し押さえと凍結を行った。日米間の交渉は**行き詰まった**。日本政府はハワイにある真珠湾に**奇襲攻撃を行う**ことを決めた。政府はアメリカ人の肝をつぶして、**交渉による**解決を求めてくるように仕向けようとしたのである。

　1941年12月7日の米国**太平洋艦隊**への**爆撃**と、アメリカがそれに続いて**宣戦布告**を行ったことで、世界規模の戦争が起こった。日本側はハワイを**侵略した**わけではなかったが、ハワイにいたアメリカ**海軍**の艦隊に深刻な打撃を与えた。日本は矢継ぎ早に進撃を続け、グアム、**ウェーク島**、香港、**マレー半島**、ビルマ、シャム、そして**フィリピン**を手中に収めた。こうして比較的容易に収めた勝利によって、軍部が**のどから手が出る**ほど**ほしかった天然資源**や必需品の**一部**が手に入った。またこうした勝利は、**さらなる**戦争拡大に向けた**期待を高める**ことになった。

タイトル Pearl Harbor　ハワイのオアフ島にある入り江の1つ　**1** hostilities ［複数形で］戦闘状態、交戦状態　engage in …　…に従事する、…を行う　take 制圧する、占領する　**2** apply pressure on …　…に圧力をかける　operation (軍事的な)作戦行動、進出　First came … まず(米国の圧力として)やってきた[日本を襲った]のは…だった。文法的には「…」の部分が主語　supplies 元々の意味は「供給品」だが、「(生活)必需品」という意味でよく用いられる　Then came … 次にきたのが…だった　embargo 禁輸措置　seize (資産を)差し押さえる　freeze (資産を)凍結する　stall 頓挫する、行き詰まる　stun … into ～ing …をびっくり仰天させて~に追い込む　settlement 解決、妥結　**3** subsequent それに続く　bring forth … …をもたらす　deal a blow to …　…に一撃を与える　push on どんどん(進撃を)推し進める　Burma ミャンマーの旧称　Siam タイの旧称

77 Daily life under wartime conditions

By summer of 1942, Japanese military **advances** were no longer as successful. An American **naval assault** at Midway Island, northwest of Hawaii, resulted in a **disastrous loss** for the Japanese navy. **From this point forward**, both sides suffered **enormous** losses and the Americans **steadily** pushed the Japanese back across **the Pacific**. At Saipan, for example, the Americans suffered 15,000 **casualties** but inflicted some 31,000 casualties on the Japanese before **taking control of** the island.

The three-pronged American **offense** across the northwest, central and southwest Pacific **regained** the islands that Japan **had taken over**. When the Americans **captured** Guam in August 1944, they gained a **base** for **launching** bombing raids on the Japanese **homeland**. In October 1944, U.S. **General** Douglas MacArthur launched a six-month **campaign** to take over the Philippines. On April 1, the Americans **commenced** a **brutal** battle for Okinawa. In June 1944, **the Allies** began **bombings** of Japanese cities. On March 10, 1945, Allied planes dropped 2,000 tons of **explosives** and **firebombs** on Tokyo. In the firestorm that **resulted**, some 80,000 **residents** were killed.

Food and supplies for Japan's military and ordinary citizens decreased rapidly. The **military situation** grew rapidly worse. However, the Japanese cabinet and its military leaders could not bring themselves to surrender. Not even an **ultimatum** from the Allies could force them to give in. (219)

戦時下の日常生活

　1942年の夏までに、日本軍の**進撃**はそれまでのようにはうまくいかなくなっていた。ハワイの北西にあるミッドウェー島のアメリカ**海軍による攻撃**は、日本海軍にとって**壊滅的な敗北**という結果に終わった。**この時点以降**、日米双方とも**莫大な損害に苦しんだ**が、アメリカは**着実に太平洋**戦線で日本軍を押し返していった。たとえばサイパンでは、アメリカ軍は1万5,000人の**犠牲者**を出したが、日本側に約3万1,000人もの戦死者をもたらして、最終的にその島の**支配権**を握った。

　太平洋の北西部、中央部そして南西部という、同時に3方面に仕掛けたアメリカの**攻撃**は、当初日本が**占領していた島々を取り戻していった**。1944年8月にグアムを**占領したことで**、アメリカは日本の**本土爆撃を開始する基地**を手に入れたことになった。1944年10月、アメリカのダグラス・マッカーサー**元帥**はフィリピン奪還のための6か月にわたる**軍事作戦**を開始した。4月1日、アメリカ軍は沖縄をめぐる**残忍な戦闘を開始した**。1944年6月、**連合国軍は日本の都市への爆撃を開始した**。1945年3月10日、連合軍機が2,000トンの**爆弾**や**焼夷弾**を東京に落とした（東京大空襲）。**それによって生じた**火事嵐によって、およそ8万人の**市民**が命を落とした。

　日本の軍隊や一般国民のための食料や生活必需品は、急速に少なくなっていった。**戦況は急激に悪化していった**。けれども、日本の内閣と軍指導者たちは、降伏という決断ができなかった。連合国軍からの**最後通牒**でさえ、彼らを降伏に追い込むことはできなかったのだ。

---

1 no longer as successful もはや以前ほどはうまくいかなくなった　result in ... …という結果に終わる　push ... back …に反撃を加えて押し返す　across ... …中で　suffer ... …をこうむる　inflict ... on ～　～に…という被害を与える　**2** three-pronged（フォークなどの先が）3つに分かれた→3方面での　bombing raid 爆撃。raidは「奇襲、不意打ち」　for ... (= Okinawa)（沖縄）をめぐっての　Allied ... 連合国側の…　ton [tʌ́n]（重量の単位の）トン（=1,000kg）　firestorm 火事嵐、火災旋風。爆撃の突風にあおられた猛烈な火災　**3** grow ... …になる　bring themselves to surrender 自分たち自身を降伏に持っていく→降伏する意思決定をする　not even ... could ～　…ですら～できなかった　give in = surrender

78 The Potsdam Declaration and End of the War

U.S. President Franklin D. Roosevelt, British Prime Minister Winston Churchill and Soviet leader Joseph Stalin met at Yalta in February 1945. They discussed **issues** that would have a major impact on Japan. First, Stalin agreed that the Soviets would **enter** the **ongoing** war against Japan. The Allies agreed that they would **support** Soviet **claims for** the southern half of Sakhalin and the Kurils and Soviet presence in **Manchuria**.

Once **the Allied Powers** achieved victory in Europe in the spring of 1945, they concentrated their efforts on ending war in the Far East. The last **conference** of the major Allied leaders **took place** between July and August 1945 in Potsdam, near Berlin. Truman (U.S.), Stalin (U.S.S.R.) and Churchill (U.K.) attended. On July 26, Truman, Churchill and **Chiang Kai-shek** issued a declaration. It called on Japan to surrender **unconditionally** or face the possibility of **utter destruction**.

The Japanese failed to **respond to the Potsdam Declaration**. On August 6, 1945, the United States dropped the world's first **atomic bomb** on Hiroshima, killing more than 100,000 people. On August 8, the Soviet Union **entered the war**. On August 9, the U.S. dropped a second atomic bomb on Nagasaki. The following day, Japan agreed to the **terms** of the Potsdam Declaration and surrendered.

On August 15, 1945, the emperor announced Japan's **surrender** to the people by radio **broadcast**. When he asked his people to "**endure the unendurable**," **many** did not know what the words meant. Soon, it became clear that Japan had not only surrendered but had surrendered *unconditionally*. (254)

ポツダム宣言と終戦

　アメリカのフランクリン・D・ルーズベルト大統領、イギリスのウィンストン・チャーチル首相、そしてソビエトの指導者ヨシフ・スターリンは1945年2月、ヤルタで会談を行った。彼らは日本に大きな影響を与えるであろう**諸問題**を話し合った。まず、スターリンはソビエトが**現在進行中**の対日戦争に**参戦**することに合意した。連合国は、ソビエトによるサハリンの南半分と千島列島の**領有権**の主張と、**満州へのソビエトの駐留**を**支持する**ことに合意した。

　1945年春、ひとたび**連合国軍**がヨーロッパで勝利を手にすると、彼らは極東における戦争を終結させることに力を集中させた。主要な連合国の首脳による最後の**会議**は1945年の7月から8月にかけて、ベルリン郊外のポツダムで**開かれた**。会談にはトルーマン（米国）、スターリン（ソ連）およびチャーチル（英国）が参加した。7月26日、トルーマン、チャーチルと**蒋介石**はとある宣言を発表した。それは日本に**無条件**で降伏するか、あるいは**完全な破滅**の可能性に直面するかの選択を迫るものだった。

　日本はこの**ポツダム宣言**に対して返答を出さないでいた。1945年8月6日、アメリカは世界で最初の**原子爆弾**を広島に投下し、10万人以上を殺害した。8月8日（日本時間）には、ソビエト連邦が**参戦した**。8月9日、アメリカは2発目の原子爆弾を長崎に落とした。翌日、日本はポツダム宣言の**条件**に合意し降伏した。

　1945年8月15日、天皇は国民に対し日本の**降伏**をラジオ**放送**によって発表した。天皇が国民に「**耐えがたきを耐え**」るように求めたとき、**多くの国民**はその言葉が何を意味しているかわからなかった。やがて、日本はただ単に降伏しただけでなく、無条件降伏をしたのだということが明らかになった。

■1 the Allies「連合国側」「連合軍」であるが、ここはヤルタ会談に参加した三国を指す　Sakhalin サハリン。樺太ともいう　the Kurils クリル列島、千島列島。北海道の北に連なる列島で、ロシアとの間で現在も領土交渉が行われているいわゆる北方領土を含む　presence「存在」→「駐留」で、実質は「支配」に近い　■2 once ... ひとたび…すると　concentrate ... on ～ …を～に集中させる　the Far East 極東地域。日本を含む東アジアや東北・東南アジアなど。欧米から見て一番遠いアジア地域　between July and August 7月から8月にかけて（実際には7/17～8/2）。ドイツはすでにこの年の5月に降伏している　U.S.S.R. = Union of Soviet Socialist Republics ソビエト社会主義共和国連邦、ソ連　call on ... to ～ …に～するよう求める　■3 fail to ... …しない。「…に失敗する」という意味ではないので注意　the unendurable 耐えられないこと。the +［形容詞］で「その性質を持った人やもの」

Chapter 7

現代の日本
昭和後期と平成時代

Contemporary Period
Late Showa and Heisei

東大安田講堂

79 "Scorched fields"

At the end of the war, the main cities were reduced to "scorched fields," *yake-nohara*, by the aerial firebombings in the last year of the war. More than half of the total **area** of the largest cities had been totally incinerated. Urban survivors constructed **shacks** out of whatever materials they could find. Others were forced to sleep under bridges or in tunnels and holes in the ground.

Locating shelter was difficult enough, but finding food was even harder. The people **were** already **malnourished** when the war ended, but peace did not bring better conditions. During wartime, food supplies were rationed, but when the war ended, even that meager **distribution** system **collapsed**. The rice that farmers could produce, despite **disastrous** harvests in 1945 and 1947 and lack of **fertilizer**, **was supposed to** be sold to the government for **rationing** to the people. But farmers often hid the rice they produced so they could sell it to the city people who came to **the country in search of** food.

Farm women from areas near the cities packed up bundles of rice, other **grains**, vegetables and other **farm products** and brought them to the city to sell for whatever they could get. City dwellers bundled up what cash, kimonos and **heirlooms** they had left and went out into the countryside to **barter for** food. They **steadily exchanged** the few possessions they still had, just to **stay alive**. Their only alternative was to **purchase** food and other **essential items** on the **black market**, which was controlled by **gangsters**. (254)

焦土と化した日本

　終戦当時、主要都市は戦争の最後の年の空爆によって「焼け野原」と化していた。それまでに日本の大都市の総**面積**の半分以上が完全に灰にされていた。生き残った都市住民は手に入る資材は何でも使って、**掘立小屋を建てた**。それができなかった者は、橋の下やトンネルの中、また地面に掘った穴の中で眠るしかなかった。

　雨風をしのげる場所を見つけることすら困難だったが、食糧を見つけることはさらに難しかった。終戦の時点で人々はすでに**栄養失調になっていた**が、平和が訪れたからといって状況が改善することはなかった。戦時中、食料は配給制だったが、終戦時にはその細々とした**分配**制度すら**崩壊した**。1945年と1947年の**破滅的**な不作や**肥料**の欠乏の中、農家の人々が生産できた米は国民に**配給**するために、政府に売られ**るはずだった**。しかし、農民たちは食糧**を求めて田舎**にやってきた都会の人々に売ることができるように、しばしば生産した米を隠したのである。

　都市近郊の地域に住む**農家の婦人たち**は、米などの**穀物**、野菜やその他の**農産物**を大量の荷物にまとめて都市部に売りに行き、代金として手当たり次第にいろいろなものと交換した。都市生活者は残しておいたありったけの現金、着物や代々伝わる**家財**をかき集め、田舎に出向いて食料**と交換した**。都市の人々は何とか**生き延びる**ために、いつも残された数少ない所有物を必要なものと**交換していた**。彼らは食料などの**必需品**を、やくざが牛耳っていた**闇市で買う**しかなかったのである。

タイトル scorch 焦がす、(軍事攻撃で)焼きつくす　**1** be reduced to ... (建物や人が)減らされて…になる　aerial 空中(air)からの　firebombing 爆撃　the largest cities 日本の中で規模が最も大きい数都市→大都市　incinerate 焼いて灰にする　survivor 生存者　out of ... …を材料にして　whatever ... (that) they could find 手に入る限りのありとあらゆる…　**2** ... was difficult enough …だけでも十分難しかった(のに)　peace did not bring ... 平和が…をもたらしたわけではなかった　ration 配給する　meager 貧弱な、なけなしの　harvest 収穫(量)　hide [-hid-hidden] 隠す　so (that) ... could 〜 …が〜できるように　**3** pack up ... …を荷物にまとめる　bundles of ... いく束もの…、大量の…　for ... …と交換に　whatever they could get 手に入るものは何でも　dweller 住人　bundle up ... …をかき集める　what (little) ... ありったけの…　their only alternative was to ... 彼らの唯一の選択肢は…することだった→彼らは…するしかなかった

80 Economic struggles with repatriation

The situation was made worse by spiraling inflation. From the **surrender** in August to the end of the year, inflation jumped six times. During 1946, **prices** rose 2.7 times, and in 1947 they **tripled**. **Added to this was** the **spread** of diseases such as **tuberculosis** due to **malnutrition**.

Perhaps the hardest **blow** came with the return of almost seven million civilian expatriates and military personnel between August 1945 and the end of 1946. At the end of the war, some 10% of all Japanese citizens were overseas, in Korea, Taiwan, Manchuria and the Chinese **mainland**. They had left as civilian **pioneers** and military heroes, but when they returned they were more mouths to feed. (114)

海外からの引き揚げによる経済的困窮

　状況はインフレ・スパイラルによってさらに悪化した。1945年8月の**降伏**からその年の年末までに、インフレによって物価は6倍に跳ね上がった。1946年の1年間で、**物価は2.7倍になり、1947年にはさらに3倍になった。これに輪をかけたのは、栄養失調**が原因となって起こった**結核**などの病気の**まん延**だった。

　おそらく経済にとって最も強い**打撃**は、700万人近い数の国外に出ていた民間人や軍人たちが、1945年8月から1946年の終わりにかけて引き揚げてきたことだった。終戦時には、日本国民全体の約10％が韓国や台湾、満州、中国**本土**などの海外に出ていた。彼らは民間**開拓者**や軍隊の英雄として日本を華々しく離れたが、戻った時には日本が養わねばならない人数をさらに増やしてしまう存在となった。

タイトル repatriation (移住先や出征先の)海外から戻ること　**1** spiral 急激に上昇する　inflation jumped six times インフレによって物価が6倍になった。「6回はね上がった」あるいは「7倍になった」という意味にはならない　due to ... …が原因の　**2** come with ... …によって起こる　expatriate 国外居住者　personnel [集合的に]人員　had left as ... …として(日本を)出ていった　mouth to feed 食べ物を与える(feedする)べき口→養うべき人、扶養家族

81 First steps and a constitution

The Occupation of Japan **was carried out primarily** by Americans under General Douglas MacArthur, **Supreme Commander** for the Allied Powers (SCAP). His official **general headquarters** came to be known as GHQ. First, MacArthur's staff began **disassembling** Japan's military and its empire. **The Imperial Army and Navy were abolished** and the **former** military personnel **were** slowly **repatriated**. SCAP quickly stripped Japan of all these territories, leaving only the four main islands of the mainland that Japan **had occupied** at the time of the Meiji Restoration.

GHQ **drafted** a **constitution** that made several significant reforms. It took sovereignty from the emperor and **placed it in the hands of** the people, turning the **monarch** into "a symbol of the State and the unity of the people." It **granted voting rights** and equal rights to women. It separated religion and government. It also included a **passage** related to the military that has continued to be the **subject** of debate for more than six decades. **Article 9** states that "the Japanese people forever **renounce** war as a **sovereign** right of the nation and the **threat** or use of force as a **means** of settling international **disputes**" and adds that "land, sea, and air forces, as well as other war potential, will never be maintained." This draft, with minor **revisions**, **was passed** by **the Diet** and took effect on May 3, 1947. **To the present**, the so-called "peace clause" makes the Japanese constitution unique among nations of the world by renouncing war. (246)

復興への道のりと新しい憲法

　日本の占領政策は、連合国軍**最高司令官**（SCAP）であるダグラス・マッカーサー元帥の指揮の下、**主**に米国によって**実行された**。彼の正式な**総司令部**はGHQとして知られるようになった。まずマッカーサーの司令部は、日本の軍隊と日本という帝国**を解体する**ことから開始した。**大日本帝国の陸軍と海軍**は**廃止**され、元軍人は徐々に**故郷に返された**。GHQはすみやかに、日本が明治維新の時点で**占有していた**、本土を構成する主要4島（本州、北海道、九州、四国）だけを残し、日本から帝国時代に拡張した領土を奪い去った。

　GHQはいくつかの重要な改革を実現させた憲法の**草案を作成した**。同草案は、天皇から主権を奪い、それを国民**の手に渡し**、**君主**である天皇を「日本国と日本国民統合の象徴」に変えた。また草案は女性に**選挙権**と平等な権利**を与えた**。そして宗教と政治を分離した。それはまた、軍隊に関連する一節を含めたが、それは現在にいたるまで60年以上にわたり議論の**テーマ**となっている。憲法**第9条**は「日本国民は、国権の発動たる戦争と、武力による**威嚇**又は武力の行使は、国際**紛争**を解決する**手段**としては、永久にこれを**放棄する**」とうたい、さらに「陸海空軍その他の戦力は、これを保持しない」と付け加えている。この草案は小さな**改訂**を経て**国会**によって**可決され**、1947年5月3日に施行された。**今日にいたるまで**、いわゆる「平和条項」が戦争を放棄したことにより、日本の憲法を世界の国々の中でも類を見ないものにしている。

タイトル　first steps　最初の数歩［いくつかの過程］　**1** the Occupation　（具体的な）日本の占領、または占領下の政策　General　将軍、元帥。さまざまな位の司令官を指すが、マッカーサーのSCAP着任当時の階級は元帥だった　Allied Powers　連合国軍。第二次世界大戦の戦勝国側の合同軍　staff　[集合的に]スタッフ→司令部　empire　帝国。皇帝や天皇の下で多くの異なる領土からなる国家　SCAP　連合国軍最高司令官。本来はマッカーサー個人を指すが、マッカーサー率いる司令部（GHQ）を指すこともある　strip ... of ～　…から～をはぎ取る［奪う］　these territories　軍隊が派遣されていた日本の（明治以来の拡張）領土　mainland　本土。日本の場合、主要4島とその周辺の島々を指し、沖縄などは除く　**2** sovereignty　主権　turn ... into ～　…を～に変える　the State　国、行政。ここでは日本国　unity　まとまり、一体性　forces　軍隊　war potential　戦争を起こす能力→戦力　maintain　維持する、保持する　take effect　効力を発する→施行される　peace clause　「平和条項」。憲法第9条のこと　make ... unique　…を唯一無二のものにする

82 Economic reforms

SCAP also saw economic equality as **essential to** constructing a **viable** democracy. At the end of the war, **approximately** half of the population **resided in** agricultural villages, and **poverty** there was a serious economic and social problem. The key, SCAP believed, was to **eliminate** the economic power of the absentee landlords and increase the power of the **tenant farmers** who actually worked the land. SCAP therefore ordered the Japanese government to **purchase** lands from the absentee landowners and sell it at reasonable prices to those who lived and cultivated the land.

The Farm Land Reform Law of 1946 allowed the government to buy such lands from 2.3 million landowners and sell it to 4.7 million cultivators. Former landowners were only allowed to keep approximately 2.5-acre **allotments** (10-acre allotments in Hokkaido). The former landowners lost both wealth and local status as a result of this **forced buyout**. But the resident farmers **benefited** enormously. By most estimates, this land reform was one of the most successful reforms **carried out** during the Occupation. (170)

GHQ による経済改革

　GHQ はまた、経済的な平等が**実効性のある**民主主義を築き上げるために**不可欠**だと考えた。終戦当時、日本の人口の**およそ半分は農村に住んでおり**、農村における**貧困**は深刻な経済的・社会的な問題だった。GHQ は、鍵となるのは不在地主が持つ経済的な力を**排除し**、実際に農地を耕していた**小作農たち**の権利を高めることだと考えた。そのため、GHQ は日本政府に不在地主から土地を**買い上げ**、それをその土地に住み、その土地を耕していた者たちに手ごろな価格で売るように命じた。

　1946 年の**農地改革法**によって、政府にそのような土地を 230 万人の地主から買い取り、それを 470 万人の小作農に売る権限が与えられた。元地主が所有することのできる農地は、およそ 2.5 エーカー（1 町歩）の**区画**〈北海道では 10 エーカー《4 町歩》の区画〉のみに制限された。元地主たちはこの**強制的な買収**の結果、富と地元での地位の両方を失った。一方、その土地に住んでいた小作農たちは計り知れない**恩恵を受けた**。この農地改革は、占領下で**実行に移された**改革の中で最も成功したものの 1 つだったというのが、おおかたの見方である。

１ see ... as 〜 …を〜だと見なす　the key is to ... 鍵となるのは…することだ　absentee landlord 不在地主。都会などに住んで農村に所有する農地を小作人に耕作させて小作料を取る地主　work ... …を耕作する(=cultivate)　**２** allow ... to 〜 …が〜することを可能にする、…に〜する権限を与える　local status 地元[農村]での小作人よりも上の（名士としての）立場　resident （不在地主に対して）実際にその土地に住んでいた　enormously 計り知れないほど　most ... おおかた(ほとんど)の…　estimate （分析者が）推測した結論

83 Korean War and "The Reverse Course"

Two years following the beginning of Occupation reforms, Japan still faced economic and political difficulties. By 1947 **labor unions, initially** supported by the Occupation, were **getting out of control. Reconstruction** of the economy remained **far from** complete. The Japanese public **was ready for** stability. In addition to these **domestic** issues, **hostile relations** between the two Koreas convinced many U.S. leaders that U.S. policies in East Asia depended on a politically **stable** Japan as an **ally**. That, in turn, required an economic **revival**.

The **reversing** of American policy took two forms. First, the Occupation began to **rein in** the **rising** labor movement, **with the intention of** increasing **productivity**. The **unions** quickly **enrolled** some 4.8 million members by the end of 1946. At least part of the leadership had a **pro-Communist agenda** that went beyond a desire for improved **working conditions** and **wages**. The Occupation began to feel that the unions' constant **strikes** might **bring on** social **chaos**. Second, the Occupation had initially attempted to **break up** the *zaibatsu*. It had seen the *zaibatsu* as **collaborating in** wartime **imperialism**. But the Occupation began to see those **conglomerates** as merely loyal **business enterprises**. Breaking up the *zaibatsu* was no longer considered **essential**. **On the contrary**, the *zaibatsu* came to **be seen as** necessary in **rebuilding** the Japanese economy. **Ultimately**, the Occupation's sympathies shifted from **labor to management**.

This "reverse course" was accompanied by **removing** alleged Communists **from** position in labor movements and government. This "red purge" eventually **spread to private enterprises**, journalists, factory workers and teachers. The Shimoyama Incident, Mitaka Incident, and Matsukawa Incident **further stimulated** fears of **subversion**. (266)

朝鮮戦争と「逆コース」

　占領下の改革が開始された2年後、日本はいまだに経済的にも政治的にも困難な状況に直面していた。1947年までに、**当初は**GHQの支援を受けていた**労働組合は制御不能な状態になっていた**。経済の**再建**は完了まで**程遠かった**。日本の国民は安定**を求めていた**。こうした国内の諸問題に加え、南北朝鮮の間の**敵対関係**を目の当たりにして、アメリカの指導者たちの多くは、東アジアにおけるアメリカの政策は、**同盟国**として政治的に**安定した日本次第である**と確信するにいたった。逆に言えば、政治的安定のためには経済**復興**が必要だったのである。

　アメリカの対日政策の**転換**は2つの形になって現れた。第一に、進駐軍は**生産性**を向上させるために、**盛り上がりつつあった労働運動に規制を加える**ことから始めた。**労働組合**は1946年末までに、急激な勢いで約480万人の**加入者**を集めていた。少なくともその指導者らの一部には、単に**労働条件**や**給料**を改善するという意図を超えた、**共産主義に賛成する政策**を掲げる者もいた。総司令部は労働組合が常に**ストライキ**を起こしていることは、社会的な**混乱状態を招く**かもしれないと感じ始めていた。第二に、当初GHQは財閥を**解体**しようとしていた。司令部は財閥が戦時中の**帝国主義**に加担したとみていた。しかし、GHQはこれらの**組織体**はただの忠実な**企業組織**にすぎないと考え始めた。財閥解体が**不可欠**だとはもはや考えられなくなっていた。**それどころか**、財閥は日本経済を**再建**するために必要なものだ**と考えられる**ようになった。**最終的に**、GHQは**労働者側**よりも**経営者側**に気持ちを近づけるようになった。

　この「占領政策の転換」に伴って起こったのは、共産主義者と目された人間を労働運動や公職の場**から追放する**ことだった。このいわゆる「赤狩り」はしだいに**民間企業**やジャーナリスト、工場労働者や教師**にまで及んでいった**。下山事件、三鷹事件、そして松川事件は、GHQが抱いた**政府転覆**に対する恐怖心**にさらに拍車をかけた**。

> タイトル reverse course 逆コース。社会の進歩に逆らう動き。復古　**1** the Occupation 占領軍→GHQのこと　the two Koreas 北朝鮮と韓国　convince 確信させる　in turn 逆に言うと、鶏が先か卵が先かわからないが　**2** loyal ①戦時中、政府や軍部に忠実に従った②これから米国の言うことを素直にきく、の両方の意味合いが含まれている　come to ... …するようになる　sympathy 肩入れしたい気持ち　**3** alleged ... …と目される人　red purge 赤は「赤旗」から共産主義の象徴、purgeは「追放」　The Shimoyama Incident, Mitaka Incident, and Matsukawa Incident いずれも国鉄職員10万人削減が発表された直後に起きた国鉄に関係する怪事件。

84 The "Dodge line" program

During the immediate postwar years, runaway inflation, **shortages** of **raw materials** and lack of **capital** blocked economic recovery. America began looking upon Japan as its Asian **ally** against **communism**. It began to grow anxious to **promote** Japan's economic recovery. As a **step in this direction**, the U.S. sent economist Joseph Dodge to Tokyo in February 1949 to set forth a plan for recovery.

Dodge disliked government support or **regulation** of the economy. Instead he suggested three policies that SCAP **adopted**. First, Japan should maintain a balanced budget. Second, Japanese government loans to **industry** should be stopped. Third, all state **subsidies** should be reduced.

But Dodge is most remembered for his **proposal** to set a **favorable** exchange rate of 360 yen to the dollar, a rate that would encourage Japanese **exports**. Over the next two decades, the Japanese economy would benefit **enormously** from this **artificially** maintained exchange rate which would make Japanese goods attractively priced.

The Dodge program halted inflation. However by limiting capital, it brought Japan to the **brink** of **full-blown** depression. However, in June 1950, a conflict **broke out** in Korea. This war would bring the economy out of danger through **massive** orders for Japanese goods. (197)

ドッジ・ライン政策

　戦争直後の数年間、狂乱インフレや**原材料**の**不足**、そして**資本**不足が経済復興の足かせとなっていた。アメリカは日本を、アジアにおける反**共産主義**の**同盟国**として見るようになっていた。アメリカは日本の経済復興を何としても**推進**したいと思い始めていた。**この方向**での1つの**方策**として、アメリカは1949年2月、復興計画を打ち出すために経済学者のジョゼフ・ドッジを東京に派遣した。

　ドッジ氏は経済に対する政府の支援や**規制**を嫌った。彼はそれらの代わりに3つの政策を提案し、GHQはそれを**採用した**。その1点目が、日本が均衡予算を維持すること。2点目が、政府による**産業界**への貸し付けを中止すること。3点目がアメリカからのすべての**補助金**を減らすことだった。

　ただ、ドッジ氏は、彼が1ドル360円という、日本の**輸出**にとっては追い風となる**有利な**為替レートを設定することを**提案したこと**で最も人々の記憶にとどまっている。それから20年以上にわたり、日本製品の価格を魅力的なものにしたこの**人為的に**固定された為替レートによって、日本経済は**計り知れない**ほど恩恵を受けることになったのだ。

　このドッジ政策によってインフレは止まった。ただ、資本(投資)を制限することによって、ドッジ・ラインは日本を**本格的な**不況の**瀬戸際**まで追い込んだ。ところが、1950年6月、朝鮮で紛争が**勃発した**。この戦争によって、日本製品に対し**大量の**注文が入ったおかげで、日本経済は危機を脱することができたのである。

---

1 immediate postwar ... 戦争直後の…。post-... = after (the) ...。immediately after ...「…直後に」という表現を参照　runaway inflation 急激な[狂乱]インフレ　block 障害となる　recovery 回復、復興　look upon ... as ～ …を～と見なす(= regard ... as ～)　grow anxious to ... どうしても…したい気持ちになる　set forth 策定する、打ち出す
2 balanced budget 均衡予算。実際は経常収支が総支出を超過し余剰を出すほどの超均衡予算であった　loan to ... …への融資、貸し付け　state 国家(ここは米国)からの　**3** exchange rate 為替レート(通貨の交換比率)　to the dollar (1)ドルに対して。toは「割合、比率」を表し、(ratio of) 5:3 (5対3 [の割合])はfive to threeと読む　encourage 促進する→追い風となる　benefit from ... …の恩恵を受ける　make ... attractively priced …を魅力的に値づけられたものにする→…の値段を魅力的なものにする　**4** halt 止める　conflict 紛争、闘争。ここではそれぞれ米ソに後押しされた、南北朝鮮間の民族紛争　bring ... out of ～ …を～から抜け出させる

85 Conflict in Korea

SCAP **authorized** the **creation** of a Japanese **paramilitary** force to **supplement** the regular police force. When **North Korea** invaded **South Korea** on June 25, 1950, a **National Police Reserve force** of 75,000 men was assembled to maintain **domestic order** in place of the SCAP forces. This force had the **equipment** and the appearance of a regular army. The general justification for this force was that it did not possess "war potential." That was a **provision** of Article 9 of **the Japanese Constitution**. It was only intended for defense, a **claim** that would be shown in its name: **Self-Defense Forces** (SDF).

The **tragedy** in Korea brought great fortune to Japan. **A great wave of** American military **procurement** orders were placed with Japanese industries, which **were conveniently located** close to the **front**. From 1949 to 1951, Japanese exports almost **tripled** and production rose almost 70%. Some corporations **showed profits**, for the first time since the end of the war. These profits went into **investments** in new plants and equipment. Japan's gross national product (GNP) began to rise to double-digit rates. The Korean conflict, in fact, **spurred** Japan's economic recovery. (187)

朝鮮戦争

　GHQ は通常の警察隊を補うものとして、日本に軍隊に準じる部隊を創設することを認可した。1950 年 6 月 25 日に北朝鮮が韓国を侵略した際、進駐軍に代わり日本国内の秩序を維持するため 7 万 5,000 人の警察予備隊が結成された。この部隊は通常の軍隊と同じ装備と外見を持っていた。この部隊を正当化する一般的な言い訳は、この部隊が「戦争遂行能力」を持たないということだった。これは日本国憲法第 9 条の条文に規定されている。「自衛隊」という名称にその主張が示されている通り、防衛のみを意図としたものとされた。

　朝鮮半島における悲劇は、日本に大きな幸運をもたらした。米軍の調達物資の注文が大量に日本の産業界に出された。日本の産業が前線（である朝鮮半島）に近い、便利な場所に位置していたからだ。1949 年から 1951 年にかけて、日本の輸出はほとんど 3 倍に増え、生産は 70％近く増加した。戦後初めて利益を出した企業が出てきた。こうした利益は新しい工場や設備への投資に向けられた。日本の国民総生産（GNP）は 2 桁の伸び率を示し始めた。朝鮮半島での紛争が、実は日本の経済復興に拍車をかけたのだった。

1 police force 警察隊、警察部隊　assemble 集める→結成する　in place of ... …に代わって　appearance 外見、様相。外から見ればどう見ても軍隊、ということ　general 一般的な。常にその言い訳で通してしまう、ということ　justification 正当化のための言い訳。本来は後述のように憲法9条と矛盾する　possess 保有する　potential 能力　be intended for ... …のために作られた　**2** Korea 朝鮮半島、南北朝鮮　orders were placed with ... 注文が…に出された　go into ... …につぎ込まれる　gross national product 国民総生産。戦後長い間、国家（等）全体の経済規模を示す指標として用いられてきたが、1993年の国連勧告(SNA93)によりGNPはGNI (gross national income、国民総所得)に変更され、その頃から海外で生み出された財(物やサービス)を含まないGDP（国内総生産）が指標として主流となった　rise to double-digit rates 2桁の伸び率を示す。digitは「数字」なので、double-digitは「2桁(10～99)の」

現代の日本（昭和後期と平成時代）　195

86 The Peace Treaty is Established

Before a formal **peace treaty** could be reached, there were many issues to **take into account** and some 50 Allied Power allies to consult. **Southeast Asian** nations had **suffered considerably** from Japanese **aggression**. They expected heavy **reparations**. Great Britain wanted to place trade **restrictions** on Japan in order to protect British markets in Asia. Getting **agreement** from all of these nations **was no easy task**. In addition, **on the domestic side** there was disagreement **over** many issues. One was whether U.S. military forces should be allowed to stay on Japanese **soil**.

On September 8, 1951, 49 countries, including Japan, the United States and other Allied nations signed a peace treaty in San Francisco. This formal **signing** officially brought the war to an end. However, the Soviet Union walked out of the proceedings and China was not invited due to disagreement over whether the **legitimate** Chinese government was in Taipei or Beijing. This meant that Japan still did not have a formal peace treaty with its two larger neighbors, China and the Soviet Union.

On the day the peace treaty was signed, **representatives** of the U.S. and Japan signed **the U.S.-Japan Security Treaty**. This granted the U.S. the right to **station** troops in Japan **indefinitely**. While Japan gained U.S. protection, **in the event of** an attack from **a third nation**, it became **subject to** U.S. policy changes. More **significantly**, it **placed** Japan **at risk** for supporting U.S. military and political policies.

The peace and **mutual security** treaties **went into effect** on April 28, 1952, ending the seven-year Occupation. Four years later, in 1956, Japan signed a document **reestablishing** diplomatic relations with the Soviet Union and was granted membership in the United Nations. (280)

平和条約の締結

　正式な**平和条約**の締結に至るまでに、**考慮すべき多くの問題**と、協議しなければならない約50か国に及ぶ連合国が控えていた。**東南アジアの国々は日本の侵略によってかなりの被害をこうむった**。そうした国々は多額の賠償金を期待していた。イギリスはアジアにおけるイギリスの市場を保護するため、日本に対し貿易**制限**を課すことを求めていた。こうした国々のすべてから同意を得ることは**簡単な作業ではなかった**。それに加えて、**国内では多くの問題に関して**意見が分かれていた。その1つはアメリカの軍隊が、日本の**国土**にとどまることが許されるべきかどうかという問題だった。

　1951年9月8日、日本、アメリカ、その他の連合国を含む49か国がサンフランシスコで平和条約を結んだ。この公式の**調印**をもって、戦争は正式に終結した。しかし、ソビエト連邦はこの手続きには参加せず（条約に調印せず）、また**正統な**中国政府が台北と北京のどちらにあるのかをめぐり意見が分かれていたため、中国は調印式に招かれなかった。このことによって、日本はその時点では、中国とソ連という2つのより巨大な隣国と正式な平和条約を結べないことになった。

　平和条約が結ばれたその日に、日米双方の**代表**は**日米安全保障条約**を締結した。この条約によって、アメリカは**無期限に**日本に軍隊を**駐留させる**権利を得ることになった。日本は**第三国からの攻撃**という有事の際にはアメリカの保護を得られることになった一方、アメリカの政策変更の**影響を受ける**こととなった。より**重大な**面では、日米安保条約はアメリカの軍隊と政策に協力することにより、日本**を危険にさらす**ことになった。

　平和条約と**相互安全保障条約**は1952年4月28日に**施行され**、7年間にわたる占領時代が終わりを告げた。4年後の1956年、日本はソビエト連邦と外交関係を**回復する**書面に調印し（日ソ共同宣言）、国連への加盟を認められた。

---

1 reach 至る、こぎつける　Allied Power allies 連合国側の同盟国→連合国諸国　consult 相談する　place（制限などを）課す　**2** bring ... to an end …を終結させる　walk out of ... …から退席する→（参加するはずだった）…への調印を拒否する　proceeding 手続き　Taipei 中華民国(=台湾)の首都である台北　Beijing 中華人民共和国(=中国)の首都である北京　**3** grant ... (= the U.S.) 〜 (=the right to ...) …に〜を与える　**4** membership 会員(加盟国)の地位

87 High-speed growth

The Korean War provided the initial spur to Japan's recovery. Between 1950 and 1953 Japan **served as** the closest supplier of goods and equipment. Japan **benefited from procurement** orders for **textiles**, steel, **vehicles**, paper and **lumber** to the tune of some two billion dollars. **Profits** from this **unanticipated** external stimulus were used for new factories and equipment.

When peace came, **manufacturers** were ready and able to shift from production of war materials to consumer materials. This and the 360-yen-to-dollar **exchange rate** brought Japanese industry to full recovery by 1955.

Prime Minister Ikeda Hayato **signaled** a new **stage** in Japan's recovery in 1960. He announced that the government would adopt an "**Income-Doubling Plan.**" **On the surface**, the **goals** of this plan were **astonishing**: to achieve **full employment** and double GNP and personal income by 1970. To **achieve** this, the plan called for **heavy investment** in science and technology, **tax breaks** and loans to **high-growth** industries and **promotion** of international trade.

During the 1960s the economy took off. The quality of Japanese products increased **to the point that** "Made in Japan" transformed from an expression indicating cheap, poorly made items to one indicating reliable, well-made items. As a result, Japan **became highly competitive** on international markets, especially at the 360-yen exchange rate. The income-doubling goal was achieved in a **mere** seven years — **rather than** the expected ten years — and by the end of the 1960s Japan was second only to the U.S. in production of goods and services. Symbolizing Japan's recovery and return to the world **stage**, the 1964 Olympic Games were held in Tokyo, the first time the Olympics were held in Asia. (272)

高度経済成長

　朝鮮戦争は日本の復興の端緒となる強い追い風だった。1950年から1953年にかけて、日本は物資や装備の最も手近な供給元**としての役割を果たした**。日本は約20億ドルというとてつもない金額の**繊維**、鉄鋼、**車両**、紙や**木材**といった**物資調達の恩恵を受けた**。この**予期せぬ**外需による**利益**は、新規の工場や設備のために使われた。

　平和が訪れると、各メーカーは戦争資材から消費財へと生産をシフトさせることに乗り気になり、また実際にそれが可能になった。このことに1ドル360円という**為替レート**が幸いして、日本の産業は1955年までに完全な復興を果たすことができたのである。

　1960年、池田勇人首相は、日本の復興が新たな**段階**を迎えたことを**示した**。彼は政府が「**所得倍増計画**」をとることを発表したのだ。**一見したところ**、この計画が掲げた**目標は驚くべきものだった**—1970年までに**完全雇用**を実現し、国民総生産と個人所得を倍増するというのだ。これを**達成する**ために、同計画は科学技術への**重点的な投資**、**高成長が見込める**産業への**優遇税制措置**と融資、国際貿易の**推進**を求めた。

　1960年代、経済は大躍進を遂げた。日本製品の品質は「メイド・イン・ジャパン」が「安かろう悪かろうの製品」を示す表現から、「信頼性のある、質の高い製品」を表す表現に変わる**までに**向上した。その結果、日本はとりわけ1ドル360円の為替レートの時代には、国際市場において**非常に高い競争力を持つようになった**。所得倍増という目標は当初考えられていた10年**ではなく**、**たった**7年で達成され、1960年代の終わりには、日本は物やサービスの産出においてアメリカに次ぐ世界第2位の地位にまで登りつめた。日本の復興と世界という**舞台**への復帰を象徴するように、1964年のオリンピックが東京で開かれたが、これはアジアで開かれた初のオリンピックだった。

---

1 initial 初期の頃の　spur 刺激→追い風の力　closest（地理的に）最も近くにある　supplier 供給元　to the tune of … …というとてつもない金額の　billion 10億　external 国外の→外需による　stimulus 刺激→活性化、需要　**2** ready 前向きな、乗り気の　bring … to ～ …を～へ導く　**3** adopt 採用する、(政策を)とる　**4** take off 地面を這う状態から飛び立つ→大躍進する　poorly made 粗悪な　second only to … …に次ぐ第2位の　the Olympic Games = the Olympics 複数の様々な競技(game)が行われるので常に複数扱い

88 Political unrest

Not everyone was happy with the **direction** Japan was taking in 1960, the year **the U.S.-Japan Security Treaty** came up for **renewal**. **Opponents** inside and outside **the Diet** attempted to prevent the renewal of a **slightly** revised treaty.

Beginning in 1959 students and their supporters staged **mass demonstrations** in Tokyo, especially near **the Diet Building**, in order to make their message heard. **Prime Minister** Kishi Nobusuke rammed the **bill** through the Diet, calling police into the Diet to **remove** opponents and then holding a snap vote with only LDP loyalists **in attendance**. This **disregard for** democratic **procedure further enraged** opponents of the treaty. At the peak of the protest **marches that resulted**, a 22-year-old female student **was crushed to death** in a battle between students and **riot police**. Her death further strengthened the opposition, but the treaty **came into force nonetheless**.

In the years 1968 to 1969, students **turned against** their own universities. They **criticized** "mass production" education, **inadequate** educational **facilities** and the **so-called** "examination hell." Schools and universities, claimed the students, were being turned into **diploma** mills to supply **business** and the government with **obedient** workers.

At some universities, classes **were suspended** and students **were locked out of** the campus. At the University of Tokyo, **controversy over** the policy at the **medical school grew into** a **university-wide** strike. **Radical** students **occupied** Yasuda Hall. The university called police into the campus to remove the **barricaded** radicals. On January 18 and 19, 1969, 8,500 police **battled** students while TV cameras **broadcast** the assault. The police succeeded in **evicting** the radicals and in the end some 600 students **were arrested**. (268)

Contemporary Period (Late Showa and Heisei)

政治の混乱（安保闘争と全共闘）

　日米安全保障条約が**更新**を迎えた年である1960年に日本がとった**方向**に、誰もが満足していたわけではなかった。**国会内外の反対者は、**わずかに改訂された安保条約の更新を阻止しようとした。

　1959年に始まって、学生や彼らの支持者たちは意見を訴えるために東京、とりわけ**国会議事堂**の近くで**大規模デモ**を繰り広げた。岸信介**首相**は**法案**を国会で強行に通過させた。反対派を**排除する**ために国会に警察を入れ、**出席していた自民党内の賛成派**だけですみやかに採決を行ったのだ。この民主的な**手順**を無視した行為は、条約反対者を**さらに激怒させた。**その結果起こった抗議のデモ**行進**がピークに達したとき、22歳の女子学生が学生と**機動隊**の衝突で**圧死した**。彼女の死がさらに反対運動をさらに激化させたが、**それでもなお新しい条約は発効した**。

　1968年から1969年にかけて、学生は自身の大学**に敵対するようになった**。彼らは「マスプロ」教育や**不十分な教育施設、**そして**いわゆる**「**受験地獄**」を**批判した**。そうした学生たちの主張では、学校や大学は**実業界**や政府に対して**従順な**労働者を供給するための**学位工場**と化しているというのだ。

　いくつかの大学では授業が**中止され、**学生は大学**の外に締め出された**。東京大学では**医学部の方針をめぐる議論が大学全体のストライキに発展**。**過激派**の学生は安田講堂を**占拠した**。大学側は**バリケードを築いて立てこもった**過激派を排除するため、学内に警察を呼んだ。1969年1月18日と19日、テレビカメラが襲撃現場を**放送する**中、8,500人の警官が学生と**衝突した**。警察は過激派を**立ち退かせる**ことに成功し、最終的に約600人の学生が**逮捕された**。

---

1 not everyone was happy with ... 誰もが…に満足していたわけではなかった。いわゆる部分否定の表現　come up for ... …を迎える　revised 修正された、改訂された　**2** stage 公衆の場で行う　make ... heard …を（訴えたい人の）耳に届ける　ram ... through 〜…を〜で強行通過させる。ramは「押し込む」　snap vote スピード採決。snapは「不意打ちの、急な」　LDP = Liberal Democratic Party 自由民主党　loyalist 忠臣→同調者、賛成派　mass production マスプロ、（工業製品などの）大量生産。マスプロ教育とは、大教室での授業など悪い条件下での画一的な大学教育を指す　mill 工場→大量生産組織　supply ... with 〜 …に〜を供給する　**4** assault 急襲、（警察が学生を）攻撃する現場

89 Reestablishing relations with China

The first "Nixon shock" was the announcement, without **previously notifying** Japan, that U.S. President Richard Nixon planned to visit **the People's Republic of China** (PRC) in July 1971. The U.S. had long treated China as an **adversary**, and had called on Japan to help contain the **Communist nation**. So when American policy was suddenly reversed, without **consulting** Japan **beforehand**, it was an **enormous** embarrassment to Japanese leaders who had **loyally** followed America's **cues**.

Although **stunned** by Nixon's reversal of American attitudes to China, Prime Minister Tanaka Kakuei **was quick to** respond to changes in the **international situation**. Two months after taking office, Tanaka decided to follow America's lead by recognizing the People's Republic of China as the **sole** government of China, with sovereignty over Taiwan. He traveled to Beijing in September 1972, where he signed a joint communiqué that **provided for** the exchange of diplomats. This initiative displayed by Tanaka in **resolving** a **long-term** political issue made him highly popular **at home**.

Relations between the countries **gradually** improved, and in 1978, the two nations signed **the China-Japan Peace and Friendship Treaty**, which **normalized** relations between the two. (187)

日中国交の回復

　第一次のニクソンショックは、アメリカ大統領リチャード・ニクソンが**中華人民共和国（中国）**を訪問する計画を、日本に**事前**通知せず、1971年7月に発表したことだった。アメリカは長い間中国を**敵国**として扱い、日本には**共産主義国**を封じ込める手助けを求めていた。そのため、**前もって日本に相談する**ことなしに、アメリカの政策が突然180度転換したとき、それまで**忠実に**アメリカの**指示**に従ってきた日本の指導者たちには**計り知れない**屈辱となった。

　アメリカの中国に対するニクソンの方向転換に**呆然としたものの、田中角栄首相は国際情勢**の変化に**すばやく対応した**。就任後2か月で、田中角栄首相は中華人民共和国を台湾に対する主権を持つ中国の**唯一の**政府であると認めることにより、アメリカの範に従った。彼は1972年9月に北京を訪れ、そこで外交官の交換**を規定した**共同声明に署名した。**長年懸案だった**政治問題の**解決**において、田中角栄首相が示したこの率先的行動により、彼は日本**国内で高い人気を得た**。

　両国の関係は**次第に**改善されてゆき、1978年には両国は**日中平和友好条約**を調印し、これにより両国の関係は**正常化された**。

タイトル reestablish 再構築する、回復する　**1** notify 通知する　treat ... as 〜 …を〜として扱う　call on ... to 〜 …に〜するよう求める　contain ... …に対し封じ込め政策（既存勢力範囲に封じ込め、地域の安全保障や現状の国際関係に影響を与えないようにする政策）を行う、…をけん制する　reverse 反転する、180度転換する　embarrassment 赤っ恥、屈辱　**2** take office 就任する　follow ... by 〜 ing 〜して…に追随する、〜して…の範に従う　with sovereignty over ... …に対する主権を持つ（「中華民国」として台湾を含む中国全土が領土だと主張してきた資本主義国・台湾に対し、中国本土を支配する共産主義国「中華人民共和国」（いわゆる中国）も「台湾省」を含む中国全土の支配権を主張していた　joint communiqué [kəmjùːnəkéi] 共同声明。communiquéは外交上の短い公式発表　excnange of diplomats 実際には大使の交換（お互いの国への大使館の設立）が行われた　initiative イニシアチブ、率先的行動　display 示す　make ... (= him) 〜 (=highly popular) …を〜にする

90 The Second "Nixon Shock"

President Nixon **shocked** the Japanese on two different occasions. The second was his sudden announcement that the U.S. was abandoning the gold standard for its currency. To Japan, this **signaled** a **breaking** of the fixed dollar-yen exchange rate.

Following World War II, in order to **assist** economic recovery and **reconstruction** in Japan, the U.S. had maintained a **deliberately** undervalued **exchange rate** of 360 yen to $1. This **unnatural** exchange rate allowed Japan to export its products to the American market at **attractive** prices. Japanese **businesses** had grown used to this rate and expected it to continue, so when Nixon made the announcement, it came as a major blow.

Part of the "shock" was that the U.S. had acted **unilaterally**, without consulting Japan, which **was supposed to** be an ally. **From** the American **point of view**, Japan **had achieved** a comeback and no longer needed **artificial** economic **protection**.

The yen-dollar exchange rate was allowed to **float** in 1973, and the yen grew **increasingly** stronger against the dollar. At the beginning of 1980 it had strengthened to 237 yen to the dollar and by 1990, to 144 yen to the dollar. The **post-war** high was 75.32 yen in 2011. (197)

第二次ニクソンショック

　ニクソン大統領は2度にわたって日本に**ショックを与えた**。2度目は、アメリカはドルの金本位制を中止するとの突然の発表である。日本にとって、これはドルと円の固定為替相場制の**崩壊を意味していた**。

　第二次世界大戦**後**、日本の経済復興と**再建を支える**ために、アメリカは**意図的に**円の価値を低く見積もり、1ドルに対して360円の**為替レート**を維持してきた。この**不自然な**為替レートにより、日本は自国の製品を**魅力的な**価格でアメリカ市場に輸出することができたのである。**日本企業**はこのレートに慣れており、それがずっと続くと思っていたので、ニクソン大統領が発表をしたとき、それは日本企業には大きな衝撃であった。

　その「ショック」は1つには、アメリカが同盟国**であるはずの**日本に何の相談もなく一**方的に**行動を起こしたことが原因だった。アメリカの**見地からすれば**、日本はすでに復興を**果たしていて**、すでに**人為的な**経済保護策を必要としなくなっていたのだ。

　ドル円の為替レートは1973年に**変動相場制に移行し**、円はドルに対して**次第に強く**（円高に）なっていった。1980年はじめには、1ドル237円にまで円高が進み、1990年までには1ドル144円になった。**戦後**の最高値は2011年の1ドル75.32円だった。

---

1 on two different occasions　2度の異なる機会において→2度にわたって　was abandoning　これから放棄する。確定した近い未来の予定を表す進行形　gold standard　（通貨の）金本位制。その通貨の紙幣をいつでも同価値の金と交換する保証を政府が与えた上で通貨を流通させる制度　its currency　（米国）通貨（=米ドル）　fixed exchange rate　固定為替相場制。両国の通貨の交換レートを固定した為替制度（⇔変動為替相制）
2 undervalued（実際よりも価値を）低く見積もった　allow ... to ～　～が～することを可能にする　had grown used to ...　（それまで）…することに慣れてしまっていた　it came as a major blow　それは大きな打撃としてやってきた→それは大きなショックを与えた
3 part of ... was that ～　…は1つには～ということが絡んでいた　comeback　立ち直り、復興　**4** yen-dollar　日本では為替相場を「1ドル～円」という言い方をするのが普通なため、「ドル円」という言い方をすることが多い。基本的に英語では逆　be allowed to ...　…するがままに任せられ　had strengthened to ...　…まで強くなっていた。「その時点までには」を表す過去完了の形式に着目　the ... high　…の最高値

91 Return of Okinawa

The U.S.-Japan Security Treaty signed in 1951 at the time of the peace treaty gave America control over the Ogasawara Islands and Okinawa. The U.S. government **governed** Okinawa like a **colony** and constructed **bases** for the **armed forces** in various places on Okinawa. This continued American presence in Okinawa, even following the end of **the Occupation** in 1952, remained a multifaceted problem. Local **residents**, while partially dependent economically on the bases, **suffered from** aircraft noise, preferential **legal treatment** of military personnel and disagreements **over** land use and rents. Okinawa and its people also felt that they had been forced to **bear** these **burdens** by the **mainland** Japanese government, without appropriate **compensation**. Russia, among other nations, **contended** that because of the American base on Okinawa, Japan had not returned to **sovereignty** in 1952, and **therefore**, it would not **negotiate** a peace treaty.

America returned the Ogasawara Islands to Japan in 1968 and Okinawa was returned in 1972. The bases remained and noise problems and **crime** involving U.S. military personnel continued to make the news. The issue of Okinawa's **unfair** burden also remained. American bases **occupied** some 10% of Okinawa **Prefecture**. Further, some 75% of the land **area** occupied by U.S. military bases in Japan was in Okinawa. (206)

沖縄返還

　1951年、サンフランシスコ平和条約と同時に調印された**日米安全保障条約**は、アメリカに小笠原諸島と沖縄の支配権を与えた。アメリカ政府は沖縄をまるで**植民地**のように**統治**し、沖縄各地に**軍隊**の**基地**を建設した。1952年に本土の**占領統治**が終わった後も続いたアメリカの沖縄駐留は、多種多様な問題として残った。経済的に米軍基地に依存していた部分があるものの、地元の**住民**は飛行機の騒音や、米軍関係者に対する有利な**法的処置**や、土地利用や賃借料**をめぐる**不和に**悩まされた**。沖縄県や沖縄県民はまた、自分たちがそれ相応の**補償**もなく、**本土の日本政府に無理に**こうした**負担を負わされて**きたと感じていた。ロシアをはじめとする国々は、沖縄に米軍基地があるがゆえに、日本は1952年に**主権国家**に戻ったとはいえ、**それゆえに日本と平和条約の交渉に入る**ことはできないと**主張**している。

　アメリカは小笠原諸島を1968年に日本に返還し、沖縄も1972年に返還された。ただ米軍基地は沖縄に残り、騒音問題やアメリカの軍人が関係する**犯罪**は相変わらずニュースをにぎわしている。沖縄の**不公平な**負担の問題も残ったままだ。米軍基地は沖縄県の土地のおよそ10%**を占めている**。さらに、日本にある米軍基地が占めている土地**面積**の約75%は沖縄に集中していた。

---

1 the peace treaty ここはサンフランシスコ平和条約を指す　give ... (=America) 〜 (control) …に〜を与える　control over ... …に対する支配権　continued 引き続いての　presence 存在、駐留　remain ... …であり続ける、…のまま残る　multifaceted 多方面の、多種多様な　while (they were) ... …である一方で　partially 部分的に　dependent on ... …に依存した　aircraft 航空機(の)　preferential ひいき的な、特別扱いの　personnel ［集合的に］人員、要員　disagreement (沖縄県民と米国側の)意見の不一致、争い　rent 賃借料。米国占領下の沖縄では、民間の土地が米軍の使用のため強制収用され不十分な賃借料しか支払われていなかった　**2** involving ... …が関係する　make the news ニュースを作る→ニュースになる　further = furthermore さらに

92 The Oil Shock of 1973

The juggernaut of the Japanese economy shuddered in 1973. The Organization of the Petroleum Exporting Countries (OPEC) suddenly announced that it would **raise** the price of **crude oil** by nearly 70%. **Entirely dependent on** imported **petroleum** for **fuel** for its industries, Japan was stunned when it **was included** in the OPEC oil **embargo**.

The **public** responded by **rush**ing to the supermarkets for products like toilet paper, production of which depend on petroleum. Panic from the "oil shock" caused a brief shrinking of the economy. But **ironically**, the "oil shock" provided Japanese auto manufacturers with an opportunity to sell its smaller, more **efficient** autos in the U.S. Stimulated by the rise in **gas** prices and **significant** improvements in quality, by 1980, Japan produced more autos per year than any other nation in the world.

The "oil shock" also had an impact on the **nuclear power** industry. **Despite** a general anti-nuclear **sentiment** among the **public**, Japan's complete dependency on imported petroleum had led it to **invest** billions of yen beginning in the 1950s **in** developing a program of nuclear energy. Japan's first nuclear **power plant** at Tokaimura went on line in 1965. The "oil shock" **further** stimulated **interest in** nuclear power among both scientists and government officials **as a way to** reduce dependency on imported fuel. (213)

第一次石油ショック

　1973年、絶対的な強さを誇っていた日本経済に激震が走った。石油輸出国機構（OPEC）が突然、**原油**の価格を70%近く**引き上げる**と発表したのだ。産業用の**燃料**を**完全に輸入ものの石油に頼っていた**日本は、自らがOPECの石油禁輸措置の対象に**含められる**と大きなショックを受けた。

　国民は、その生産を石油に依存していたトイレットペーパーなどの製品を求めてスーパーマーケット**に殺到する**ことで、石油ショックに対処しようとした。「オイルショック」によるパニックによって、日本経済は一時的にマイナス成長となった。ただし、**皮肉なことに**「オイルショック」は、日本の自動車メーカーにアメリカ車よりも小型でより**燃費のよい**自動車を、アメリカに売る機会を与えることになった。ガソリン価格の上昇や品質の目覚ましい向上が追い風となって、1980年までには、自動車の年間製造台数は日本が世界一になったのだった。

　石油ショックはまた、**原子力**産業にも影響を与えた。**国民**の間に一般的に反原子力の**感情**がある**にもかかわらず**、日本は輸入された石油に100%依存していることを反省し、1950年代以降、日本は原子力エネルギー計画の開発に何十億円もの**投資する**ようになっていく。東海村にある日本最初の原子力**発電所**は1965年に稼働を開始した。「オイルショック」は、輸入された石油への依存度を減らす**1つの方法**として、科学者や政府の役人の間の原子力**に対する**関心を**さらに**高めることになった。

---

1 juggernaut of ... 絶対的な強さを誇る…、(世界)最強の… 　... shudder …に激震が走る 　the Organization of the Petroleum Exporting Countries (OPEC) アラブ諸国やベネズエラなど、世界の主要な産油国が加盟し石油の生産量や価格を決定する組織 　by ... …の分(だけ)。差や増減を表す 　dependent on ... for ~ 〜を…に頼って 　was stunned 衝撃を受けた。stunは「衝撃を与える」 　oil ここは石油(= petroleum)のこと 　**2** respond by ...ing …することで対処する 　... production of which 〜 その製造が〜である… 　brief 短期間の…、一時的な… 　shrinking 規模縮小、マイナス成長 　provide ... with 〜 …に〜を与える 　(being) stimulated by ... …に刺激されて→…が追い風となって 　**3** impact 強い影響 　anti-nuclear 原子力[発電所]に反対する 　Japan's complete dependency on ... 日本の完全な…への依存→日本が100%…に依存していること 　lead ... to 〜 …を〜する方向に導く→…が〜することにつながる。it = Japan 　billions of ... 何十億もの… 　go on line 稼働を始める 　stimulate ... …を刺激する→…を高める

93 Trade friction

Immediately after World War II, Japan imported more from the U.S. than it exported to the U.S. In 1965 that **reversed**, and every year thereafter Japan's exports increased. In the 1970s, Japan seemed to be flooding the American market with **manufactured goods** that were rapidly improving in quality and **reliability**.

As a result, American **businesses** and **labor unions** began to **complain**. They said that Japanese companies were "**dumping**" goods on the American market. It was true that Japanese **manufacturers** were charging high prices in the **protected** Japanese market. **Meanwhile** it was selling the same product at **far** lower prices in America in order to **gain** market share. American companies **claimed** that they were **being driven out of business** by "unfair" competition. American labor unions claimed that Japanese businesses were pushing American workers out of jobs. **From the** Japanese **point of view**, they were just better at business than their American **competitors**.

Repeated "**trade conflicts**" eventually **led to** political negotiations between America and Japan **over** steel (1969 and 1978), **textiles** (1972), color televisions (1977) and **automobiles** (1981). Some negotiations led to "**voluntary restraints**" in which Japanese manufacturers agreed to **restrict** the **amount** of goods they exported, for example, automobiles. Other negotiations led to the opening of Japanese markets to **agricultural products**, such as beef (1988) and rice (1993).

Japanese auto makers realized the **sensitivity of their position** in the American market. They **developed** a new **strategy**. **Instead of** producing **autos** in Japan, they moved their factories to America. They also moved **subsidiaries** and parts suppliers to America and built "American-made" cars there. (261)

Contemporary Period (Late Showa and Heisei)

日米貿易摩擦

　戦後すぐの時代は、日本はアメリカへの輸出よりもアメリカからの輸入の方が多かった。1965年にそれが**逆転し**、それ以後は毎年、日本の輸出は増加していった。1970年代、日本は品質や**信頼性**を急速に高めていった**工業製品**で、アメリカの市場をあふれかえらせたように見えた。

　その結果、アメリカの**企業**や**労働組合**が**苦情**を寄せ始めた。彼らに言わせると、日本企業はアメリカ市場で製品の値段を「**不当に安く設定して売っている**」というのだ。日本の**メーカー**が、**保護された**日本の国内市場では高い値段で物を売っていたのは事実である。一方で日本は市場シェアを**獲得する**ために、同じ製品をアメリカでは**はるかに**安い値段で売っていたのだ。アメリカ企業は、自分たちが「不当な」競争によって**倒産に追い込まれ**ようとしていると**主張した**。アメリカの労働組合も、日本企業はアメリカの労働者を失業に追いやろうとしていると主張した。日本人の**見地**からすると、日本企業はアメリカの**競争相手**よりもビジネスの手腕に長(た)けていただけなのであるが。

　繰り返される「**貿易摩擦**」はついに鉄鋼（1969年と1978年）、**繊維**（1972年）、カラーテレビ（1977年）そして**自動車**（1981年）**をめぐる**日米間の政治的な**交渉につながった**。それらの交渉のいくつかは、日本企業がたとえば自動車のような輸出品の**数量**を**制限する**ことに合意する、「**自主規制**」につながった。また他の交渉では、牛肉(1988年)や米(1993年)といった**農産物**の日本市場の開放へとつながるものもあった。

　日本の自動車メーカーは、アメリカ市場での**立場の難しさ**を実感した。それゆえに日本企業は新たな**戦略**を展開した。日本国内で**自動車を生産する**のではなく、自社の工場をアメリカに移したのだ。彼らはまた、**子会社**や部品供給会社もアメリカに移転させ、そこで「**アメリカ製の**」自動車を組み立てた。

---

1 immediately after … …の直後には … thereafter それ以後の… flood … with 〜 …を〜であふれかえらせる。floodは「洪水(を起こす)」 **2** charge （値段を）つける push … out of jobs …を職から追い出す→…を失業に追い込む better at … good at …「…が得意」の比較級 **3** eventually 最終的に、ついに opening of … to 〜 …を〜に対して開くこと

現代の日本(昭和後期と平成時代)

94 The Bubble Economy

The "economic miracle" which **began with** "high-growth" seemed to **stumble** at the time of the "oil shock" and several scandals. But the economic situation **was far from** bleak. The days of 10% **annual growth** were **over**, but the 3.5% to 5.5% growth **from** 1975 **into** the 1980s seemed quite **remarkable** to foreign observers. When Japan's GNP **passed** that of the U.S. in 1987, it seemed that nothing could stop the Japanese economy.

On an individual level, the Japanese appeared fairly **satisfied with** their economic situation. **Evidence for this** was in the annual "**Opinion Survey** of the People's Livelihood (*Kokumin seikatsu ni kansuru yoron chosa*)" **carried out by** the Prime Minister's Office (*Sorifu*). The survey asked where **they placed themselves** compared to other Japanese. Those who saw themselves as "middle-middle" increased from the 1960s until it reached more than 60% in the 1980s. Adding the "lower-middle" and "upper-middle" **respondents**, the self-defined middle-class rose above 90%.

The bright **achievements** of the **urban** white-collar office workers, known as *sarariiman* in Japanese, were achieved **at a cost**. Totally **devoted to** their companies, they **worked overtime** as a daily habit, **skipped a portion of** the vacation days they **were entitled to** take off. They joined **coworkers** and **clients** for drinks **after hours** rather than going home. **In exchange**, their salaries went up and they rose through the company hierarchy. But the **excesses of** overwork became evident in the 1980s and a term was coined to **describe** the **phenomenon**: *karoshi*, death from overworking. (247)

バブル経済

　「**高度成長**」**に始まった**「**経済の奇跡**」は、石油ショックや何度かの不祥事によって**つまずいたように**見えた。そうした時でも、日本経済の状況は暗澹たる状況**からは程遠かった**。10%の**年間成長率**を誇る時代は**終わっていた**が、1975年から1980年代にかけての3.5%から5.5%の成長は、外国人の目には極めて**驚くべき**ものに映った。日本の国民総生産は1987年にはアメリカの国民総生産**を抜き**、日本経済の勢いはとどまるところを知らないように思えた。

　個々人のレベルでは、日本人は自らの経済状況にかなり**満足している**ように見えた。**これを裏付けるものが**総理府（現在の内閣府）**によって毎年行われる**「国民生活に関する**世論調査**」に垣間見られる。国民生活調査の調査項目の中に、他の日本人と比較し自らを**どこに位置付ける**かを聞いたものがあった。自分自身を「中の中」だと考える日本人は1960年代から増加し、1980年代には60%以上に達した。「中の下」「中の上」と答えた**回答者**を加えると、自らを中流階級と位置付けた人の数は90%を超えた。

　日本語で「サラリーマン」として知られる、**都市部の**ホワイトカラーの会社勤めの人々の輝かしい**功績**は、**犠牲を払って**生み出されたものだった。会社に完全に**身をささげる**人生を送る彼らは、取得する**権利のある**有給休暇の**一部も**放棄して、毎日のように**残業をした**。彼らは**終業後には**家に帰らずに、**同僚や得意先**との飲み会に参加した。それと**引き換えに**彼らの給料は上がっていき、彼らは会社の出世の階段を上っていった。しかし1980年代には**限度を超えた**働き過ぎが社会問題化し、その**現象**を**言い表す**言葉が作られた。それは「働き過ぎによる死」を意味する「過労死」だった。

---

1 scandals （政財界の癒着などの）不祥事。ロッキード事件やリクルート事件など　bleak 暗い、暗澹たる　to foreign observer 外国人観察者にとって→外国人の目には　that [=the GNP] of ... …のそれ　nothing could stop ... 何者も…を止められなかった→…はとどまるところを知らなかった　**2** livelihood 生計、収入源　see oneself as ... 自らを…だと見る　self-defined ... 自らを…だと定義づけした人　**3** white-collar [襟(collar)が白いシャツを着ることから、肉体労働者に対して]知的労働者の　as a daily habit 日常的に　skip 取らずに済ます　take ... off …を休みとして取る　rise through ... …をどんどん上がっていく　hierarchy 上下関係のランク、出世の階段　overwork 働き過ぎ、過労。残業はovertime work　evident 顕在化して→社会問題化して　term 用語、言葉　coin 造語する、新たに作る

現代の日本（昭和後期と平成時代）

95 Economic Bubble Bursts

By the mid 1990s, after the bubble collapsed, Japan entered a **so-called** "lost **decade**." It was spurred by **recession** and led to an increase in **unemployment**.

Inequality also grew **in terms of** employment. This was most visible in the young generation of workers, who **were divided into** full-time employee **and** temporary worker groups. Between 2001 and 2006, the population of the regular-employed fell by 1.9 million, and the population of temporary workers rose by 3.3 million.

There were changes in the family **as well**. It became **common** for women to find part-time work to **contribute to** the **household** income. This was **partly due to** the high living expenses. More **significantly**, there was a shift in **employment status** of the men. They earned less, suffered layoffs or worked full-time shifts as temporary workers. Many couples began to feel that they could not afford to have children.

Some **statistics reveal** the **grim** conditions more **specifically**. The Labor Ministry announced that almost **1 in 6 people** in Japan lived in poverty in 2007, and the **rate** was close to that of the U.S., at 15.7% and 17.1%, **respectively**. According to **the Organization for Economic Co-operation and Development** (OECD) reports, since 1985, the rate of child poverty increased to 14%, above the average of other OECD member nations.

Japan's **population** was growing older, and the population was **declining**. After **witness**ing the decline in job security, safety, chances for **advancement**, and a **secure** life after retirement, it was easy to understand how people started to lose hope for a better life. (256)

バブル経済の崩壊

　バブルがはじけた1990年代中頃までに、日本は**いわゆる**「**失われた10年**」に突入した。それは**景気後退**によってさらに加速し、**失業者数**の増加を生み出した。

　格差は雇用**の面**でも増大していった。これが最も顕著に表れたのが若年労働者で、彼らは正社員**と**一時雇用者のグループ**に分かれて**いった。2001年から2006年の間、正規労働者の数は190万人減り、非正規労働者の数は330万人増加した。

　家族のありかたにも変化が見られた。女性が**世帯の収入に貢献する**ためにパートタイムの労働に就くことが**当たり前**になった。これは**1つには**高い**生活費**による。さらに**重要な点として**、男性の**就業条件**にも変化が見られた。給料は減り、一時解雇されることもあり、派遣労働者の身分ながら正社員同様の勤務シフトで働いた。多くの夫婦が子供を持てるだけの収入がないと感じ始めるようになっていた。

　いくつかの**統計**が、この**陰鬱**な状況をより**具体的に明らかにしている**。厚生労働省の発表によると、2007年には日本人の**6人に1人**が貧困の中で暮らしており、その**割合**は米国の貧困者の割合に迫っていて、日米は**それぞれ**15.7％と17.1％だった。**経済協力開発機構**（OECD）の報告書によると、1985年以来、子供の貧困の割合は14％に増え、他のOECD加盟国の平均を上回るようになったという。

　日本の**人口**はますます高齢化が進み、人口自体も**減少**していた。職の安定性や安全性、**昇進**の可能性や引退後の**安定した生活**などがだんだんと確保できなくなっている状況を**目の当たりにすれば**、人々が生活向上への望みをどれほど失いかけているかを理解するのは簡単である。

---

1 collapse 崩壊する→はじける　spur 拍車をかける　**2** inequality 不平等→格差　grew [grow-grew-grown] 拡大する　visible 目に見える→顕著な　temporary 一時的な　the regular(ly)-employed 正規雇用労働者。いわゆる「社員」のこと　**3** expense 出費、費用　earn less より少ない金額を稼ぐ→給料が減る　layoff 一時帰休、一時雇用停止　can not afford to ... …するだけのお金がない　**4** the Labor Ministry 直訳すると「労働省」であり、日本では「厚生労働省」がこれに当たる　close to ... …に近い　at ... …の値で　**5** grow ... …になる　after ...ing …した後では　decline 悪化、減少　security 確保(secure)できること　safety 安全性。コスト削減などによって従業員の身の安全や健康が犠牲になることも

96 Great Hanshin-Awaji Earthquake 1995

At 5:46 a.m. on the morning of January 17, 1995, an earthquake measuring 7.3 on the Richter scale struck Awaji Island and the **highly populated** city of Kobe. **Approximately** 6,500 people lost their lives, mainly in the Kobe area. It was the worst earthquake in Japan since the Great Kanto Earthquake of 1923. **Gas lines** broke and fires broke out. **Water mains** cracked, making it difficult for **firefighters** to **put out** the fires fueled by wood in **collapsed** buildings.

The collapsed sections of the **elevated** Hanshin Expressway became the most recognized image of the quake. The **rebuilding** of this central **artery** through Osaka and Kobe was not completed until September 30, 1996. Only 30% of rail lines in the region were left **operable** after the quake, but that number returned to 80% **within a month of** the quake.

The national government **was criticized for** its slow response to the crisis, for **initially** turning down offers of assistance from other countries, and for not having a **crisis-response** plan to handle such a **large-scale disaster**. On the positive side, some 1.2 million volunteers **joined in** relief efforts during the three months **following** the quake. The economic impact of the disaster was **enormous**. Damage **came to** some ten trillion yen, approximately 2.5% of Japan's GDP for that year. (215)

1995年の阪神・淡路大震災

　1995年1月17日の朝5時46分、マグニチュード7.3の地震が淡路島と**人口の密集**した神戸市を襲った。主に神戸地域にいた**およそ**6,500人の人々が命を落とした。それは1923年の関東大震災以来、日本で起きた最悪の地震だった。**ガス管**が破損し、火災が発生した。**水道の本管**が破裂し、**倒壊した**建物の木材が燃え広がった火事の、消防士による鎮火は困難を極めた。

　阪神高速道路の**高架**の倒壊部分が、この地震で最も有名な画像となった。大阪や神戸を通るこの中心的**動脈**の**再建**が終わったのは1996年の9月30日だった。震災後、この地域の鉄道路線で**運行可能**だったのはたった30%だったが、その数字は地震**後1か月以内**に80%まで回復した。

　日本政府は地震の危機に対して対応が遅かったこと、**当初は**外国からの支援の申し出を断ったこと、そしてそのような**大規模な災害**に対応する**危機対応計画**を持っていなかった**ことで批判を浴びた**。明るい面では、震災**後**3か月の間で約120万人のボランティアが救援活動**に加わった**ことがあった。震災は日本経済に**計り知れない**影響を与えた。損害は約10兆円**に及び**、それはその年の日本のGDPのおよそ2.5%に相当するものだった。

---

1 measuring ... …という数字が観測された、規模が…の　... on the Richter scale マグニチュードが…の。Richter [ríktər] は、地震の大きさを表す尺度を提唱した米国の地震学者チャールズ・リヒターの名前から　break out (火事・戦争などが)突発的に起こる　make it ... for ~ to = ~が=するのを…にする　fueled by ... …によって燃料を与えられた、…が燃え広がった　**2** recognized 人々に(幅広く)認識された→有名な　was not completed until ... …まで完成しなかった→…になってようやく完成した　were left ... …の状態で残る。leave ... 「(~は形容詞)で「…を~の状態に残す」という構文であるがその受身形　**3** turn down ... …を断る　handle 扱う(= deal with)　relief effort 救援のための努力→救援活動　trillion 1兆。西洋では10の3乗(1,000)の倍数ずつ(thousand [千] = 10^3, million [100万] = 10^6, billion [10億] = 10^9, trillion = 10^{12})、東洋では10の4乗(10,000)の倍数ずつ(万=10^4, 億 = 10^8, 兆=10^{12})、数字の位の大きな区切りが置かれる。算用数字のカンマは西洋式の大きな区切りを表している。ちなみにmill(i)-は「千」、-onは「大きな」を表す(例:ball「玉」→balloon「大きな玉」→風船」)ので、millionは「大きな千」、さらにbi-は「2」、tri-は「3」を表すので、billionはmillionから数えて2つ目の大きな区切り、trillionは3つ目の大きな区切りの意味である。12は3と4の公倍数なので、「1兆」で東洋と西洋が再び出会う。

97 Subway Sarin Attack

On March 20, 1995, members of the Supreme Truth Cult, *Aum Shinrikyo*, released deadly sarin gas on a Tokyo subway train **at the height of** the morning rush hour. Thirteen **passengers** and train personnel were killed and 6,300 injured in the attack.

The group, **founded** by Matsumoto Chizuo, also known as Asahara Shoko, had begun as a religious cult mixing Buddhism, **Hinduism**, yoga and **predictions** of an apocalypse. By 1994, however, the group shifted from **preparing for** the end of the world to actually implementing it. Certain members of the cult began creating chemical and biological weapons of mass destruction to bring the end sooner. The cult **was** also **implicated in abductions**, **arms procurements** and the murder of a family of three.

The **first stage** in the denouement was the **arrest** of Matsumoto on May 16, 1995. Worries continued that other **loyal** cult members with **further** plans for mayhem were still at large, but **gradually** those worries dissipated. After a **lengthy** trial, Matsumoto was found guilty on 13 counts in connection with various crimes that resulted in the deaths of 27 people. He **was sentenced to death** for ordering the series of **brutal** crimes. (194)

地下鉄サリン事件

　1995年3月20日、オウム真理教という新興宗教の信者たちが、朝のラッシュアワー**のピーク時に**、東京の地下鉄の電車内で殺人ガスであるサリンを撒いた。この攻撃で13人の**乗客**と地下鉄職員が亡くなり、6,300人が負傷した。

　松本智津夫、別名麻原彰晃が**創始した**オウム真理教は仏教、**ヒンドゥー教**、ヨガと世界の終末の**予言**を組み合わせた宗教的カルト集団として始まった。しかし、1994年までに、オウム真理教はその活動を世界の終末**への備え**から、実際に世界の終末を引き起こす動きに転じていった。世界の終わりをより早めるために、オウム真理教の何人かの信者は化学・生物学的大量破壊兵器を製造し始めた。オウム真理教はまた、**拉致**事件や**兵器の調達**、そして3人家族の殺害にも**手を染めて**いた。

　事件の決着の**第一段階**は1995年5月16日の麻原彰晃の**逮捕**だった。**さらなる無差別**テロの計画を持つ**忠実な**他の信者がいまだ捕まっていないことに対し、人々の不安はぬぐえなかったが、**次第に**こうした心配も薄れていった。**長期にわたった**裁判の後、松本智津夫被告は27人の死者を出した様々な犯罪に関する13の訴因について、有罪となった。彼は一連の**残忍な**犯罪を指示したかどで、**死刑判決を受けた**。

---

1 the Supreme Truth Cult（組織としての）「オウム真理教」の一般的な英語名がthe Supreme Truth（直訳すると「至高の真実」）で、ここにはそれにCult「（極端な思想の）新興宗教団体」を付した呼称　release 放出する　deadly 殺人的な　personnel [集合的に]職員　(were) injured 負傷した。外的なけがではなく中毒症状でもinjuredは一般的に用いられる　**2** also known as ... 別名…の。a.k.a.と略されることもある　apocalypse この世の終わり、「終末」　shift from ... to 〜 …から〜に（活動内容を）変化させる　implement 実際の行動を起こす。ここは世界の終末を引き起こすこと　chemical and biological weapons of mass destruction 化学・生物(学的)大量破壊兵器。化学兵器は致死性の化学物質を、生物兵器は猛毒を持った細菌やウィルスをばらまいて大量に人を殺すもの。両者はatomic weapons（核兵器）と合わせてABC兵器とも称され、残忍な大量破壊兵器(weapons of mass destruction)として強く非難されている。「破壊」とは「殺りく」のこと　bring the end sooner より手早く終末をもたらす　family of three 3人家族　**3** denouement [deinuːmáːŋ] 大詰め、決着、クライマックス　mayhem 人々をパニック[大混乱]に陥れる事件　at large 捕まらずに、自由の身で　dissipate（霧や心配・疑念などが）晴れる、雲散霧消する　trial 裁判　count 訴因。訴状の1つ1つに記された訴えの原因(罪状)を「訴因」と呼ぶ　series of ... 一連の…

98 Territorial disputes

Takeshima is a small island **midway between** Japan **and** Korea that is claimed by both countries. In 1905 it was placed **under the control of** Shimane Prefecture. But the Koreans claim that Japan **seized** it by force during the **colonial period**, when Korea was unable to protest. In the mid-1950s South Korea **occupied** the island and in the early 2000s deployed **warships** to prevent the **landing** of Japanese officials.

Japan faced a similar **conflict** with China over the Senkaku Islands. An uninhabited group of islands north and west of the Ryukyus, they were included when Okinawa was returned to Japan in 1972. They were **significant** because they contained rich **marine product** areas and deposits of oil under the sea. Since the 1960s, they were claimed by Japan, the Peoples' Republic of China and the Republic of China (Taiwan). Conflicting claims of **ownership** led to major **demonstrations** in each country.

What Japan calls "**the Northern Territories**" is called by a different name in Russia, which **currently** inhabits **the Kuril Islands**, including the four **southernmost** islands of Kunashiri, Habomai, Shikotan and Etorofu. Japan claimed that these four islands were not part of Russian **territory**, and that they should be returned to Japan. Beginning in the 1990s there were **signs** that the Russians and Japanese might **eventually** work out a **compromise** involving **cooperative development** of the islands. However, there was little substantial **progress** after that. (232)

領土問題

　竹島は日本と韓国の**中間にある**小さな島で、両国が領有を主張している。1905年、同島は島根県の**管轄下**に置かれた。ただし韓国は、朝鮮が抗議の声を上げることができなかった**植民地時代**に日本が同島を力ずくで**占拠した**と主張している。1950年代中頃、韓国はこの島を**占拠し**、2000年代の初め頃には日本の当局者の**上陸**を防ぐために**戦艦**を配備した。

　日本は尖閣諸島をめぐって中国との間でも同様の**衝突**に直面した。琉球諸島の北方や西方にある無人の島々の集まりである尖閣諸島は、沖縄が1972年に日本に返還された際に返還対象になっていた。尖閣諸島は豊かな**海産物**を誇る水域や海底油田を擁しているため、**重要な意味を持っている**。1960年代より、尖閣諸島は日本、中華人民共和国および中華民国（台湾）によって領有が主張されている。対立する**領有権**の主張が、それぞれの国での大きな**デモ活動**を引き起こしている。

　日本が「北方領土」と呼んでいるものは、ロシアでは別の名前で呼ばれているが、ロシアは**最も南にある**国後、歯舞、色丹および択捉という4つの島々も含めた**クリル（千島）列島に現在**ロシアの住民を住まわせている。日本はこれらの4島はロシアの**領土**の一部ではなく、日本に返還されるべきだと主張した。1990年代頃から、ロシアと日本が**最終的に**これらの島々の**共同開発**を含む**妥協案**を見出すことができるかもしれないという**兆し**が見えてきた。しかしながら、その後具体的な**進展**はほとんど見られなかった。

---

1 claim （領有を）主張する　by force 力ずくで、無理やり　Korea 日韓併合（朝鮮の植民地化）直前の韓国の正式な国名は「大韓帝国」だったが、同地域は一般に朝鮮と呼ばれていた　deploy 配置する、展開する　official 役人、当局者。ここでは巡視船の船艇職員のこと
2 uninhabited 人の住んでいない　the Ryukyus 琉球諸島。沖縄諸島と先島諸島の総称で、南西諸島の南半分にあたる　deposit 埋蔵地、鉱床　the People's Republic of China 中華人民共和国。共産主義体制をとり、中国本土(mainland China), PRCとも称される　the Republic of China 中華民国。漢字の国名に「共和国」という文字はないが、英語の正式国名は標記の通りで資本主義体制をとる　conflict 対立する　**3** inhabit 住む、居住する　work out 打ち出す、ひねり出す　there was little ... …はほとんど見られなかった。littleにaがついていないので、「ほとんどない」という否定的なニュアンス　substantial 具体的な、実質的な

99 The Great Tohoku Disaster

At 2:46 p.m. **Japan Standard Time** on March 11, 2011, approximately 70 kilometers east of the Oshika Peninsula in the Tohoku region, the **ocean floor released** enormous **power** in what came to be known as the Great East Japan Earthquake. The quake **lasted** about six minutes and was **first** reported as a magnitude 7.9. That measure **was** later **raised to** a magnitude 9.0, making the quake the largest in Japanese recorded history and one of the largest in recorded world history.

The city closest to the **epicenter** of the quake was Sendai, but enormous shaking was felt **throughout** northeast Japan and as far south as Tokyo. Within one hour of the main quake, three more quakes with a magnitude of more than 7 followed, **unsettling** the populace **further**. **The Japan Meteorological Agency** (JMA) uses a separate scale to **indicate** the **experienced** ground motion of quakes. On this scale the maximum is 7. That maximum 7 was registered in Kurihara in Miyagi Prefecture, with an **upper 6** in Fukushima, Ibaraki and Tochigi and a **lower 6** in Iwate, Gunma, Saitama and Chiba. Even Tokyo was measured at an **upper 5**.

東日本大震災

　2011年3月11日、**日本標準時**の午後2時46分、東北地方の牡鹿半島のおよそ70キロメートル東の地点で、後に東日本大震災として知られるようになった地震において**海底**が莫大な**エネルギー**を**放出した**。地震はおよそ6分間**続き**、**当初**マグニチュード7.9と報じられた。その値は後にマグニチュード9.0**に引き上げられ**、この地震は日本の観測史上最大の地震、また世界の観測史上においても最大級の地震となった。

　震源に最も近い都市は仙台だったが、日本の東北地方**全体で**、そして南は遠く離れた東京でさえ途方もない揺れが感じられた。一番大きな揺れから30分以内にマグニチュード7以上の地震がさらに3回続き、人々を**さらなる不安におとしいれた**。日本の**気象庁**は、**体感できる**地震の地面の揺れを**示すために**独自の震度階級を使っている。この震度での最大値は7である。宮城県の栗原市ではこの最大の震度7が観測され、福島、茨城、栃木では**震度6強**、岩手、群馬、埼玉および千葉では**震度6弱**が観測された。東京でさえ、**震度5強**が記録された。

■ what came to be known as … …として知られるようになったもの(=地震)　quake = earthquake　measure （計測）値、マグニチュードの値　make … (= the quake) 〜 (= the largest) …を〜にする　in Japanese recorded history 日本の観測史上、日本の記録の残っている歴史の中で　■ northeast Japan 「日本の東北部」というと北海道も含めることもあるが、ここは文脈的に東北地方を指す　as far south as … 南方に…ほど遠く離れた場所でも　main quake 本震、(最初の)一番大きな揺れ　the populace 一般の人々、国民　separate （「マグニチュード」とは）別の、(日本)独自の　scale 階級、震度区分　was registered （観測されて)記録された　be measured at … 震度…が観測される

The earthquake **triggered** enormous tsunami that struck the entire northeast coast of the country. Video footage of tsunami flowing over **seawalls** in port towns up and down the coast showed the barriers to be **virtually** useless. Water destroyed houses, buildings, cars and boats not only **on the edge of the water** but deep inland as well. At Miyako in Iwate Prefecture, the **height** of the tsunami **was estimated** at close to 40 meters (133 feet). At Sendai, an hour after the quake, a tsunami **flooded into** low-lying farm land and pushed up to 5 **kilometers inland**. It swept away farms, houses, roads, railways, and planes on the tarmac at Sendai Airport.

People worried even more when it became known that the Fukushima Daiichi Nuclear Power Plant complex had **suffered damage**. The tsunami that struck the **shoreline facility** caused a level 7 **meltdown** at three of the four **reactors** located there. News about the damage to the nuclear reactors **was updated** several times a day, although there was no way to **confirm** the actual situation until weeks later. **In the meantime**, the government called for the **evacuation** of all **residents** within a 20 kilometer **radius** of the Daiichi plant. The U.S. government **recommended** the evacuation of its citizens **up to** 80 kilometers from the plant. Over 200,000 people **were evacuated**.

As of 2014, it is **estimated** that close to 19,000 died, 6,000 were injured and 2,600 were missing as a result of the **combined disaster**. Entire towns like Minami Sanriku were destroyed. (440)

この地震は日本の東北の沿岸部全体を襲った強大な津波**を引き起こした**。津波が沿岸部一帯の港町で**防波堤**を乗り越えて押し寄せる津波のビデオ映像を見ると、防波堤はほとんど何の役にもたたなかったことがわかった。海水が家屋やビル、自動車や船舶を**海岸沿い**のみならず、内陸奥地においても破壊し尽くしていった。岩手県の宮古では、津波の**高さ**は40メートル（133フィート）ほどもあったと**推定されている**。仙台では、地震の1時間後に、津波が平野の農地**にどっと流れ込み**、海岸から5**キロの内陸まで**押し寄せた。津波は農場や家屋や道路、鉄道や仙台空港の滑走路上の飛行機さえも押し流していった。

　福島第一原子力発電所の施設が**被害をこうむった**ことが明らかになると、人々の心配はさらにつのっていった。**海岸沿い**の同**施設**を襲った津波は、そこにある4つの**原子炉**のうち3つでレベル7の**炉心溶融**を引き起こした。原子炉の損傷に関するニュースは一日に何度も**更新されたが**、実際の状況を**確認する**手立ては数週間後まで何もなかった。**その間**、政府は福島第一原発の**半径**20キロメートル圏内のすべての**住民に避難を命じた**。アメリカ政府は原発から**最大で**80キロメートル圏内にいるアメリカ人に避難を**勧告した**。20万人以上の人々が**避難指示を受けた**。

　2014年現在で、この**複合的な災害**の死者は1万9,000人、負傷者は6,000人、行方不明者は2,600人近くにのぼると**推測されている**。南三陸町など、町全体が壊滅的被害を受けたところもあった。

---

3 tsunami 元は日本語だが、今や「津波」という言葉は英語も含めて世界共通語となっている。あえて英語でいう場合はtidal waveなどの表現を用いる　footage 映像。昔は映画や8ミリのフィルムがフィート単位で数えられたなごり　flow over ... ...を乗り越えて流れる　up and down ... ...のいたるところで　show ... to be 〜 ...が〜であることを示している　not only ... but 〜 ...だけでなく〜も　deep inland 内陸部深くにおいて、ずっと内陸に入った地域で　... as well でも(同様に)　low-lying 低地の　push up to ... ...まで(高台へと)押し寄せた　sweep away ... ...を一掃する→すべて流し去る　tarmac アスファルト舗装(部分)。空港でいうと滑走路部分に当たる　**4** nuclear power plant 原子力発電所。powerは「電力」、plantは「工場」　complex 複合施設、建物群　level 7 国際原子力事象評価尺度(INES)に定められた原子力事故のレベルの中で最も深刻な評価で、「深刻な事故」を表し、今現在1986年ウクライナ(当時ソ連)で発生したチェルノブイリ原発事故と2011年の福島第一原発事故の2例のみがこのレベルに属する　locate 設置する　damage to ... ...の損傷　the government 当時の政府は菅首相率いる民主党政権　call for ... 「呼びかける」ではなく、「求める、命じる」

100 Aftermath of the Disaster

Immediately after the disaster, there were rolling **blackouts** due to **power shortages** caused by the destruction of the nuclear plants in Fukushima. Eleven reactors on the Tohoku coast **were** automatically **shut down** by the quake. Complicating the power shortage were **fires** started by the quake at refineries in Chiba and in Sendai. Highways and train lines in Tohoku were completely shut down. Only gradually were they reopened, which **hindered** aid and rescue efforts. **Phone service** in the affected areas was seriously disrupted for days.

The **long-term** problems created by the disaster were multiple. People who had lost their homes, their loved ones and virtually everything but their clothes huddled in whatever buildings remained standing. They had no food, no water, no heat and no **medical aid**. As weeks wore on, some of them **were transported** to other regions **temporarily**.

They needed help to **restart** their lives, often in new **locations**, because there were no schools, hospitals or **workplaces** to return to. In the meantime, they occupied **quickly built temporary housing** constructed in **available** flat lands in the **higher areas**. Three years after the disaster, some 267,000 were still displaced.

大震災の余波

　震災**直後**、福島の原子力発電所が稼働しなくなったことによって引き起こされた**電力不足**のため、輪番制の**停電**が行われた。東北沿岸部の 11 基の原子炉が地震により自動的に**停止した**。電力不足にさらに輪をかけたのが、千葉や仙台にある精製所で地震によって発生した**火災**だった。東北地方の幹線道路や鉄道路線は完全に閉鎖された。再開には時間がかかり、それが救援・救助活動の**さまたげとなった**。被災地での**電話機能**は何日間も深刻な不通状態に陥った。

　震災によって生み出された**長期的な**問題は多岐にわたった。自宅や愛する人々、あるいは衣服以外ほとんどすべてのものを失った人々は、何とか倒壊せずに残っていた建物で身を寄せ合った。彼らには食料も、水も、暖房も**医療支援**もなかった。数週間が無為に過ぎたあと、彼ら被災者の中には**一時的に**他の地域に**移された**人もいた。

　彼らは生活を**再開する**ための支援、それもしばしば新しい**場所**での支援が必要だった。というのは、もはや戻るべき学校も病院も**職場**もなかったからだ。そのうちに、彼らは、**利用可能な高台**にあり平坦な土地に**急きょ建てられた仮設住宅**に入居するようになった。地震から 3 年経った時点でも、およそ 26 万 7,000 人の人々が住み慣れた家を離れて暮らしている。

タイトル aftermath（戦争・災害などの）余波、その後の影響　**1** rolling 当番をぐるぐる回していく、輪番制の　destruction 破壊、故障　were shut down 停止された　complicating ... were 〜 …をさらに複雑にしたのは［…にさらに輪をかけたのは］〜だった　refinery［原油・天然ガスなどの］精製所。精製所で火災が発生すると火力発電所に供給される燃料が不足する　highway 幹線道路。英語のhighwayには「高速道路」の意味はない　only gradually were they ... ほんの少しずつそれらは…されていった→それらが…されるにはかなりの時間がかかった。only...という限定語が強調のために文頭に出たため、were they ...の部分がV+Sの倒置になっている　affected areas［震災などの］影響を受けた地域→被災地　disrupt 遮断する　**2** multiple 複数の、多岐にわたる　(virtually) everything but ... …以外（ほとんど）すべてのもの　huddle 集まる、身を寄せ合う　whatever buildings (that) remained standing 立ったまま残っていた建物ならどこでも　heat 暖かさ→暖房器具　wear on だらだらと［無為に］過ぎ去る　**3** lives life「生活」の複数形なので[láivz]と読む　... to return to そこに戻るべき…　occupy ... …に入居する　were displaced 本来（住んで）いた場所から引き離された

Farmland was damaged by saltwater from the tsunami and, in Fukushima, by nuclear **contamination**. So-called "**clean-up operations**" could not even be **commenced** until the environmental hazard at Fukushima Daiichi could be put under control. Complete control of that facility was estimated as taking several decades. **Fishing**, the other major industry of the northeast, was almost completely wiped out. Boats were sunk or destroyed, ports were filled with debris, and fisheries were wiped out by the tsunami.

After the **initial** shock of the multiple disasters, volunteers quickly developed **methods** of assisting the local people by **bringing in** food and clothing and helping to clear away **mud** and debris. The government slowly established delivery of food and clothes to **evacuation centers**. Victims of the disaster had to make difficult decisions regarding whether to stay and try to **rebuild** their lives or move to other areas and start anew.

One example of the help they received was a shipment of **oyster farm** equipment — **buoys**, ropes and fishermen's clothing — from Charente-Maritime and Brittany in western France. The French oyster farmers were returning a favor. In 1970 and 1990 Japanese **growers** had helped them when **outbreaks** of disease seriously damaged French oyster farms, and Japanese growers provided larvae to help them start again.

The Tohoku area still needs serious assistance in **reconstructing** and the nuclear power plant remains a serious problem. However, the debris has been removed from the streets and roads. Most of the **rail lines** are back in operation and more of the damaged houses have been repaired. Small shops and restaurants are returning to the small town streets. With the traditional resilience of the people of Tohoku, progress is slowly but surely being made. (474)

4 saltwater 塩水。海水のこと　put ... under control …を管理下に置く。被ばく線量などをきちんと把握し、作業員が健康被害を受けないような状況にできる状態や被害がこれ以上広がらないようにできる状態を指す。be put under controlはその表現の受動形(putは過去分詞)　that facility 福島第一原発のこと　take several decades 数十年かかる　be wiped out 壊滅状態である。wipe out「壊滅させる、全滅させる」　boat 口語では「ボート」だけでは

農地は津波による海水により、そして福島では放射能**汚染**によって被害を受けた。福島第一原発における環境汚染の危険性を管理下におけるようになるまでは、いわゆる「**除染作業**」でさえ**開始する**ことができなかったのである。福島第一原発を完全に制御できるようになるまでには、数十年かかると見積もられている。東北地方のもう1つの主要な産業である**漁業**はほとんど壊滅状態である。漁船は沈んだか破壊されたかであり、漁港はがれきで埋め尽くされ、水産会社も津波に流された。

　複合的災害の**最初**のショックが過ぎ去ると、ボランティアたちは食料や衣類を**持ち込み**、**泥**やがれきを取り除く手伝いをすることで地元の人々を支援する方法を急速に築き上げていった。政府も徐々に食料や衣類を**避難所**に届けるルートを確立していった。災害の被災者は、住んでいた場所に残って生活を**再建し**ようとするか、あるいは他の地域に移り住んでいちから新しい生活を始めるかということに関し、難しい選択を迫られた。

　被災者が受けた支援の1つの例が、**ブイ**や縄や漁師服といった**カキ**の**養殖場**で使う装備が、フランス西部のシャラント・マリティームやブルターニュ地方から送られてきたことである。フランスのカキ漁業者たちが恩返しをしてくれたのである。1970年と1990年に、カキの病気の**大流行**によってフランスのカキ養殖場が壊滅的な被害を受けたとき、日本の**養殖業者**は彼らを助け、また養殖が再開できるようにカキの幼生を提供したことがあったのだ。

　東北地方はいまだに**再建**にはかなりの支援が必要であり、福島第一原発も深刻な問題である状態に変わりはない。ただ、がれきは街や道路から取り除かれてきた。**鉄道路線**の多くは運行を再開し、被害を受けた家屋も修復が進んでいる。小規模な商店や食堂が小さな町の通りに戻ってきている。東北の人々の昔からの明るい負けん気のおかげで、復興はゆっくりと、しかし着実に進んでいる。

なく大きい船も指す　were sunk or destroyed（津波や地震で）沈んだか破壊された　debris [dəbríː] がれき、残骸　fishery 水産（加工）会社　**5** multiple 複合的な。地震、津波、原発事故などが重なったことを指している　develop 発達させる→確立する、築き上げる　clear away 片づける、きれいに取り除く　delivery 配達（の術、ルート）　regarding ... …に関して　whether to ... or ～ …するか～するか　start anew 新たに（1から）始める　**6** shipment 送ってきたこと。ship(ment)は船に限らず、「配達」「送付」する(される)ことを表す　Brittany（フランスの）ブルターニュ (Bretagne)地方。フランス北西部にある半島地域。Brittany[brítəni]はその英語名　return a favor 恩返しをする。favorは「人に与えた恩恵」　larva 幼生。（カキなどの）赤ちゃん。larvae[láːviː]はその複数形　**7** street(s)「（街の）通り」という意味のほかに「街中」という意味もある　are back in operation 運行が再開されて。in operation「運行されて」　with ... …をもって、…があるおかげで　resilience 逆境からの回復力、立ち直る力。「快活さ」という意味もある　make progress 進歩する。progress is being madeはその受身の進行形

Chronology of Japanese History
日本史年表

(ca. = circa「〜頃」)

Jomon Era (ca. 10,000 BC – ca. 300 BC)
縄文時代（紀元前12,000年頃から紀元前400年頃）

Ca. BC 5,000	Sannai-Maruyama village evolves
紀元前5,000年頃	三内丸山の村落が発達

Yayoi Era (ca. 300 BC – ca. AD 300)
弥生時代（紀元前300年頃から紀元後300年頃）

Ca. BC 300	Yayoi culture emerges in Kyushu
紀元前300年頃	九州で弥生文化が出現
Ca. BC 100	Yayoi culture reaches Kanto region
紀元前100年頃	弥生文化が関東地方に達する
Ca. AD 1	History of the Former Han Dynasty mentioned as "Land of Wa"
紀元後1年	前漢の歴史書が「倭国」に言及
AD 57	King of state of Na received gold seal
紀元後57年	奴の国の国王が金印を贈られる
Ca. 180	Himiko is queen of Yamatai
180年頃	卑弥呼が邪馬台国の女王となる
239	Himiko sends envoy to kingdom of Wei in China
	卑弥呼が中国の魏の国に使いを送る

Kofun Era (ca. 300 – 710)
古墳時代（300年頃-710年頃）

538	Introduction of Buddhism to Japan
	日本への仏教伝来
593	Prince Shotoku become regent under Empress Suiko
	聖徳太子が推古天皇の摂政となる
604	Prince Shotoku promulgates Seventeen-Article Constitution
	聖徳太子が十七条憲法を発布
607	Horyuji construction completed
	法隆寺の建立が完成
630	First embassy to Tang Dynasty (618-907) in China
	最初の遣唐使が派遣される
646(5)	Taika Reform initiated
	大化の改新が始まる

672	Jinshin Disturbance 壬申の乱
702	Taiho Code completed 大宝律令の完成

Asuka (593 – 710)
飛鳥時代

Nara (710 – 794)
奈良時代

710	Heijo-kyo (Nara) established as capital city 平城京(奈良)が都となる
712	Record of Ancient Matters (*Kojiki*) completed 『古事記』が完成
720	Chronicle of Japan (*Nihon shoki*) completed 『日本書紀』が完成
724	Taga no Ki (Tagajo) established in Mutsu Province to defend against Ezo tribes 蝦夷からの攻撃に対する防御のために陸奥の国に多賀城が建立される
729-749	Tempyo period 天平時代
733	*Izumo no kuni fudoki* completed 『出雲国風土記』完成
741	Emperor Shomu establishes provincial temples and provincial nunneries in each province 聖武天皇が諸国に国分寺と国分尼寺を建立する
743	Emperor Shomu orders construction of Daibutsu 聖武天皇が大仏建立を命じる
751	*Kaifuso* (Verses in Memory of Poets Past) compiled 『懐風藻』(英語名「過去の詩人の記憶の中の詩歌」)が編纂される
752	Construction of Daibutsu statue at Todaiji completed 東大寺の大仏像が完成
756	Core of Shosoin treasure house collection donated by Empress Komyo 正倉院宝物殿の中心となる所蔵品が光明皇太后によって寄進される
770	*Man'yoshu* (Collection of Ten Thousand Leaves) completed 『万葉集』完成
781	Emperor Kanmu takes the throne 桓武天皇即位

784-794	Capital at Nagaoka-kyo 都が長岡京に置かれる
788	Saicho, founder of Tendai sect, establishes Enryakuji 天台宗の創始者である最澄が延暦寺を創建

Heian (794 – 1185)
平安時代

794	Capital moved to Heian-kyo (Kyoto) 都が平安京(京都)に移される
823	Kukai, Kobo Daishi, appointed head of Toji 弘法大師空海が東寺の法主となる
903	Sugawara no Michizane dies in exile in Dazaifu 菅原道真が左遷された大宰府の地で死去
905	Collection from Ancient and Modern Times (*Kokinshu*) is completed 『古今和歌集』が完成
935	The Tosa Diary (*Tosa nikki*) composed by Ki no Tsurayuki 『土佐日記』が紀貫之によって編まれる
938	Kuya begins popularizing chanting of nembutsu 空也が念仏を唱えることを広めはじめる
940	Rebellion by Taira no Masakado in Hitachi Province ends 常陸の国で平将門による反乱が終わる
974	Completion of The Gossamer Years (*Kagero nikki*) 『蜻蛉日記』が完成
996	Portions of The Pillow Book of Sei Shonagon (*Makura no soshi*) by Sei Shonagon in circulation 清少納言が書いた『枕草子』のいくつかの部が回覧される
1008	Most of The Tale of Genji is in circulation 『源氏物語』の大半が回覧される
1053	Phoenix Hall (Hoodo) at Byodoin completed 平等院鳳凰堂が完成
1059	Completion of As I Crossed a Bridge of Dreams (*Sarashina nikki*) 『更級日記』(英語名「私が夢の橋を渡ったとき」)が完成
1087	System of "cloistered government" (insei) created when Emperor Shirakawa abdicates 白河天皇が退位した際、院政の制度が創られる
1156	Hogen Disturbance 保元の乱

1160	Heiji Disturbance; Taira family gain control over imperial court 平治の乱:平家が朝廷の実権を握る
1175	Honen founds the Jodo sect of Buddhism 法然が浄土宗を開く
1180	Minamoto rise up against Taira no Kiyomori in the Gempei (Taira-Minamoto) Wars 源氏が源平の合戦で平清盛に対して挙兵
1183	Taira are defeated and abandon Kyoto 平家が破れ都落ち

Kamakura (1185 – 1333)
鎌倉時代

1185	Minamoto no Yoshitsune destroys Taira at Battle of Dannoura 源義経が壇ノ浦の戦いで平家を撃ち破る
1189	Yoritomo destroys Oshu Fujiwara family based at Hiraizumi 源頼朝が平泉を拠点とする奥州藤原一族を撃ち破る
1191	Eisai, founder of Rinzai sect, returns from China 臨済宗の創始者である栄西が中国より帰朝
1185 (92)	Beginning of the Kamakura shogunate 鎌倉幕府の始まり
1199	Hojo family takes control of the shogunate 北条一族が幕府の実権を握る
1205	Compilation of the New Collection from Ancient and Modern Times (*Shin kokin wakashu*) 『新古今和歌集』が編纂される
1212	Kamo no Chomei completes An Account of My Hut (*Hojoki*) 鴨長明が『方丈記』(英語名「わが庵の話」)を完成
1218	Early version of The Tale of the Heike (*Heike monogatari*) circulates 『平家物語』の初期の版が出回る
1221	Jokyu Disturbance (Jokyu no ran) 承久の乱
1227	Dogen establishes Soto sect 道元が曹洞宗を創始
1252	Kamakura Daibutsu construction begins 鎌倉大仏の建立が始まる
1253	Nichiren establishes Nichiren sect 日蓮が日蓮宗を創始
1274	First Mongol Invasion of Japan 一度目の元寇

日本史年表

1282	Second Mongol Invasion of Japan	
	二度目の元寇	
1331	Yoshida Kenko completes Essays in Idleness (*Tsurezuregusa*)	
	吉田兼好が『徒然草』(英語名「つれづれの中の随筆」)を完成	

Muromachi (1333 – 1568)
室町時代

1333	Kenmu Restoration and collapse of Kamakura shogunate
	建武の新政と鎌倉幕府の滅亡
1336	Emperor Go-Daigo escapes to Yoshino, beginning the period of the Northern and Southern Courts (1336-1392)
	後醍醐天皇が吉野へ逃れ、南北朝時代が始まる
1336 (8)	Founding of Muromachi shogunate under Ashikaga Takauji
	足利尊氏の下、室町幕府がつくられる
1397	Ashikaga Yoshimitsu begins construction of the Temple of the Golden Pavilion (Kinkakuji)
	足利義満が金閣寺の建設を始める
1392	Emperor Go-Komatsu become sole sovereign, ending the period of the Northern and Southern Courts
	後小松天皇が唯一の君主となり、南北朝時代が終わる
1440	Zeami completes Transmission of the Flower of Acting Style (*Fushi kaden*)
	世阿弥が『風姿花伝』(英語名「演じ方の精華の伝統」)を完成
1401	Ashikaga Yoshimitsu sends envoy to Ming Dynasty
	足利義満が明に使節を派遣
1404	Beginning of tally trade (kango boeki) with China
	中国との間で勘合貿易が始まる
1467-1477	Onin War. Beginning of the Sengoku period (1467-1568)
	応仁の乱。戦国時代の始まり
1483	Ashikaga Yoshimasa settles at Temple of the Silver Pavilion (Ginkakuji)
	足利義政が銀閣寺に居を定める
1543	Matchlock muskets (hinawaju) introduced to Japan by Portuguese at Tanegashima
	種子島においてポルトガル人によって日本に初めて火縄銃が持ち込まれる
1549	Francis Xavier establishes first Christian mission at Kagoshima
	フランシスコ・ザビエルが鹿児島に初めてのキリスト教宣教師団を設ける

1563	Jesuit Luis Frois arrives in Japan, later writes history *Historia de Iapam*, covering 1549-1593
	イエズス会士ルイス・フロイスが日本に到着、のちに1549年から1593年までを扱った歴史書である『日本史』を執筆

Azuchi-Momoyama (1568 – 1600)
安土桃山時代

1571	First Portuguese merchant ship arrives at Nagasaki
	初のポルトガルの商船が長崎に到来
	Oda Nobunaga burns Enryakuji on Mt. Hiei
	織田信長が比叡山延暦寺を焼き払う
1575	Nobunaga defeats Takeda Katsuyori at Battle of Nagashino
	長篠の戦いで信長が武田勝頼を討ち負かす
1576	Nobunaga commences construction of Azuchi Castle
	信長が安土城の築城を開始
1580	Nobunaga captures Ishiyama Honganji, a Jodo Shin sect fortified temple
	城も兼ねた浄土真宗の寺、石山本願寺を信長が征服
1582	Tensho Embassy to Europe
	天正遣欧使節派遣
	Honnoji Incident: Akechi Mitsuhide attacks Nobunaga; Nobunaga commits suicide
	本能寺の変:明智光秀が信長を攻撃、信長は自害
	Toyotomi Hideyoshi defeats Akechi Mitsuhide at Battle of Yamazaki
	豊臣秀吉が山崎の戦いで明智光秀を討つ
1583	Toyotomi defeats Shibata Katsuie in Battle of Shizugatake
	豊臣秀吉が賤ヶ岳の戦いで柴田勝家を討つ
	Toyotomi begins construction of Osaka Castle
	秀吉が大阪城の築城を開始
1587	Toyotomi issues first anti-Christian edict
	秀吉が最初のキリシタン禁止令を出す
1588	Sword hunt and prohibition of possession of weapons by peasants
	刀狩と農民の武器保有の禁止
1590	In Odawara campaign Toyotomi destroys Hojo family
	小田原攻めで秀吉が北条氏を滅ぼす
1591	Sen no Rikyu ordered to commit suicide
	千利休に自害が命じられる

1592	First of Toyotomi's invasions of Korea (Bunroku Campaign) 秀吉の第一次朝鮮出兵(文禄の役)	
1597	Twenty-Six Martyrs crucified at Nagasaki 長崎で26聖人の大殉教が起きる	
	Second of Toyotomi's invasion of Korea (Keicho Campaign) 秀吉の第二次朝鮮出兵(慶長の役)	
1598	Toyotomi Hideyoshi dies 豊臣秀吉死去	

Edo (1600 – 1868)
江戸時代

1600	Battle of Sekigahara ends in victory for Tokugawa alliance 関ヶ原の戦いが徳川の軍勢の勝利に終わる
1601	Beginning of vermilion seal ship trade with China 中国との間で朱印船貿易開始
1603	Tokugawa Ieyasu founds the Tokugawa shogunate 徳川家康が徳川幕府を開く
1609	Dutch trade begins at Hirado 平戸でオランダとの貿易が開始
1612	Anti-Christian edicts キリシタン禁止令
1613	Sendai daimyo Date Masamune sends embassy led by Hasekura Tsunenaga to Spain and Rome 仙台の大名である伊達政宗が支倉常長率いる使節団をスペインとローマに派遣
1614	Nationwide ban on Christianity issued 全国的にキリシタン禁止令が発布される
1614	First siege of Osaka Castle begins 一度目の大阪城包囲(大坂冬の陣)開始
1615	Second siege of Osaka Castle; Toyotomi Hideyori commits suicide 二度目の大阪城包囲(大坂夏の陣):豊臣秀頼自害
1616	Tokugawa Ieyasu dies 徳川家康死去
	European trade limited to Hirado and Nagasaki ヨーロッパとの貿易が平戸と長崎に限定される
1635	European trade restricted to Nagasaki ヨーロッパとの貿易が長崎のみに限定される
	System of "alternate attendance" (sankin kotai) created 参勤交代制度の創設

1636	Completion of Dejima, an artificial island in Nagasaki harbor, for Portuguese merchants ポルトガル商人のために長崎湾に造られた人工島である出島が完成
1637	Shimabara Rebellion 島原の乱
1639	Edict establishing national seclusion (sakoku); only Dutch are allowed to enter Japan 鎖国を確立する令(鎖国令)発布:オランダ人のみが日本への入国を許可される
1641	Dutch establish residence at Dejima オランダ人が出島に居を構える
1657	Meireki Fire devastates Edo, killing 100,000 and burning hundreds of buildings 明暦の大火が江戸を焼き尽くす　10万人が犠牲となり、何百もの建物が焼失
1665	Religious inquisition (shumon aratame) ordered annually 毎年宗門改めが命じられるようになる
1682	Ihara Saikaku publishes The Life of an Amorous Man (*Koshoku ichidai otoko*) 井原西鶴が『好色一代男』を著す
1688-1704	Genroku period – flourishing of kabuki and joruri 元禄時代―歌舞伎や浄瑠璃が栄える
1689	Matsuo Basho leaves on journey to the northeast, later publishes The Narrow Road to the Deep North (*Oku no hosomichi*) 松尾芭蕉が東北地方へ旅に出る　後に『奥の細道』(英語名「深北への狭き道」)を著す
1690	Engelbert Kaempfer arrives at Nagasaki, later publishes a two-volume history of Japan エンゲルベルト・ケンペルが長崎に到来、のちに二巻の日本史を著す
1703	Forty-seven Ronin Incident (Ako roshi) 赤穂四十七士(赤穂浪士)の討ち入り
	First performance of The Love Suicides at Sonezaki (*Sonezaki shinju*) by Chikamatsu Monzaemon 近松門左衛門作の『曽根崎心中』(英語名「曽根崎にて愛ゆえの自殺」)初演
1707	Most recent eruption of Mt. Fuji 富士山最後の噴火

1715	Regulations restricting trade (Shotoku Nagasaki Shinrei) limits Chinese to 30 trade ships and Dutch to 2 trade ships per year 貿易を制限する規制(正徳長崎新令)が出され、中国商船を年間30隻、オランダ商船を年間2隻に限定
1716	Tokugawa Yoshimune becomes shogun; Kyoho Reforms (1716-1745) 徳川吉宗が将軍となる／享保の改革(1716-1745)
1732	Kyoho Famine in western Japan 西日本で享保の大飢饉が発生
1748	First performance of joruri drama *Chushingura*: The Treasury of Loyal Retainers 浄瑠璃『忠臣蔵』(英語名「忠実な家臣の宝物庫」)初演
1767	Tanuma Okitsugu becomes grand chamberlain (sobayonin) 田沼意次が側用人となる
	Period of peasant uprisings (hyakusho ikki) and urban riots (uchikowashi) 百姓一揆や打ちこわしが頻発(した時代)
1776	Ueda Akinari publishes Tales of Moonlight and Rain (*Ugetsu monogatari*) 上田秋成が『雨月物語』を著す
1782	Temmei Famine begins, lasts five years; estimated death toll ranges between 200,000 and 900,000 天明の大飢饉が始まり、5年間続く：推計死者数は20万人から90万人にわたる
1783	Eruption of Mt. Asama, causing 2,000 deaths 浅間山の大噴火により2,000人が死亡
1787	Senior shogunal councilor (roju) Matsudaira Sadanobu and Kansei Reforms (1787-1793) 松平定信が老中となる。寛政の改革(1787-1793)
1790	Ukiyo-e artist Kitagawa Utamaro begins series of memorable prints of women 浮世絵師の喜多川歌麿が歴史に残る一連の美人画制作を開始
1796	Dutch-Japanese dictionary (*Haruma wage*) published 日本最初の蘭和辞典『波留麻和解』が世に出る
1798	Motoori Norinaga completes *Kojiki-den*, a major work of National Learning (Kokugaku) 本居宣長が国学の要書である『古事記伝』を完成
1800	Ino Tadataka begins survey of all Japan, completed in 1816 伊能忠敬が日本全土の測量を開始　1816年完成

1808	Phaeton Incident at Nagasaki 長崎でフェートン号事件起こる
1823	Philipp Franz von Siebold arrives in Japan as physician to the Dutch Factory フィリップ・フランツ・フォン・シーボルトがオランダ商館づきの医師として来日
1825	Shogunate issues the Order for Repelling of Foreign Ships (Ikokusen Uchiharai Rei) 幕府が異国船打払令を発布
1829	Siebold arrested and later banished for possessing maps of Japan シーボルトが幕府禁制の日本地図を所有していたため逮捕されのちに国外追放となる
1831	Katsushika Hokusai's ukiyo-e landscape series Thirty-six Views of Mt. Fuji (*Fugaku sanjurokkei*) begins 葛飾北斎の浮世絵の風景版画の連作、冨嶽三十六景が開版される
1833	Tempo Famine (1833-1836) 天保の大飢饉 Ando Hiroshige's series Fifty-three Stations of the Tokaido Road (*Tokaido gojusantsugi*) begins 安藤広重の連作、東海道五十三次が開版される
1837	Rebellion of Oshio Heihachiro 大塩平八郎の乱 Morrison Incident モリソン号(打払)事件
1841	Tempo Reforms (1841-1843) 天保の改革(1841-1843)
1842	Revoking of the Order for the Repelling of Foreign Ships, assistance to be given (Shinsui Kyuyo Rei) 異国船打払い令の廃止、外国船に支援が与えられることになる(薪水供与令)
1853	U.S. Commodore Matthew Perry arrives at mouth of Edo bay with four warships demanding opening of ports; returns in 1854 米国のマシュー・ペリー提督が江戸湾の入り口に4隻の軍艦を従えて現れ、開港を迫る／1854年に再来航
1854	Japan signs the Kanagawa Treaty, or Treaty of Peace and Amity between the United States and the Empire of Japan 日本は神奈川条約、別名日米和親条約に調印

1855	Ansei Earthquake kills more than 7,000 in Edo 安政の大地震で江戸では7,000人以上が死亡	
1855	Institute for the Investigation of Barbarian Books (Bansho Shirabesho) established 蕃書調所が設立される	
1856	US Consul General Townshend Harris arrives 米国総領事タウンゼント・ハリス氏が来日	
1858	Ii Naosuke becomes senior adviser to the shogun (tairo); Ansei commercial treaties; Ansei Purge (1858-1859) 井伊直弼が大老に就任／安政五ヵ国通商条約／安政の大獄(1858-1859)	
1860	Sakuradamongai Incident, assassination of Ii Naosuke 桜田門外の変　井伊直弼の暗殺	
1863	Bombardment of Kagoshima 鹿児島砲撃事件(薩英戦争)	
1864	Bombardment of Shimonoseki 下関砲撃事件	
1866	Satsuma and Choshu form alliance against the shogunate 薩摩と長州が討幕の連合を組む(薩長同盟)	
1867	Return of Political Rule to the Emperor (Taisei Hokan) by last shogun Tokugawa Yoshinobu 最後の将軍、徳川慶喜による大政奉還	

Meiji (1868 – 1912)
明治時代

1868	Meiji Restoration initiated 明治維新開始	
	Boshin Civil War (1868-69) 戊辰戦争	
	Charter Oath 五箇条の御誓文	
	Separation of Shinto and Buddhism 神仏分離令	
1869	Formal return of domain registers (Hanseki hokan) 版籍奉還(藩の登録の正式な返却)	
1871	Domains dissolved and prefectural system established 廃藩置県	
	Iwakura Mission departs Japan 岩倉(欧米)使節団が日本を出発	
1872	Education Order of 1872 明治5年の学制(明治12年〈1879年〉の教育令によって廃止)	

1873	Conscription Order of 1873 明治6年の徴兵令
	Saigo Takamori resigns from government 西郷隆盛が官職を辞す
1874	Saga Rebellion 佐賀の乱
	Taiwan Expedition of 1874 明治7年の台湾出兵
1875	Treaty of St. Petersburg 樺太・千島交換条約(サンクトペテルブルク条約)
	Libel Law of 1875 and Press Ordinance of 1875 明治8年の讒謗律　同年の新聞紙条例
1876	Japan-Korea Treaty of Amity 日朝修好条規
1877	Satsuma Rebellion; Saigo Takamori commits suicide 西南戦争／西郷隆盛が自害
1878	Okubo Toshimichi assassinated 大久保利通が暗殺される
1881	Political Crisis of 1881 明治14年の政変
1882	Bank of Japan established 日本銀行設立
1883	Deer Cry Pavilion (Rokumeikan) completed 鹿鳴館が完成
1884	Peerage Act issued 華族令発布
	Chichibu Incident 秩父事件
1885	First Japanese emigrants depart for Hawaii 第一次日本人移民がハワイへ出発
	Tianjin Convention 天津条約
	Cabinet system adopted 内閣制度が採用される
1887	Peace Preservation Law issued 保安条例発布
1889	Constitution of the Empire of Japan promulgated 大日本帝国憲法発布
	Imperial Household Law enacted 皇室典範制定

1890	Imperial Rescript on Education distributed	
	教育勅語発布	
	First session of the Imperial Diet held	
	第1回帝国議会開催	
1891	Ashio Copper Mine Incident investigated	
	足尾銅山鉱毒事件の調査開始	
1894	Donghak Rebellion	
	甲午農民戦争(東学党の乱)	
1894-1895	Sino-Japanese War of 1894-1895	
	日清戦争(明治27年-28年)	
1894	Anglo-Japanese Commercial Treaty of 1894	
	日英通商航海条約(明治27年)	
1895	Tripartite Intervention forces Japan to surrender Liaodong Peninsula in Manchuria	
	三国干渉によって、日本が満州の遼東半島を放棄	
	Taiwan becomes Japanese colony	
	台湾が日本の植民地に	
1899	Nitobe Inazo publishes *Bushido: The Soul of Japan*	
	新渡戸稲造が『武士道』を出版	
1900	Boxer Rebellion in China; threat to Japanese colonial plans	
	中国で義和団の乱(北清事変)が発生：日本の植民地計画に対する脅威となる	
1902	Anglo-Japanese Alliance signed	
	日英同盟調印	
1904-1905	Russo-Japanese War	
	日露戦争(明治37年-38年)	
1905	Treaty of Portsmouth	
	ポーツマス条約	
	Korean-Japanese Convention of 1905; Korea becomes Japanese protectorate	
	第二次日韓協約(韓国保護協約)：韓国が日本の保護国となる	
	South Manchurian Railway incorporated	
	南満州鉄道併合	
1906	Okakura Tenshin publishes *The Book of Tea*	
	岡倉天心が『*The Book of Tea* (茶の本)』を著す	
1908	First Japanese emigrants to Brazil	
	第一次ブラジル移民団	
1909	Tokyo donates cherry trees to Washington, D.C.	
	東京市が米国の首都ワシントンに桜の木を寄贈	

1910	Ito Hirobumi assassinated in Machuria by Korean nationalist 伊藤博文が韓国の国家主義者に満州で暗殺される High Treason Incident of 1910 大逆事件(明治43年) Annexation of Korea; Korea becomes Japanese colony 日韓併合：韓国が日本の植民地となる

Taisho (1912 – 1926)
大正時代

1912	Death of Emperor Meiji; succession of Emperor Taisho 明治天皇崩御／大正天皇即位
1914	Japan enters World War I as ally of Great Britain 日本はイギリスの同盟国として第一次世界大戦に参戦
1915	Japan presents China with 21 Demands 日本が中国に21か条の要求を突きつける
1918	Rice riots 米騒動
1919	Japan signs Treaty of Versailles as a victor in World War I 日本は第一次世界大戦の戦勝国としてベルサイユ条約に調印
1920	Japan gains membership to League of Nations 日本が国際連盟に加盟
1921	Washington Conference (1921-1922) ワシントン会議(大正10年-11年)
1922	Washington Naval Treaty of 1922 ワシントン海軍軍縮条約(大正11年)
1923	Great Kanto Earthquake kills more than 100,000 関東大震災で10万人以上の死者が出る Toranomon Incident 虎の門事件
1925	Peace Preservation Law of 1925 restricts freedom of speech and assembly 治安維持法(大正14年)が制定され言論・集会の自由が制限される Universal Manhood Suffrage Law passed (男子)普通選挙法が制定される

Showa (1926 – 1989)
昭和時代

1926	Death of Emperor Taisho; succession of Emperor Showa 大正天皇崩御／昭和天皇即位

1927	Nanjing (Nanking) Incident 南京事件
	First Shandong (Shantung) Expedition 第一次山東出兵
1928	March 15th Indicent 三・一五事件
1930	Beginning of Showa Depression (continues to 1935) 昭和恐慌の始まり(1935年まで続く)
	First London Naval Conference 第一次ロンドン海軍軍縮会議
1931	March Incident 三月事件
	Machurian Incident 満州事変
1932	Sakuradamon Incident; assassination attempt on Emperor Showa 桜田門事件:昭和天皇暗殺未遂
	May 15th Incident; Prime Minister Inukai assassinated 五・一五事件:犬養毅首相が暗殺される
1936	Second London Naval Conference; Japan withdraws 第二次ロンドン海軍軍縮会議:日本は条約から脱退
	February 26th Incident; attempted coup d'état 二・二六事件:クーデターが試みられる
1937	Marco Polo Bridge Incident; beginning of Sino-Japanese War of 1937-1945 盧溝橋事件:日中戦争(昭和12年-20年)の始まり
1937-1938	Nanjing (Nanking) massacre 南京大虐殺
1939	National Mobilization Law passed 国家総動員法制定
	Nomonhan Incident ノモンハン事件
1940	Japan, Germany and Italy sign Tripartite Pact 日本・ドイツ・イタリアが三国同盟を締結
	Imperial Rule Assistance Association formed 大政翼賛会発足
1941	Soviet-Japanese Neutrality Pact signed 日ソ中立条約締結

	Pacific War begins; Japan attacks Pearl Harbor, Malay Peninsula, Philippines 太平洋戦争開戦：日本が真珠湾、マレー半島、フィリピンを攻撃
1942	Battle of Midway; Japanese naval defeat ミッドウェー海戦：日本海軍敗退
1943	Japanese withdraw from Guadalcanal 日本がガダルカナルから撤退
1944	Japan defeated at Saipan; U.S. begins bombing of Japanese main islands 日本がサイパンで敗退／アメリカが日本の本土空襲を開始
	Japanese naval fleet defeated in the Battle of the Philippines (Battle of Leyte Gulf) 日本の海軍艦隊がフィリピン海戦（レイテ湾海戦）で敗退
1945	Japanese defeated in Battle of Iojima (Iwojima) 日本が硫黄島の戦いで敗退
	Fall of Okinawa 沖縄陥落
	Dropping of atomic bombs on Hiroshima and Nagasaki 広島・長崎への原爆投下
	Japan accepts terms of Potsdam Declaration 日本がポツダム宣言の条件を受諾
	Emperor Showa broadcasts end of hostilities 昭和天皇が戦争終結の放送
	Formal surrender on the USS Missouri 米海軍戦艦ミズーリ号上で公式の降伏調印
	Change in election law gives vote to women 選挙法が改正され、女性に参政権が与えられる
1946	Emperor renounces divinity 天皇の人間宣言（神格放棄）
	Occupation purges wartime Japanese leaders 占領軍が戦時中の日本の指導者を粛清
	Land Reforms begin 農地改革開始
	Beginning of International Military Tribunal for the Far East (Tokyo Trial, 1946-1948) 極東国際軍事裁判開始
1947	Constitution of Japan goes into effect 日本国憲法発布
	Fundamental Law of Education enacted 教育基本法施行

1949	Dodge Line introduced; constant exchange rate of ¥360 to $1 set ドッジ・ラインが導入される／1ドル360円の固定相場制が設定される
	Shimoyama Incident; Mitaka Incident; Matsukawa Incident 下山事件／三鷹事件／松川事件
1950	Red Purge レッド・パージ（赤狩り）
	National Police Reserve created 警察予備隊が創設される
1951	San Francisco Peace Treaty signed; first United States-Japan security treaty signed サンフランシスコ平和条約調印／（第一次）日米安全保障条約調印
1952	Occupation of Japan ends 日本の占領時代が終了
	National Police Reserve reorganized as National Safety Forces (later Self Defense Forces) 警察予備隊が保安隊（後の自衛隊）に再編成される
1953	First report of Minamata disease 水俣病初の症例報告
1954	Lucky Dragon Incident 第五福竜丸事件（ビキニ環礁で被ばく）
	Self Defense Forces established 自衛隊創設
1956	Soviet-Japanese Joint Declaration reestablishes diplomatic relationship 日ソ共同宣言により、日ソ間の国交回復
	Japan become member of United Nations 日本、国連に加盟が認められる
1958	JETRO formed under Ministry of International Trade and Industry 通商産業省（現経済産業省）の下でJETRO（日本貿易振興会、現日本貿易振興機構）設立
1959	Beginning of protests over revision of U.S.-Japan Security Treaty 日米安全保障条約の改定をめぐって抗議運動が始まる
1960	Strike at Miike Coal Mines 三池炭鉱でストライキが起こる
	Announcement of "Income-doubling plan" 「所得倍増計画」発表

1964	Beginning of high-speed Shinkansen (bullet trains) between Tokyo and Osaka 東京・大阪間で高速の新幹線が営業開始 Tokyo Olympic Games 東京オリンピック開催
1965	Restoration of diplomatic relations with Republic of Korea 日韓国交回復
1968	University riots begin 大学紛争始まる
1969	Sato-Nixon Communique on reversion of Okinawa in 1972 1972年の沖縄返還に関して佐藤首相とニクソン大統領が共同声明を出す
1970	EXPO '70 in Osaka 大阪万博が開催される Renewal of U.S.-Japan Security Treaty 日米安全保障条約の更新
1971	Revaluation of yen (¥308 to $1) 円切り上げ(1ドル308円に)
1972	Winter Olympic Games held in Sapporo 冬季オリンピックが札幌で開催される United Red Army Asama Lodge Incident 浅間山荘事件(日本赤軍浅間山荘立てこもり事件) Okinawa returns to Japanese sovereignty 沖縄が日本に返還される China-Japan Joint Communique normalizes relations between Japan and the People's Republic of China 日中共同声明によって、日本と中華人民共和国の間の国交が正常化される
1973	Floating exchange rate begins 変動為替相場制開始 Oil crisis 石油危機
1974	Prime Minister Tanaka Kakuei resigns under suspicion of receiving bribes 田中角栄首相が収賄容疑で辞任
1976	Lockheed Scandal ロッキード事件
1978	Narita International Airport (New Tokyo International Airport) opens 成田国際空港(新東京国際空港)開港 China-Japan Peace and Friendship Treaty signed 日中平和友好条約締結

1982	Beginning of Chinese and South Korean protests over Japanese history textbooks 中国と韓国が日本の歴史教科書に関する抗議を開始
1986	Equal Employment Opportunity Law for Men and Women comes into effect 男女雇用機会均等法が施行される
1988	Recruit Scandal リクルート事件
	Consumption Tax Law creates 3% tax in 1989 消費税法によって、1989年から3%の消費税が創設される
1989	Death of Emperor Showa; succeeded by Emperor Akihito 昭和天皇崩御　明仁天皇が即位

Heisei (1989 –)
平成時代

1990	Emperor Akihito enthroned 明仁天皇即位
1992	Law on Cooperation in United Nations Peacekeeping Operations (PKO) passes 国連平和維持活動(PKO)等に対する協力に関する法律が制定される
1993	Basic Environment Law 環境基本法
1994	Kansai International Airport opens 関西国際空港開港
1995	Great Hanshin-Awaji Earthquake 阪神・淡路大震災
	Subway Sarin Gas Incident 地下鉄サリン事件
1997	Long-term-care insurance system established, to start in 2000 介護保険制度が2000年開始予定で創設される
	Kyoto Conference on Global Warming 地球温暖化防止のための京都会議開催
	Beginning of severe recession 深刻な景気後退が始まる
1998	Winter Olympic Games held in Nagano 冬季オリンピックが長野で開催される
2004	Niigata Prefecture Chuetsu Earthquake 新潟県中越地震発生
	SDF dispatched to Iraq to assist reconstruction 自衛隊が再建支援にイラクに派遣される

2005	Kyoto Protocol 京都議定書が発効
	Privatization of the postal service 郵政民営化
2006	Livedoor Incident ライブドア事件
2009	Democratic Party of Japan becomes ruling party 民主党が与党となる
2011	Great East Japan Earthquake 東日本大震災
	Fukushima Daiichi Nuclear Disaster 福島第一原子力発電所で大事故が発生

Index
索引

A
Adams, William 104
Aizu domain 130
Akechi Mitsuhide 78, 235
Amakusa Shiro 100
Amida Buddha 54
An Account of My Hut...................... 56, 233
Anglo-Japanese Alliance................. 158, 242
Anjiro... 66
Ansei Purge.. 124, 240
anti-Christian edict..................... 84, 235, 236
Article 9.. 186, 194
Ashikaga....................... 58, 64, 68, 70, 76, 234
Ashikaga Takauji 58, 234
Ashikaga Yoshiaki 76
Ashikaga Yoshimasa 234
Ashikaga Yoshimitsu 58, 60, 62, 234
atomic bomb 178, 245
Azuchi-Momoyama 86, 235

B
bakufu.. 46, 50, 58, 60, 64, 92, 102, 118, 124, 140
bakuhan system 92, 132
bakumatsu 112, 126
Bansho shirabesho.......................... 114, 240
black ships... 122
Boshin War 130, 240
bronze bells 16
bunmei kaika.. 138
bushi..48
bushido 48, 242

C
Charter Oath (1868)................. 132, 142, 240
Chichibu Incident 144, 241
Chikamatsu Monzaemon 110, 237
China-Japan Peace and Friendship Treaty
.... 202, 247
chonin 96, 106

chonin bunka 110
Choshu 126, 130, 132, 140, 240
Chronicle of Japan............................. 28, 231
Chushingura 110, 238
cloistered emperor 32
Collection of Ten Thousand Leaves
.... 28, 231
Constitution ... 20, 142, 144, 146, 186, 194, 230, 241, 245

D
Daibutsu.. 26, 231, 233
Dannoura, Battle of............................ 44, 233
Date Masamune 74, 80, 84, 236
Dejima 102, 104, 237
Dengyo Daishi 30
Diet (Kokkai) 146, 168, 170, 186, 200, 242
Dodge Line 192, 246
Dogen 54, 233
dotaku 16
Dutch 102, 104, 114, 120, 122, 236, 237, 238, 239
Dutch East India Company (VOC).......... 104
Dutch Studies 114

E
economic bubble 214
Edo.. 70, 89, 92, 98, 104, 108, 114, 122, 124, 126, 130, 132, 236, 237, 239, 240
eirakusen 60
Enryakuji 30, 76, 232, 235
Essays in Idleness 56, 234

F
February 26 Incident 170, 244
Five Power Treaty.................................... 162
Four Power Treaty................................... 162
Frois, Luis.. 66, 235
fudai 82, 92, 98
Fujiwara 32, 34, 38, 44, 233

Fujiwara no Michinaga	34
Fukuzawa Yukichi	114
Fushi kaden	62, 234
Fushimi	86

G

gekokujo	64
Gempei War	40, 233
Genghis Khan	52
Genji	34, 38, 62, 112, 232
Genji Monogatari	34
Genmei (Empress)	26
Genroku	110, 237
Gishi wajinden	18
Go-Daigo (Emperor)	58, 234
Go-Nara (Emperor)	66
Go-Shirakawa (Emperor)	32
Gokaido	108
gokenin	48
Gotairo	90
Great Hanshin-Awaji Earthquake (1995)	216, 248
Great Kanto Earthquake	166, 216, 243
Great Tohoku Disaster	222, 226, 228
gunki monogatari	40

H

Hachiman	136
Hakata	52, 70
han (domain)	92
Hara Castle	100
Hasekura Tsunenaga	84, 236
hatamoto (bannermen)	92
Heiji Disturbance	40, 233
Heijo-kyo	26, 231
Heike	38, 40, 62, 233
Heike Monogatari	40, 233
High Treason Incident	156, 243
Himiko	18, 230
Hirado	104, 236
hiragana	28
Hiraizumi	44, 233
hirajiro	106
Hirata Atsutane	112
Hiratsuka Raicho	164
Hiroshima	178, 245
Hishikawa Moronobu	110
Hogen Disturbance	38, 232
Hojo	50, 80, 92, 233, 235
Hojo Masako	50
Hojo Regents	50
Hojo Yoshitoki	50
Hojoki	56, 233
Honnoji	78, 235
Horyuji	20, 230
House of Peers	142

I

Ichikawa Fusae	164
Ihara Saikaku	110, 237
Ii Naosuke	124, 240
Ikeda Hayato	198
ikki	116, 238
Imperial Household	142, 241
Income-doubling plan	198, 246
insei	32, 232
Ise Shrine	16
Ishida Mitsunari	90
Ishiyama Honganji	76, 80, 235
Itagaki Taisuke	144
Ito Hirobumi	140, 142, 154, 243
Iwakura Mission	134, 138, 140, 240
Iwakura Tomomi	134, 140

J

Japanese aesthetics	56
Jesuits	66, 100
Jinshin Disturbance	22, 231
jito (steward)	46
Jodo sect	54, 233
Jodo Shin sect	54, 235
jokamachi	70
Jokyu Disturbance	50, 233
Jomon	14, 16, 18, 230
joruri	110, 237, 238
Jurakudai	86, 90

K

Kagero nikki	34, 232

kaido 108
kaisen (circuit ship) 70, 108
Kamakura 46, 48, 50, 54, 56, 58, 233, 234
kamikaze 52
Kamo no Chomei 56, 233
Kan'ami 62
Kanagawa Treaty 122, 239
kango boeki 60, 234
Kanmu (Emperor) 30, 231
Kanze troupe 62
karoshi 212
katakana 28
Kegon Sutra 26
Keicho Embassy 84
kenchi (land survey) 68
Kenmu Restoration 58, 234
Ki no Tsurayuki 34, 232
Kido Takayoshi 140
Kinai 18
Kishi Nobusuke 200
Kobo Daishi 30, 232
kofun 18, 230
Kojiki 28, 231
Kokinshu 34, 232
Kokugaku 112, 136, 238
kokujin 68
Korea, annexation of 154, 243
Korea, protectorate 154, 242
Korean War 190, 198
Kotoku Shusui 156
Kublai Khan 52
kuge 96
Kukai 30, 232
kuni 18

L

Lady Tokiwa 44
Lake Biwa 86
land survey 68, 132
landed estates 36
League of Nations 162, 243
Liaodong Peninsula 150, 152, 242
London Naval Conference 162, 244

Lotus sutra 30, 54

M

MacArthur, General Douglas 176, 186
Makura no soshi 34, 232
Man'yoshu 28, 34, 112, 231
Manchuria 148, 150, 152, 160, 162, 168, 178, 184, 242
Manchurian Incident (1931) 174, 244
March Incident 168, 244
Marco Polo Bridge Incident 172, 174, 244
Matsukawa Incident 190, 246
Matsumae 104
Meiji 130, 132, 134, 136, 138, 142, 146, 148, 154, 156, 186, 240, 243
Meiji Restoration .. 130, 132, 136, 148, 186, 240
middens 14
military governor 46
Minamoto no Sanetomo 50
Minamoto no Yoritomo 44, 233
Minamoto no Yoshitomo 40
Minamoto no Yoshitsune 44, 233
minato machi 70
Ming Dynasty 60, 234
Mitaka Incident 190, 246
Mito Learning 126
Momoyama 86, 235
Mongol Invasion 52, 233, 234
mono no aware 112
monogatari 34, 40, 233, 238
monzen machi (temple town) 70
Mori Terumoto 74, 78, 80
Motoori Norinaga 112, 238
Mt. Hiei 30, 76, 235
Mt. Koya 30
Mukden 150, 168
Murasaki Shikibu 34
Muromachi 58, 234
musket 66, 74, 76, 100, 234

N

Nagaoka-kyo 26, 30, 232
Nagasaki .. 70, 102, 104, 114, 120, 178, 235, 236, 237, 238, 239, 245

Nagashino, Battle of............................ 74, 235
Nagoya Castle 106
Nakasendo 108
Nambokucho 58
Nanjing 172, 174, 244
Nara 20, 26, 30, 231
National Foundation Day 146
national seclusion..................... 102, 104, 237
Nichiren.. 54, 233
Nihon Shoki.. 28, 231
Nijo Castle 106
Nixon Shock 202, 204
Noh 62, 110
Northern and Southern Courts, period of
.... 58, 234

O

Occupation of Japan 186, 246
Oda Nobunaga 74, 76, 235
Odawara..80, 92, 235
oil shock...208, 212
Okada Keisuke 170
Okinawa 176, 206, 220, 245, 247
Okinawa, return of 206, 220, 247
Okubo Toshimichi 140, 241
Okuma Shigenobu 144
Onin War 64, 68, 234
Osaka Castle 80, 94, 235, 236
Oshio Heihachiro............................... 118, 239
Owari 76
Oyatoi gaikokujin 138

P

Pearl Harbor attack........................... 174, 245
People's Rights Movement...................... 144
Perry, Commodore Matthew 122, 239
Phaeton 120, 239
Pillow Book, The.................................. 34, 232
Port Arthur 150, 152
Portsmouth Treaty 152
Potsdam Declaration 178, 245
Prince Shotoku............................... 20, 230
puppet play.. 110

R

Rangaku 114
Record of Ancient Matters 28, 231
Red Purge..190, 246
regency politics..32
regent..32, 50, 94, 230
Reverse Course 190
Rinzai sect... 54, 233
ronin (masterless samurai) ...64, 94, 100, 237
Russo-Japanese War 150, 242

S

Saga (Emperor)..30
Saicho 30, 232
Saigo Takamori................................... 134, 241
Sakai 70, 86, 108
sakoku 102, 104, 237
samurai........48, 54, 64, 74, 76, 94, 96, 106, 116,
118, 124, 134, 144, 170
sankin kotai.. 98, 236
Sannai-Maruyama 14, 230
Sanpatsu datto rei 138
Satsuma..........104, 126, 130, 132, 134, 140, 240
Satsuma Rebellion 134, 241
SCAP 186, 188, 192, 194
Sei Shonagon....................................... 34, 232
Sekigahara, Battle of 90, 92, 102, 104, 236
sekisho 108
sekkan seiji 32
Self-Defense Force (SDF).................194, 246
Sen no Rikyu 86, 235
sengoku..................... 64, 68, 70, 74, 106, 234
sengoku daimyo..........................68, 70, 74
senior retainers (fudai) 82
Senkaku..220
seppuku (ritual suicide) 86
sessho..32
shi-no-ko-sho.. 110
Shibata Katsuie 80, 235
shikken 50
Shimabara Rebellion 100, 237
Shimazu..80
Shimoda...122, 124
Shimoyama Incident.........................190, 246

shimpan (collateral daimyo) 92
shinbutsu bunri 136
Shingon sect (traditions) 30
Shinran 54
Shirakawa (Emperor) 32, 232
shoen (landed estates) 36, 46
shogun 46, 48, 50, 58, 60, 76, 92, 98, 104,
    116, 126, 130, 132, 238, 240
shogunate 46, 50, 58, 60, 64, 68, 70, 92, 94,
    96, 98, 100, 104, 108, 114, 116, 118, 120, 122,
    124, 126, 136, 233, 234, 236, 239, 240
Shosoin 26, 231
shugo (see military governor) 46, 68
shuin 102
shuinsen boeki 102
Sino-Japanese War 148, 150, 172, 174, 242,
    244
Socialist People's Party 156
sonno joi 112, 126
Soto sect 54, 233
steward 46
Subway Sarin Attack 218
suffrage 164, 243
sword hunt 82, 235

T

Taiho Code 22, 231
Taika Reform 22, 230
Taira 38, 40, 44, 232, 233
Taira no Kiyomori 40, 233
Taisho Democracy 164
Takahashi Korekiyo 170
Takeda Shingen 74
Takeshima 220
Tale of Genji 34, 62, 112, 232
tally trade 60, 234
Tanaka Kakuei 202, 247
Tanegashima 66, 234
Tang Dynasty 20, 22, 230
tea 86, 96, 110, 242
Tempyo 26, 231
Tendai sect 30, 232
Tenji (Emperor) 22

tenka fubu 76
Tenmu (Emperor) 22
tenryo (granary lands) 92
Tensho Embassy 84, 235
tent government 46
Toba (Emperor) 32
Todaiji 26, 231
Togo Heihachiro, Admiral 150
Tokaido 108, 239
Tokaimura 208
Tokugawa 46, 80, 90, 92, 94,
    98, 100, 102, 104, 106, 110, 116, 120, 126, 136,
    140, 236, 238, 240
Tokugawa Iemitsu 92
Tokugawa Ieyasu 80, 90, 92, 94, 100, 102,
    104, 236
Tokugawa Yoshimune 114, 238
Tokugawa Yoshinobu 126, 130, 240
Tosa nikki 34, 232
Toyotomi Hidetsugu 90
Toyotomi Hideyori 90, 94, 236
Toyotomi Hideyoshi 66, 78, 80, 82, 84, 86,
    90, 92, 94, 100, 235, 236
tozama 82, 92, 98
trade friction 210
Tradition of the Flower of Acting Style 62
Triple Intervention 150
Tsurezuregusa 56, 234
Tsushima 104, 150
Tsushima Strait 150
Tsushima, Battle of 150

U

U.S.-Japan Security Treaty 196, 200, 206,
    246, 247
uchi harai 120
Uesugi Kenshin 74
Ugaki Kazushige 168
ukiyo-zoshi 110

W

Wa 18, 230
wabicha 86
waka 28, 34, 112

wako (pirates) 60
wakon yosai 138
Wang Yang-ming 118
war tales 40
warrior class (bushi) 48, 82
Washington Conference 162, 243
Wei Dynasty 18
whaling ships... 122
wood-block print 110

X

Xavier, Francis 66, 234

Y

Yamagata Aritomo 134
yamajiro 70
Yamatai 18, 230
Yamazaki, Battle of 78, 235
Yayoi 16, 18, 230
Yodogimi 90
yomeigaku 118
Yoshida Kenko 56, 234
Yoshida Shoin... 124
yugei 110

Z

Zeami 62, 234
Zen sect (Buddhism) 48, 54
zuihitsu 56

著者紹介

James M. Vardaman ジェームス・M・バーダマン

1947年アメリカ、テネシー州に生まれる。プリンストン神学校教育専攻、修士。ハワイ大学大学院アジア研究専攻、修士。早稲田大学文化構想学部教授。専門はアメリカ文化史、特にアメリカ南部の文化、アメリカ黒人の文化。著書に『アメリカの小学生が学ぶ歴史教科書』（共著／ジャパンブック）、『アメリカ黒人の歴史』（NHK出版）、『黒人差別とアメリカ公民権運動』（集英社新書）、『ふたつのアメリカ史』（東京書籍）、『日本現代史』（IBCパブリッシング）、『毎日の英文法』『毎日の英単語』『毎日の英速読』（朝日新聞出版）がある。

訳者紹介

小川貴宏 Takahiro Kokawa

東京外国語大学英米語学科卒業。同大学院外国語学研究科修士課程修了（文学修士）。英国Exeter University応用言語学科修士課程修了（応用言語学修士）。現在、成蹊大学教授。著書に『Sound Right!―14のグループで覚える英語の発音』、翻訳・解説執筆に『英語で見る！聴く！BBCドキュメンタリー＆ドラマBOOK 1』（いずれもジャパンタイムズ）がある。『リーダーズ英和辞典第2版』（研究社）、『プログレッシブ英和中辞典第5版』（小学館）や『ロングマンLanguage and Culture英英辞典使用の手引き3訂版』（桐原書店）など、数々の辞書や辞書のガイドブックの執筆や改訂に携わる。

シンプルな英語で話す日本史

2015年 3月 5日　初 版発行
2018年10月20日　第7刷発行

著　者　ジェームス・M・バーダマン　|　© James M. Vardaman, 2015
訳　者　小川貴宏　|　Japanese translation © Takahiro Kokawa, 2015
発行者　堤　丈晴
発行所　株式会社 ジャパンタイムズ
　　　　〒102-0082 東京都千代田区一番町2-2　一番町第二TGビル2F
　　　　電話　050-3646-9500（出版営業部）
　　　　振替口座　00190-6-64848
　　　　ウェブサイト　https://bookclub.japantimes.co.jp/
印刷所　日経印刷株式会社

本書の内容に関するお問い合わせは、上記ウェブサイトまたは郵送でお受けいたします。
定価はカバーに表示してあります。
付属のCD-ROMは再生機器の種類により、不具合を生じる場合があります。ご使用に際しての注意事項につきましては、以下のウェブサイトをご覧ください。https://bookclub.japantimes.co.jp/act/cd.jsp
万一、乱丁落丁のある場合は、送料当社負担でお取り替えいたします。
ジャパンタイムズ出版営業部あてにお送りください。

Printed in Japan　ISBN978-4-7890-1594-3